Wolfgang Fenske

Arbeitsbuch zur Exegese des Neuen Testaments

Ein Proseminar

Chr. Kaiser
Gütersloher
Verlagshaus

Die Deutsche Bibliothek – CIP-Einheitsaufnahme

Fenske, Wolfgang:
Arbeitsbuch zur Exegese des Neuen Testaments: ein Proseminar /
Wolfgang Fenske. – Gütersloh: Kaiser, 1999
ISBN 3-579-02624-0

Umwelthinweis:
Dieses Buch wurde auf chlorfrei gebleichtem und alterungsbeständigem Papier gedruckt. Die vor Verschmutzung schützende Einschrumpffolie ist aus umweltschonender und recyclingfähiger PE-Folie.

ISBN 3-579-02624-0
© Chr. Kaiser/Gütersloher Verlagshaus, Gütersloh 1999

Das Werk einschließlich aller seiner Teile ist urheberrechtlich geschützt. Jede Verwertung außerhalb der engen Grenzen des Urheberrechtsgesetzes ist ohne Zustimmung des Verlages unzulässig und strafbar. Das gilt insbesondere für Vervielfältigungen, Übersetzungen, Mikroverfilmungen und die Einspeicherung und Verarbeitung in elektronischen Systemen.

Umschlag: INIT, Bielefeld
Satz: Weserdruckerei Rolf Oesselmann GmbH, Stolzenau
Druck und Bindung: Breklumer Druckerei Manfred Siegel KG, Breklum
Printed in Germany

Den Studierenden der Evangelisch-Theologischen Fakultät der
Universität München, die mir durch Fragen und Anregungen
die didaktischen Leviten lasen,

den Lehrern Prof. Dr. Gerhard Barth und
Prof. Dr. Hans Jochen Boecker, die mich die ersten Schritte
methodischen Arbeitens lehrten,

meinem Söhnchen Manuel Pascal,
der es wagt, die ersten Schritte aufrecht zu gehen.

Inhalt

I. Einleitung

1. Warum befassen wir uns mit dem Neuen Testament? 13
2. Historisch-kritische Exegese: Voraussetzungen 14
3. Die Bibel: Menschenwort – Gotteswort 17
4. Der Aufbau dieses Buches 20

II. Die Methodenschritte der historisch-kritischen Exegese – Kurzübersicht

Vorbereitung
5. Übersetzung und Abschreiben des Textes 23
6. Gliederung des Textes 23
7. Einleitungsfragen 24

Der Text
8. Textkritik – Die Frage nach der Überlieferung des Textes 25
9. Literarkritik – Die Frage nach dem historischen Wachstum des Textes 27
10. Linguistik – Die Frage nach dem grammatischen Aufbau, den inhaltlichen Aussagen und den beabsichtigten Wirkungen des Textes 29
    10.1 Syntaktische Analyse 30
    10.2 Semantische Analyse 30
    10.3 Pragmatische Analyse 31
    10.4 Fazit 31

Der Ursprung des Textes
11. Formgeschichte – Die Frage nach der Gemeinde hinter den einzelnen Texten einer Gattung 33
    11.1 Die formgeschichtliche Fragestellung 33
    11.2 Der »Sitz im Leben« 34
    11.3 Gattungsgeschichte 35

12. Überlieferungsgeschichte – Die Frage nach der mündlichen
    Überlieferung eines Textes 36
13. Die Frage nach dem »Historischen Jesus« 37

Der Hintergrund des Textes
14. Traditionsgeschichte – Die Frage nach der außergemeindlichen
    und innergemeindlichen Tradition des Textes 41
15. Religionsgeschichte – Die Frage nach dem religiösen Umfeld
    des Textes und der Personen, die den Text formulieren
    und tradieren 43
16. Zeitgeschichte – Die Frage nach dem politischen,
    ökonomischen und kulturellen Umfeld eines Textes 45
17. Soziologie und Sozialgeschichte – Die Frage nach den
    sozialen Hintergründen des Textes 47
    17.1 Soziologie und Sozialgeschichte 47
    17.2 Soziolinguistik 49
    17.3 Literatursoziologie 50
18. Psychologie – Die Frage nach psychischen Hintergründen
    bei den Autoren, Rezipienten und Protagonisten eines Textes 51
    18.1 Psychologie 51
    18.2 Soziopsychologie 54

Die Auslegung des Textes
19. Redaktionskritik/Kompositionskritik – Die Frage nach dem
    Autor/dem Redaktor eines Textes 55
20. Der Rezipient/die Rezipientin – Die Frage nach den
    Leserinnen und Lesern, Hörerinnen und Hörern
    eines Textes 57
21. Wirkungsgeschichte – Die Frage nach der geschichtlichen
    Wirkung eines Textes 61
22. Hermeneutik – Die Frage nach dem Verstehen und
    der Weitergabe des Textes 64
    22.1 Hermeneutische Fragestellungen 64
    22.2 Exkurs: Ansatz der Feministischen Theologie 68

III. Hauptteil

Der Text
23. Textkritik und Vergleich von Übersetzungen 71
    23.1 Wissenswertes für den Hintergrund 72

23.1.1	Schreibmaterial	72
23.1.2	Datierung von Schriften	73
23.1.3	Schrift	74
23.1.4	Textfamilien und Kategorien	75
23.2	Textkritik am Beispiel Mk 2,1-12	77
23.3	Bibelvergleich	80
24. Literarkritik		82
24.1	Abgrenzung vom Kontext, Brüche usw., Synoptischer Vergleich	82
24.2	Exkurs: Logienquelle Q und Sondergut	87
25. Linguistik		89
25.1	Syntaktische Analyse	89
25.2	Semantische Analyse	91
25.3	Ergebnisse	93
25.4	Pragmatische Analyse	95

Der Ursprung des Textes

26. Formgeschichte		97
26.1	Warum gibt es Gattungen?	98
	Exkurs: Mimikry	98
26.2	Aufbau des Wunders Mk 2,1-12	99
26.2.1	Elemente der Gattung Wunder	99
26.2.2	Mischgattungen und andere Gattungsänderungen	100
26.2.3	Untergattungen	101
26.3	Der »Sitz im Leben« einer Gattung	101
26.3.1	Werbung für den Wundertempel	101
26.3.2	Werbung für den Wundertäter?	102
26.3.3	Wunder einmal anders erzählt	104
26.3.4	Der »Sitz im Leben« prägt Texte um	104
27. Überlieferungsgeschichte		105
27.1	Das Verhältnis zwischen mündlichen und schriftlichen Texten	106
27.2	Die Frage nach der mündlichen Tradition hinter Markus 2,1-12	106
27.3	Die Wiege der erzählten Geschichte	108
28. Die Frage nach dem »Historischen Jesus«		109
28.1	Einleitung	109
28.2	Die Kriterien im Einzelnen an Mk 2,1-12 dargestellt	109
28.3	Fazit	113

Der Hintergrund des Textes

29. Traditionsgeschichte 113
    29.1 Einleitung 113
    29.2 Die Bedeutung der Traditionsgeschichte für Mk 2,1-12 114
        29.2.1 Wortuntersuchung.. 114
        29.2.2 Untersuchung von Begriffskombinationen 120
30. Religionsgeschichte 122
    30.1 Einleitung 122
    30.2 Die religionsgeschichtliche Frage im Zusammenhang
        von Mk 2,1-12 122
    30.3 Religionen und religiöse Strömungen 123
        30.3.1 Religionen griechisch-römischer Kultur 123
            30.3.1.1 Allgemeine Religiosität 123
            30.3.1.2 Mysterienreligionen 124
            30.3.1.3 Astrologie und Magie 126
            30.3.1.4 Philosophische Frömmigkeit................ 127
        30.3.2 Jüdische Religion 130
            30.3.2.1 Allgemeine Frömmigkeit 130
            30.3.2.2 Apokalyptik 131
            30.3.2.3 Pharisäer, Sadduzäer, Rabbinen 132
            30.3.2.4 Qumran 135
            30.3.2.5 Josephus 137
            30.3.2.6 Philo 138
        30.3.3 Gnosis 138
    30.4 Religionsgeschichtliche Betrachtung von Mk 2,1-12 139
31. Soziologie/Sozialgeschichte 141
    31.1 Soziolinguistik 144
        31.1.1 Die Sprache des Neuen Testaments:
            Das Koine-Griechisch 144
        31.1.2 Gruppenspezifische Sprache 145

Die Auslegung des Textes

32. Redaktionskritik/Kompositionskritik 146
    32.1 Überblick 146
    32.2 Welche Sachverhalte des vorliegenden Textes
        sind erst aus dem Kontext heraus verstehbar? 147
    32.3 Welche Eingriffe durch den Redaktor/die Redaktoren
        sind im Text erkennbar? 149
    32.4 Die Frage nach der Stellung des Textes
        in dieser Großgattung 151

32.5 Die Frage nach dem Aufbau, der Struktur
des Markusevangeliums: Kompositionskritik 151
32.6 Die Frage nach der Großgattung 158
33. Die Frage nach dem Rezipienten/der Rezipientin 159
34. Wirkungsgeschichte 160
    34.1 Überblick über die Wirkungsgeschichte von
Markus 2,1-12 in den ersten Jahrhunderten 160
    34.2 Persönliche Interpretationen 163
35. Hermeneutik 164
    35.1 Einige hermeneutische Methoden 164
    35.2 Hermeneutik und die bisher dargestellten
Arbeitsschritte 165
        35.2.1 Hermeneutik und Formgeschichte 165
        35.2.2 Hermeneutik und Traditionsgeschichte 166
        35.2.3 Hermeneutik und Sozialgeschichte 167
        35.2.4 Hermeneutik und Redaktionskritik 168
    35.3 Hermeneutik und Übersetzung des Textes
in die Gegenwart 169
        35.3.1 Einleitung 169
        35.3.2 Ein hermeneutisches Viereck 170
        35.3.3 Unterschiedliche und gemeinsame
Erfahrungen 171
        35.3.4 »Acht Fragestellungen« 172

Methodenblätter
Methodenblatt I: Vorbereitung der Auslegung 173
Methodenblatt II: Textkritik 174
Methodenblatt III: Literarkritik 177
Methodenblatt IV: Linguistik 179
Methodenblatt V: Formgeschichte 181
Methodenblatt VI: Überlieferungsgeschichte 183
Methodenblatt VII: Die Frage nach dem »Historischen Jesus« .. 185
Methodenblatt VIII: Traditionsgeschichte 187
Methodenblatt IX: Religionsgeschichte 188
Methodenblatt X: Zeitgeschichte 189
Methodenblatt XI: Soziologie/Sozialgeschichte 190
Methodenblatt XII: Redaktionskritik/Kompositionskritik ... 192
Methodenblatt XIII: Rezipient/Rezipientin und
Wirkungsgeschichte 194
Methodenblatt XIV: Hermeneutik 195

Anhang

I. Wie verfasse ich eine Proseminar- oder eine Seminararbeit? 197

1. Einleitung 197
   1.1 Allgemeine Hinweise 198
   1.2 Spezielle Tips 201
2. Die Proseminararbeit 203
   2.1 Methodenschritte und Sekundärliteratur 203
   2.2 Das Schreiben der Proseminararbeit 203
3. Die Seminararbeit 203
   3.1 Vorarbeiten und Lesen 203
   3.2 Das Schreiben der Seminararbeit 205

II. Literatur in Auswahl und Hilfsmittel 210

1. Literatur in Auswahl 210
2. Hilfsmittel 215
   2.1 Hilfsmittel, die Texte entschlüsseln helfen 215
   2.2 Hilfsmittel, die in die Zeit neutestamentlicher
       Autoren einführen 220
   2.3 Einführungen und Einleitungen 222
   2.4 Theologien 222
   2.5 Landkarten 222
   2.6 Hilfsmittel, die Literatur nennen 223
   2.7 Griechische Ausgaben des Neuen Testaments
       und Bibelübersetzungen 224

III. Beispieltexte zu Abschnitt II. 225

I. Einleitung

1. Warum befassen wir uns mit dem Neuen Testament?

An dieser Stelle kann und soll keine abschließende Begründung für exegetische Bemühungen geliefert werden. Doch sollen einige Motive für die exegetische Arbeit genannt werden, denen der Leser und die Leserin die eigene Motivation hinzufügen mag:
- Wir befassen uns aus Neugier mit dem Neuen Testament, weil uns der Mensch Jesus von Nazareth interessiert: Wer ist dieser Jesus von Nazareth? Wie konnte er diese immense Bedeutung für Jahrhunderte bekommen?
- Wir machen uns Gedanken über unsere Kultur, die Vergangenheit, über das, was unsere Zeit geprägt hat ... Was ist das für ein Buch, an dessen Bedeutung für einzelne Individuen, unterschiedlichste Kulturen und Gesellschaften vielleicht nur noch der Koran heranreicht?
- Das Neue Testament ist der Niederschlag der Erfahrungen, die einzelne Menschen und Gemeinden mit dem Handeln Gottes für die Menschen in Jesus und durch Jesus Christus gemacht haben.
- Seit 2000 Jahren werden Menschen von diesen Schriften ergriffen und erleben Gottes Handeln an sich selbst: Sie werden getröstet und gestärkt, aber auch hinterfragt und aufgefordert, ihr Leben unter den Anspruch Gottes zu stellen.
- Mit Hilfe dieses Wortes hat Gott Gemeinde geschaffen. Eine Gemeinde, die trotz aller Probleme und negativen Dinge, die über sie zu sagen sind, viel Gutes bewirkt hat.
- Das Neue Testament war schon immer Korrektiv der Kirche – und greift ebenso in die Gesellschaft, von der Kirche und Gemeinde ja ein Teil sind, korrigierend ein.
- Als glaubender Mensch möchte ich wissen, was Gottes Wort mir persönlich zu sagen hat. Ich lese es, ich bete um Gottes Geist, daß er mir hilft, das Gelesene für mein Leben fruchtbar zu machen.
- Ich lese für die Gemeinde. Ich möchte nicht (allein) für mein persönliches Leben aus diesem Wort Nutzen ziehen, sondern für andere verstehen lernen, was dort geschrieben wurde. Um dies zu erreichen, muß ich mit anderen darüber reden, ich muß hören, was sie dem Text ent-

nehmen, meine eigenen Überlegungen einfließen lassen, unbequeme Fragen stellen – aber auch unbequemen Fragen und Antworten nicht ausweichen.

2. Historisch-kritische Exegese: Voraussetzungen

Historisch-kritische Exegese ist in den letzten 200 Jahren mit immer größerer Intensität getrieben worden. Grundgelegt wurde diese Methode in der Epoche der *Aufklärung*. Mit diesem Begriff bezeichnet man das im 18. Jahrhundert aufkommende Ringen um die Befreiung der menschlichen Erkenntnis von alten Traditionen, Institutionen, Konventionen und Normen, die nicht vernunftgemäß begründet werden konnten. In bezug auf das Neue Testament und die Bibel im ganzen ergaben sich aus diesem Ringen fundamentale Fragen: War die Schrift unmittelbares Wort Gottes, einheitlich, wahr und vollkommen, so daß Ungereimtheiten und Widersprüche nicht Gott, sondern dem mangelnden menschlichen Erkenntnisvermögen zuzuschreiben waren? Somit wird sie der Vernunft und ihrer Methode zugänglich.
Die Gemeinde als Kind ihrer Zeit wurde ergriffen von diesen Fragen. Die Suche nach Antworten verlief nicht ohne Konflikte. Immer wieder gab es einzelne, die mit ihren Schriften Menschen aufrüttelten, mit neuen Ansichten Stürme entfachten (z.B. D.F. Strauß, Das Leben Jesu, Bde. 1f., Tübingen 1835f. [Darmstadt 1969[repr.]] 📖 – bitte hineinschauen!). Es gibt verschiedene Möglichkeiten, auf Sturm zu reagieren. Die einen fordern: »Ächtet die, die den Sturm entfesseln!« Andere sagen: »Er wird schon wieder vergehen!«; oder: »Greifen wir die Herausforderungen auf!« Letzteres versuchten einige Theologen. Sie suchten mit bestimmten Methoden Antworten auf die herausfordernden Fragen nach der Bedeutung, der Deutung und der Gültigkeit der Schrift zu finden.

Man entwickelte bzw. verfeinerte die literarkritische Methode. Die Literarkritik sucht mit Hilfe sprachlicher Mittel, zeitlich immer weiter hinter die vorliegenden Texte zurückzugelangen: Der letzten Niederschrift der Evangelien sind viele Niederschriften vorausgegangen, und diese gilt es Schicht für Schicht herauszuarbeiten. Wenn wir zur ältesten Schicht gekommen sind, dann sind wir – so die Hoffnung – Jesus sehr nahe gekommen. Und so versuchten Exegeten, hinter den Überlieferungen neutestamentlicher Autoren die Ursprünge zu erreichen.
Zugleich suchten Forscher auch mit Hilfe alter Schriften, dem Überlieferungsprozeß selbst auf die Spur zu kommen. So fand vor allem Tischendorf (1815-1874) auf dem Sinai alte Abschriften der Bibel. Durch einen Vergleich dieser Abschriften (Hand-

schriften genannt) wurde immer deutlicher, daß diese alten Handschriften neutestamentliche Texte hier und da unterschiedlich überlieferten. Und so entwickelte sich die Textkritik.
Die jeweiligen Methoden sind dabei jedoch nicht allein aus der Abwehr von kritischen Anfragen an die Schrift und ihre Bedeutung entwickelt worden, sondern waren ebenso Ergebnisse freier Neugier, neue Dinge herauszufinden, die ohne diese Methoden im Dunkel geblieben wären.

Die Methoden der historisch-kritischen Exegese sind selbstverständlich im 19. Jahrhundert nicht vom Himmel gefallen. Sie baut auf vielfältige Ansätze auf, die in den vorausgegangenen Jahrhunderten entwickelt wurden. Vor allem hatte der Humanismus schon intensiv vorgearbeitet. Das Neue in der Exegese der Aufklärung lag darin, daß Exegeten und Exegetinnen die Bibel betont aus innerweltlichen Bedingungen heraus zu verstehen suchten. Es ging wie oben schon angedeutet jetzt nicht mehr um die Frage: »Was sagt Gott?«, sondern um die Frage: »Was sagen die Menschen von Gott?«; nicht: »Wie ist die Einheit dieser unterschiedlichen Aussagen der jeweiligen biblischen Schriften aufrecht zu erhalten?«, sondern: »Woher rührt die Unterschiedlichkeit und Widersprüchlichkeit? Was bedeuten sie?«; nicht: »Was muß ich tun, damit ich Unglaubliches glaube?«, sondern: »Welches verstehbare historische Ereignis steht hinter unverständlichen Aussagen?«
Es wird deutlich, daß sich menschliche Erkenntnis auf diese Weise von überkommenen Dogmen und Bekenntnissen befreite, ihre eigenen Regeln aufstellte. Weil die Arbeit mit den Methoden Exegeten auch von der Interpretationsautorität »Kirche« löste, konnten sie theologisch ihre eigenen Wege gehen. Die Theologen, die mit den neuen exegetischen Methoden arbeiteten, hatten allerdings zum Teil keinen leichten Stand – bis sich diese Sichtweise durchsetzte, weil sie dem gewandelten Weltbild der Menschen eher entsprach als die alten Deuteweisen.

Seitdem sich diese Art der Exegese an den Universitäten durchgesetzt hat, können wir eine gewisse Zweigleisigkeit beobachten, die karikierend etwa so dargestellt werden kann: Die »Praktiker« in den Gemeinden halten nicht viel von »Textfieseleien«, die »Theoretiker« halten nicht viel von »Praktikern«, die ohne diese theoretischen Grundlagen wirken wollen. Und die Gemeinde? Sie erfährt nicht besonders viel von dem, was die »Theoretiker« erarbeiten, weil sie deren Sprache nicht versteht, und weil »Praktiker« ihr Wissen nicht weitergeben. Die »Praktiker« merken, daß es im normalen Gemeindealltag auch ohne diese Theorien geht – außerdem, so meinen sie, interessiert sich die Mehrzahl der Gemeindeglieder nicht für »kompliziertes Zeugs«.
Das bringt Gefahren mit sich: »Praktiker« gehen durch die Schule der »Theoretiker«, haben aber das Erlernte nicht mit ihrem Leben und Glauben in Verbindung gebracht bzw. Leben und Glauben nicht mit dem Erlernten. Die Folge ist, daß »Praktiker« zweigleisig fahren und durch diese Zerteilung nicht eben glücklich werden: Die Exegese

bringt nichts für die Trauerfeier, die bedarf der Emotion – die Emotion ohne Exegese ist jedoch hohl. Folge: Die Gemeinde kann nun mit allem nichts anfangen.
Und die »Theoretiker« an der Universität? Sie haben sich so in ihre Arbeit vertieft, daß der Glaube und die Menschen um sie herum gleichgültig wurden. Um die kümmern sich ja die »Praktiker«.
Ein Schlüsselerlebnis war für mich, wie in einer Ägyptenausstellung ein Mann ausrief: »Die Isis mit dem Kind ist ja wie die Maria mit dem Kind! Die Kirche hat uns betrogen!« – dabei kennen wir schon seit langer Zeit die Traditionen unserer christlichen Religionskultur. Diese wurden dem Mann jedoch von niemandem vorgestellt. So löst sich die Gemeinde von den »Praktikern«, weil sie meint, diese lebten noch in den geistigen Sphären der Vergangenheit: »Die wissen ja noch nicht einmal, daß Maria und ihr Kind eine Nachbildung von Isis und ihrem Kind sind!« Verschärft wird dieses Problem durch Sensationsliteratur, wie sie in jüngerer Zeit beispielsweise zur Qumran-Forschung erschien und die auf seiten der Gemeinde zu Mißtrauen und Irritationen führen kann: Teilergebnisse der Forschung werden – häufig noch verkürzt – aufgegriffen, mit ein wenig Verbrechen und Verschwörung angereichert und sensationslüstern verhökert.

Warum befassen wir uns also mit historisch-kritischer Exegese?
- Weil Glaubende die Herausforderungen ihrer jeweiligen Zeit in bezug auf das Verständnis der Bibel aufgegriffen haben und zu Antworten gekommen sind, die zum Verstehen des Neuen Testaments weiterhelfen. In dieser Traditionslinie können wir mit unseren heutigen Problemen und Fragen weiterarbeiten.
- Weil sie unabhängig ist von Bekenntnissen, weil sie aber – wie zu sehen sein wird – die Bekenntnisse bereichert und für die Gegenwart fruchtbar machen kann. Denn: Bekenntnisse wollen immer wieder neu erkämpft, durchlitten – kurz: bekannt werden, sollen sie nicht bloße Formeln sein.
- Weil die Kirche Verbindlichkeit im Gespräch über ihr Grundlagendokument die Bibel braucht. Es geht hier nicht um das allgemeine Meinen oder um autoritäre Dekretion »von oben«, sondern um die immer wieder neue Verlebendigung der Aussagen, die in der Bibel zu finden sind.

So können wir uns die Frage stellen, was unter »Heiligem Geist« zu verstehen sei. Die Antworten sind sehr unterschiedlich: Der Christ, der die Schrift »Pistis Sophia« (ab ca. 250 n.Chr.) geschrieben hat, stellt den Heiligen Geist als Gespenst dar. Menschen des letzten Jahrhunderts dagegen identifizierten den Geist des Menschen mit Heiligem Geist. Offenbar kann es also nicht darum gehen, die jeweils zeitaktuellen Vorstellungen in die Schrift einzutragen; es geht vielmehr darum herauszuarbeiten, was wohl Lukas oder Paulus meinten, wenn sie vom (Heiligen) Geist redeten. Daß natürlich auch Theologen Kinder ihrer Zeit sind, ist klar. Und gerade sie haben bekanntlich – im Gefolge der Philosophie – den Heiligen Geist mit dem menschlichen Geist verbunden. Doch das Forschen und die immer bessere Ausarbeitung von Methoden schärft den Blick nicht allein für die Zeitgebundenheit jeder Forschung, sondern auch dafür, daß meine Zeitgebundenheit von den vorliegenden Texten hinterfragt werden muß.

- Weil vor allem angstfreies Gespräch dazu verhilft, den Aussagen eines Textes näher zu kommen und sie im Heute lebendig werden zu lassen. Die ersten Vertreter historisch-kritischer Exegese haben durch ihre Standhaftigkeit diesen Freiraum geschaffen, der jedoch immer wieder vor allem von denen in Frage gestellt wird, die ihren eigenen Glauben oder das, was sie darunter verstehen, zum Maßstab aller Dinge machen. Umgekehrt wurde dieser Freiraum auch von Vertretern dieser Exegese dadurch mißbraucht, daß sie Menschen, die moderne Glaubensbekenntnisse nicht mittragen konnten, mißachteten, nicht zu Wort kommen ließen. Beides sollte unterbleiben, denn wenn nicht frei gesprochen werden und die Wahrheit der Schrift heute gesucht werden kann, wird die Bibel stumm bleiben; es wird verhindert, daß wir im Verständnis des Neuen Testaments voranschreiten.

3. Die Bibel: Menschenwort – Gotteswort

Wir haben bisher betrachtet, auf welchem Hintergrund die historisch-kritische Exegese entstanden ist. Was aber meint der Begriff genau? *Historisch* bedeutet: Der biblische Text wird auf *seinen* geschichtlichen Horizont bezogen. Es wird also herausgearbeitet, was der einzelne Autor neutestamentlicher Schriften *in seiner Zeit* sagt, wie er es in der Situation, in der er lebt, meint. Hier erfolgt die Rückfrage nach der Situation des Textes wie auch nach der Geschichte des Textes selbst. *Kritisch* bedeutet: Das Historische wird mit Hilfe überprüfbarer Methoden erarbeitet und zur Diskussion gestellt. Dabei muß der Forscher sowohl bereit sein, alle seine Vorentscheidungen und Denkgewohnheiten zu überprüfen und zu kontrollieren, als auch im methodischen Zweifel den biblischen Text selbst auf seine erhellende Kraft in einem bestimmten historischen Sinnhorizont hin ständig zu prüfen. *Exegese* bedeutet: Den Sinn eines Textes herausarbeiten.

Immer wieder wird im Zusammenhang mit dem Moment der Kritik in der historisch-kritischen Exegese E. Troeltsch (1865-1923) zitiert. Seine Auffassung der Arbeit historisch-kritischer Exegese soll in Anlehnung an W. Joest (Fundamentaltheologie. Theologische Grundlagen- und Methodenprobleme, Stuttgart u.a. 1988[3]) wiedergegeben werden. Unter Kritik versteht Troeltsch zunächst allgemein, daß jede Überlieferung »dem methodischen Zweifel ausgesetzt werden« muß; das geschieht zunächst in der Weise der Analogie: Nichts kann für wahr gehalten werden, was wir nicht selbst mit eigenen Augen gesehen haben bzw. was nicht in den Bereich allgemeiner menschlicher Erfahrung gehört; weiter kommt nach Troeltsch in der kritischen Auseinandersetzung mit dem Text die Korrelation zur Anwendung, d.h. »alles geschichtliche Geschehen muß aus dem universalen Bedingungszusammenhang menschlicher Geschichte verstanden und beurteilt werden.« (38f.; Troeltsch, Über historische und dogmatische Methode in der Theologie, in: ders., Zur religiösen Lage. Religionsphilosophie und Ethik, [Tübingen 1922²], Gesammelte Schriften Bd. 2, Aalen 1981, 729ff.). Die Folge einer solchen Auffassung historischer Kritik ist allerdings, daß die Besonderheit Jesu nicht mehr gesehen werden kann, weil nur das Allgemeine in der Geschichte und der menschlichen Erfahrung akzeptiert wird. Gleichzeitig ist diese Auffassung dem *eigenen* geschichtlichen Horizont gegenüber viel zu unkritisch. So sind wir heute etwas vorsichtiger geworden, und es ist möglich, über Phänomene zu sprechen und sie stehen zu lassen, die wir (noch) nicht so genau verstehen. Eine Offenheit für unerklärbare Erfahrungen ist eher vorhanden, weil man erkannt hat, daß der Mensch und seine Lebenswelt komplizierter sind, als möglicherweise gedacht und gewünscht. Außerdem müssen wir uns hüten, den Horizont unseres eigenen »aufgeklärten Bewußtseins« zur Beurteilungslinie für die Wahrheit und Aussagekraft von Texten längst vergangener historischer Epochen zu machen. Vielmehr ist es die Aufgabe der Exegese, das Selbstverständnis der jeweiligen Autoren zu beachten, ob uns ihre Aussagen gefallen, ob sie in unser Gottes- und Weltbild passen oder nicht. Es geht also nicht darum, daß ich mein kleines Hirn, daß wir unsere kurze Zeitspanne innerhalb der langen menschlichen Geschichte, zum Maßstab aller Dinge machen. Es geht darum herauszuarbeiten, was die Menschen in ihrer Zeit und Situation mit ihrem jeweiligen Text sagten und dachten (die Umsetzung für die Gegenwart wird in Abschnitt 22 und 35 angesprochen werden).

Dürfen wir aber so mit dem Neuen Testament umgehen? Ist es nicht Gottes Wort und darum nicht hinterfragbar?
Was heißt aber: Das Neue Testament ist »Gottes Wort«? Dieser Satz bedeutet, daß es mir zum Wort Gottes werden kann, indem es mich als Menschen ergreift. Das heißt aber nicht, daß es als solches für Menschen rein objektiv Gottes Wort ist. Für Menschen gibt es solch eine Art Objektivität nicht. Dies wäre ein Postulat, das am menschlichen Erkenntnisvermögen vorbeigeht, diesem einfach zuviel zutrauen würde. Daraus folgt jedoch nicht, daß die Subjektivität des Menschen zum Maßstab dessen wird, was »Wort Gottes« ist. Warum nicht? Weil Gott selbst durch den Geist die Lesenden und Hörenden anspricht, es ihnen als sein Wort eröffnet. Gott hat es gefallen, Mensch zu werden – und die Jünger Jesu kannten Jesus nur als Menschen. Gott hat es gefallen, mit diesem Wort Menschen zu rufen, Gemeinde zu gründen – und setzt es damit den Gefahren aus, denen alle Wörter und Texte ausgeliefert sind: Sie wollen verstanden werden. Wie können wir Menschen verstehen? Indem wir fragen: Was bedeutet dieses und jenes Wort?

Nun meinen manche, diese Frage sei überflüssig: Das Wort stehe doch da, und wenn wir es nicht verstünden, dann sollten wir uns gehorsam darunterstellen und es annehmen. Dazu ist aber zu sagen: Wir leben im Fluß einer Tradition. Die Tradition gibt vor, wie ich Worte verstehe. Der Bedeutungsgehalt der Worte wechselt aber bekanntlich. So muß jede Generation neu verstehen lernen, was die einzelnen Worte jeweils bedeuten. Nicht wahrnehmen zu wollen, daß es eine immer wieder neue Aneignung der Schrift geben muß, ist Ausdruck einer Wunschvorstellung, die an der Realität vorbeigeht und die eine ganz bestimmte Interpretation – nämlich die eigene liebgewordene Tradition – festschreiben bzw. sie auch für andere verbindlich machen will.

Interpretation ist jedoch nicht das einzige, was biblische Schriften deutlich vor Augen stellt – sondern wesentlich ist der Heilige Geist. Doch der Heilige Geist verhindert nicht, daß wir verantwortlich zu verstehen suchen, was dort eigentlich geschrieben steht. Selbstverständlich kann also historisch-kritische Exegese nicht das Wirken des Geistes ersetzen. Solche Gedanken sind nicht nur absurd, sondern Anmaßung. Die schönste historisch-kritische Exegese kann nicht dazu führen, daß das Wort für mich zu Gottes Wort wird. Allerdings kann das auch nicht die frömmste Predigt. Alles was wir Glaubenden tun, hängt vom Wirken des Geistes Gottes ab. Darum ist in allen Bereichen des Glaubenslebens gefordert, verantwortlich zu handeln, d.h. so, wie wir es vor Gott und den Menschen verantworten können oder hoffen, verantworten zu können.

Nun ist die historisch-kritische Exegese natürlich nicht die einzige Form der Interpretation biblischer Texte. Zu nennen wäre auf dem Hintergrund der gerade geschilderten Problematik auch die Exegese, die die sogenannte »Inspirationslehre« zugrundelegt. Vertreter dieser Auslegung gehen davon aus, daß der Heilige Geist den Verfassern der Schrift das Wort, das uns in der Bibel vorliegt, »eingehaucht« habe. Damit wird richtig gesehen, daß im Selbstverständnis Glaubender alles, was sie tun, aus dem »Hauch« des Geistes Gottes heraus getan werden soll und getan wird. Das Besondere dieser These ist jedoch, daß die Bibel als solche *Wort Gottes ist* und nicht – wie oben erläutert – für mich in meinem Leben zum *Wort Gottes wird*. Jede einzelne biblische Schrift wurde demnach vom Geist diktiert, »eingehaucht« und zwar nicht von dem Geist, den alle Glaubenden haben, sondern die Autoren wurden mit einer ganz besonderen Geistesgabe beschenkt. So wird durch Gottes Wirken die Bibel zu seinem eigenen Wort. Diese Auffassung ist rational nicht nachweisbar, sondern nur mit Aussagen der Bibel selbst zu begründen, so vor allem mit 2Petr 1,21 und 2Tim 3,16.

Der Unterschied zur historisch-kritischen Schriftauslegung besteht nun darin, daß in dieser Interpretation kein Gewicht auf den historischen Bezugsrahmen der Autoren und ihrer Texte gelegt wird; wichtig ist das, was Gott gesagt hat. Das hat für die »Benutzung« der Schrift eine interessante

Konsequenz: Wenn z.B. ein Brief des Paulus Fragen offen läßt, müssen wir nicht schulterzuckend sagen: »Darüber hat Paulus nun mal nichts gesagt!« – sondern können munter ausrufen: »Schauen wir mal, ob Gott zu der Frage im Jeremiabuch etwas gesagt hat!« Die Schriftsteller als historische Personen treten zurück, und die ganze Bibel kommt als Einheit in den Blick – was in der historisch-kritischen Exegese nicht der Fall ist. Und weil die ganze Schrift als Einheit auftritt, müssen sich widersprechende Aussagen kein Widerspruch sein, sondern können durch andere Aussagen wiederum miteinander in Einklang gebracht werden.

Das bedeutet nun aber nicht, daß die Interpreten, die dieser Art des Schriftverständnisses folgen, unabhängig sind vom Deutehorizont ihrer jeweiligen Zeit, von ihrem eigenen Zeithintergrund also. Zwar verstehen sie die Schrift als ein unumstößliches Dokument göttlicher Mitteilsamkeit – in der Tradition derer, die Gebote und feste Orientierung suchen – doch muß auch diese gesetzlich verstandene Schrift vom Zeithintergrund her verstanden werden. Dennoch: die aktuelle Deutung muß geschehen. Und so wird gesagt: »Ich bleibe bei der offenbarten Schrift« – während doch bekannt ist, daß das Verständnis der Bibel von der Auslegung, von der Interpretation abhängig bleibt. Beide Richtungen des Schriftverständnisses können sich auf den Geist berufen. Beide müssen sich aber auch auf den Zeitgeist beziehen. Im Grunde sind die Bedingungen beider Richtungen ähnlich: Wir müssen miteinander reden, wir sind abhängig von dem, was wir gelernt haben, wir haben nur andere Zugangsweisen und andere Ausgangspunkte.

4. Der Aufbau dieses Buches

In diesem Buch soll nun in die Arbeit mit den historisch-kritischen Methodenschritten eingeführt werden. Dabei ist zunächst festzuhalten: Die Arbeitsschritte der historisch-kritischen Exegese haben zwar eine relativ festgelegte Gestalt und auch eine üblicher- und sinnvollerweise angewendete Reihenfolge, sie bilden aber kein aufeinander aufbauendes Schritt-für-Schritt-Verfahren. Es ist also nicht möglich, einen dieser Schritte auszuarbeiten und dann abzuhaken, um zum nächsten Schritt weiterzugehen. Wenn der erste Schritt gegangen wurde, dann gehen die Ergebnisse dieses Schrittes vielmehr während der gesamten Arbeit mit und werden bestätigt oder sind korrekturbedürftig. D.h.: Die Methodenschritte korrigieren einander – der erste den letzten, der letzte den ersten – und so werden sie miteinander verwoben und unsere Arbeit wird einem sinnvollen Ergebnis zugeführt.

Nach der Einleitung, die grundsätzliche Fragen nach Aufgabe und Berechtigung der historisch-kritischen Exegese aufgeworfen hat, wird unter II zunächst ein Kurzdurchgang durch die exegetischen Methodenschritte geboten. Dieser vermittelt dem Ungeübten einen ersten Eindruck, den geübteren Exegeten und Exegetinnen die Möglichkeit einer knappen Wiederholung. Im Teil III des Werkes findet sich dann eine ausführliche Darstellung der Methodenschritte, wobei am Ende eine Reihe von Methodenblättern geboten werden, mit deren Hilfe man das zuvor gelesene nacharbeiten und erproben kann. Die Methodenblätter präzisieren die in den Teilen II und III vorgestellten Arbeitsschritte für die eigene Arbeit. Grundlagentext ist dabei durch das ganze Buch hindurch Mk 2, 1-12. Im Anhang finden Sie ein Verzeichnis von Literatur und Hilfsmitteln für die exegetische Arbeit. Wenn im folgenden zur Vertiefung der einzelnen Methodenschritte nur in Kurzform auf Literatur hingewiesen wird, dann können die vollständigen bibliographischen Angaben zu dem jeweiligen Titel im Anhang II.1.8h gefunden werden. Hinweise für die Erstellung einer Proseminar- und Seminararbeit runden dieses Buch Anhang I ab. Das Werk ist so gestaltet, daß es auch von Studierenden, die kein oder nicht so gut Griechisch beherrschen, mit Gewinn bearbeitet werden kann.

Um ein besseres Memorieren und Verstehen zu ermöglichen, wurden die Methodenschritte ihrer jeweiligen Hauptintention zugeordnet:

- Unter der Rubrik »*Der Text*« finden sich die Abschnitte Textkritik (8; 23), Literarkritik (9; 24) und Linguistik (10; 25). Diese Schritte stellen zunächst den zu bearbeitenden Text her (Textkritik und in anderer Weise die Literarkritik) und untersuchen die grammatische Struktur, die Bedeutung der Begriffe, die Wirkung des Textes usw. (Linguistik).

- Unter der Rubrik »*Der Ursprung des Textes*« finden sich die Abschnitte Formgeschichte (11; 26), Gattungsgeschichte (11), Überlieferungsgeschichte (12; 27) und »Die Frage nach dem historischen Jesus« (13; 28). Die Formgeschichte ordnet den Text einer Gattung zu und fragt nach dem Ort, an dem der Text in einer Gruppe geprägt wurde. Die Gattungsgeschichte untersucht Veränderungen einer Gattung im Laufe der Zeit. Die Überlieferungsgeschichte hat wie die Formgeschichte im wesentlichen die mündliche Tradierung im Blick, fragt jedoch weniger nach der Gattung, sondern nach den Überlieferungsstufen eines Textes, nach den überliefernden Gruppen. Die Frage nach dem historischen Jesus versucht herauszuarbeiten, inwieweit ein Text auf Jesus zurückgeht oder spätere Gemeindebildung ist.

- Unter der Rubrik »*Der Hintergrund des Textes*« wird in der Traditionsgeschichte (14; 29) nach den Spuren der Umwelt, die diese im Text hinterlassen hat, gefragt, in der Religionsgeschichte (15; 30) nach den Spuren

der Religionen und religiösen Strömungen. In der Soziologie (17; 31) werden die gesellschaftlichen Spuren verfolgt, in der Psychologie (18) die Spuren der überliefernden Individuen.
- Unter der Rubrik »*Auslegung des Textes*« finden wir Textinterpretationen, angefangen mit der Redaktionskritik (19; 32), der ersten uns vorliegenden schriftlichen Interpretation eines Textes, über die dieser schriftlichen Fixierung folgenden Interpretationen im Rahmen der Wirkungsgeschichte (21; 34), bis hin zu gegenwärtigen Interpretationsansätzen im Kontext der Hermeneutik (22; 35). Auf dem Weg bis zur Hermeneutik wird auch die Rezeption von Texten grundsätzlich angesprochen (20; 33).

In der historisch-kritischen Exegese wird nach den historischen Bedingungen, in denen ein Text entstanden ist, zurückgefragt. In der Gegenwart durchbrechen einige der Methodenschritte weniger oder mehr diesen streng historischen Ansatz. Zu nennen ist die Linguistik, die nicht dem Wachstum eines Textes nachgeht, sondern den Text in seiner vorliegenden Endfassung untersucht und mit der pragmatischen Funktion die Elemente bestimmt, die eine Wirkung auf Leserin und Hörer ausüben; zu nennen sind dann vor allem auch die Psychologie, die Frage nach der Textrezeption und die Hermeneutik. Ihnen geht es weniger um die Bedeutung usw. des Textes für die Vergangenheit, sondern um die Umsetzung der Aussagen für die Gegenwart und in der Gegenwart. Dennoch seien diese Schritte hier dargestellt, weil sie einen Text zu durchleuchten und somit zu verstehen helfen. Es sei allerdings angemerkt, daß diese Schritte ein doppeltes Gesicht haben. Man kann z.B. auch nach der Rezeption eines Textes und den Rezeptionsbedingungen in der Antike fragen – ebensolches ist auch unter dem Arbeitsschritt der Psychologie möglich. Auf diesen historischen Aspekten liegt in dem vorliegenden Werk das Schwergewicht, ohne das erste Gesicht (die Bedeutung für die Gegenwart) zu übersehen.

Die »Psychologie« wird nur in der Kurzübersicht (Teil II) thematisiert. Sie dient nicht als Hilfe zur Aufbereitung von Mk 2,1-12 (Teil III) – der Grund dafür liegt darin, daß der Text für diesen Methodenschritt nicht besonders geeignet ist; sie wird aber auch nicht als Methodenblatt geboten. Der Grund dafür liegt darin, daß dieser Methodenschritt für Nichtpsychologen kaum durchzuführen ist und der Laienpsychologie (auch der Verfasser dieses Werkes sieht sich in dieser Hinsicht als Laie an) kein Vorschub geleistet werden soll. Dennoch wird sie im Teil II genannt, weil sie den Blick für bestimmte Aspekte eines Textes zu schärfen vermag. Die Zeitgeschichte wird in Teil III übergangen, weil die in diesem Schritt zu nennenden Aspekte des Textes Mk 2,1-12 schon in den anderen Methodenschritten Eingang gefunden haben.

II. Die Methodenschritte der historisch-kritischen Exegese – Kurzübersicht

Im folgenden wird eine erste Übersicht über die Methodenschritte der historisch-kritischen Exegese gegeben. Diese kann auch zur Wiederholung von früher bereits Erlerntem dienen. Anhand der Zeitungsausschnitte, die sich im Anhang III finden, wird dargestellt, worum es den Arbeitsschritten geht, welche Aufgabe sie haben. Allerdings werden diese Zeitungsausschnitte nur dann herangezogen, wenn sie zum Verstehen des dargestellten Methodenschrittes hilfreich sind.

5. Übersetzung und Abschreiben des Textes

Der neutestamentliche Text muß, bevor mit ihm gearbeitet wird, vorbereitet werden. Dazu wird der jeweilige Text zunächst übersetzt. Die Übersetzung ist kein notwendiges Übel, sondern dient auch dazu, einen ersten intensiven Zugang zu dem Text zu bekommen. Hilfsmittel für die Textübersetzung werden im Anhang II.2.1 vorgestellt.
Wer die griechische Sprache nicht gelernt hat, sollte den Text sorgfältig abschreiben, um einen Zugang zu ihm zu gewinnen.

6. Gliederung des Textes

Biblische Texte wurden im 14./15. Jahrhundert mit Versangaben versehen. Diese Verse erleichtern die Diskussion, indem sie z.B. das Auffinden bestimmter Aussagen ermöglichen. Dennoch sollten die einzelnen Verse für die exegetische Arbeit noch einmal gegliedert und mit V. 1 a) b) c) usw. gekennzeichnet werden (siehe Methodenblatt I.). Ein solches Vorgehen erleichtert nicht allein die Diskussion über diese Texte, sondern hilft, die Satzstruktur und den Inhalt zu verstehen. Solch eine Untergliederung sollte weitgehend Hauptsätze und Nebensätze voneinander trennen.

Egger spricht von »Gliederung des Textes in kleinste Leseeinheiten« und schlägt dafür die Gliederung nach Sätzen oder nach Sinnzeilen vor (§ 6,1.3).

Aufgabe
Lesen Sie Mk 2,1-12, schreiben Sie den Text ab und gliedern Sie ihn.

7. Einleitungsfragen

Nach den ersten vorbereitenden Schritten kann die Bearbeitung der sogenannten *Einleitungsfragen* folgen. Dies kann auch vor der Übersetzung geschehen. Wo wir sie ansiedeln liegt in unserem freien Ermessen.
Was wollen die Einleitungsfragen? Sie sind ein erster Schritt, um die Situation, in der der Text entstanden ist, zu erfassen. Alle weiteren Methodenschritte vertiefen diesen ersten Eindruck. Im Rahmen der Einleitungsfragen sind zunächst die »7 W's« zu klären:
(1) *Wer* ist der Autor? (Frage nach: Geburtsort, Geburtsjahr, Erziehung/Bildung, Beruf/weiteren Tätigkeiten.)
(2) *Wo* schrieb er den Text?
(3) *Wann* schrieb er ihn? (Frage nach der Zeit aber auch nach der Situation: z.B. Situation der Verfolgung. Es geht um die Frage nach dem konkreten geschichtlichen Ort.)
(4) *Wem* schrieb er? (Wo lebten die Adressaten; in welcher Situation lebten sie usw.)
(5) *Was* schrieb er? (Hier werden die Themen, die der Autor anspricht, kurz bedacht.)
(6) *Wie* schrieb er? (Hier wird die Frage nach der Gattung laut: schrieb er einen Brief, ein Evangelium, einen Roman usw.) In welcher Sprache schrieb er?
(7) *Wozu/Warum* schrieb er? (Zweck der Schrift.)

Allgemein üblich ist es, diese Fragestellung im Zusammenhang der Redaktionsgeschichte zu behandeln. Anders Söding. Er stellt diesen Schritt, den er »Situationsanalyse« (101ff.) nennt, hinter die Textkritik.

Aufgabe

Lesen Sie bitte: Schnelle, Kap. 3.4.

8. Textkritik – Die Frage nach der Überlieferung des Textes

Wenn ein Zeitungsausschnitt (s. Anhang III.6) abgeschrieben wird, dann können Fehler entstehen. Es können Worte doppelt abgeschrieben, es kann ein Wort/Buchstabe ausgelassen (s. Handschrift A) oder interpretierend hinzugefügt werden (s. »Handschrift B«) usw. Im Vergleich der drei »Handschriften A/B/C« kann nun das Original herausgearbeitet werden, auch wenn es selbst gar nicht mehr vorliegt. So ist z.B. im Vergleich der »Handschriften A« und »C« zu erkennen, daß die »Handschrift B« das Wort »großer« hinzugefügt hat.

Im Laufe der Tradierung biblischer Texte können sich die unterschiedlichsten Fehler und Abweichungen eingeschlichen haben. Die Textkritik hat nun die Aufgabe eines Detektivs, einer Detektivin. Sie muß anhand unterschiedlicher überlieferter Bibelabschriften versuchen, den möglichen Urtext wiederherzustellen.

Wie aber konnten solche Abweichungen in der Textüberlieferung entstehen? Nehmen wir einmal an, der Evangelist Markus hat seinen Text in einem Dorf in der Gegend zwischen Damaskus und Antiochia geschrieben. Die Gemeinde war stolz auf dieses große Werk und las daraus in ihren Zusammenkünften vor. Diese Gemeinde bekam Besuch aus der Nachbargemeinde. Selbstverständlich feierte dieser Besucher mit der Gemeinde Gottesdienst. Nach der Verlesung des Markustextes war der Besucher so begeistert, daß er für seine Gemeinde ebenfalls ein so schönes Evangelium erwerben wollte. Das Evangelium wurde abgeschrieben und in der Nachbargemeinde ebenfalls vorgelesen. So verbreitete sich das Evangelium immer weiter. Einige Evangelien wurden vom Original abgeschrieben, andere von den Abschriften. Einer der Abschreiber mochte nicht, daß Markus so viele »und« (καί) verwandte und ließ es z.B. Mk 1,9 weg. Weitere Abschreiber übernahmen diese Weglassung, denn sie wußten ja nicht, daß Markus an dieser Stelle ein »und« geschrieben hatte. So pflanzten sich Fehler fort. Manche Abschreiber machten viele Fehler – also liegen uns (in unseren Augen) schlechte Handschriften vor. (Das bedeutet nicht, daß diese schlechten Abschriften nicht auch für manche Gemeinden wertvoll waren und dazu beigetragen haben, Gemeinde zu gründen und zu erhalten.) Manche Abschreiber machten wenige Fehler und hatten auch gute Abschriften vorliegen – also haben wir mit ihnen gute Handschriften vorliegen.

Texte wurden auch bewußt verändert. An dieser Stelle sei nur auf eine absichtliche Änderung eines neutestamentlichen Textes hingewiesen. Lukas schreibt Lk 1,3: »So habe auch ich es für gut gehalten ... es für dich ... aufzuschreiben.« Zwei Abschreiber (die Handschriften b und q) fügen ein: »So habe auch ich und der heilige Geist es für gut gehalten ...«. Es wird deutlich, wie hier die Theologie die Feder führte: Es war den Abschreibern nicht genug, daß uns Lukas dieses Evangelium überlieferte – sie wollten auch den heiligen Geist als Co-Autor hervorheben.

Es war – das sei noch bedacht – nicht so, daß die Evangelien nur in Gottesdiensten gebraucht wurden. Manche Textteile wurden als Amulett benutzt und auch sonst im Alltag verwandt. Durch den vielfachen Gebrauch, dadurch, daß diese Texte immer wieder abgeschrieben wurden, haben sich also solche Unregelmäßigkeiten eingeschlichen.

Nun kam es, daß das Markusevangelium einem gewissen Matthäus (wie wir ihn nennen) in die Hände fiel. Er dachte sich: »Das ist die Idee! Markus hat viele Texte zusammengetragen – ich kenne aber noch mehr! Also schreibe ich auch ein Evangelium. Ich nehme das Markusevangelium zur Vorlage und ergänze es, denn an manchen Stellen liegen mir andere und weitere Informationen vor.« Nun schrieb Matthäus sein Evangelium, und es hatte ein Schicksal wie das Markusevangelium – auch dieses wurde in unterschiedlichster Qualität abgeschrieben.

Dann traf in bestimmten Gemeinden das Matthäusevangelium auf das Markusevangelium. Die Gemeinde bemerkte selbstverständlich Unterschiede. Einige ergänzten das Markusevangelium hier und da ein wenig nach Matthäus usw. – wie es so kommt. Und all diese Schriftstücke, die in Ägypten, Rom, Griechenland, Syrien, in dem Gebiet der heutigen Türkei entstanden, liegen gegenwärtig manchmal in kleinsten Blattfetzen (sog. Fragmenten) vor, manchmal auch in stattlichen Exemplaren. Und all diese Überbleibsel werden in der Textkritik mit dem Ziel miteinander verglichen, den ursprünglichen Text herzustellen, soweit das eingedenk auch unserer menschlichen Unzulänglichkeit möglich ist.

Auch die, die mit der griechischen Ausgabe des Neuen Testaments nicht zurechtkommen, haben im Rahmen der Textkritik etwas zu tun. Sie vergleichen nicht alte Handschriften miteinander, sondern moderne. Sie vergleichen die Übersetzung von Luther mit der von Zink usw. Das Ziel liegt dann darin, die genauere Übersetzung zu erkennen und den Text besser zu verstehen.

Hieran wird sichtbar, daß Textkritik, wie sie auch immer aussieht, mit dazu beiträgt, sich intensiv mit den Worten eines Textes und dessen Aussagen zu befassen.

Textkritik wird in allen Methodenbüchern behandelt (Ausnahme: Berger). Maier nennt diesen Schritt: Textfeststellung (339f.).

Aufgabe

Beherrschen Sie kein Griechisch, dann vergleichen Sie bitte unterschiedliche Übersetzungen zu Lk 10,21-22. Unterstreichen Sie Gemeinsamkeiten, Unterschiede. Überlegen Sie bitte die Intention der Unterschiede!
Beherrschen Sie Griechisch, dann lesen Sie bitte Conzelmann/Lindemann § 4.

9. Literarkritik – Die Frage nach dem historischen Wachstum des Textes

Die Literarkritik grenzt einen Text vom Kontext ab, beobachtet Brüche im Darstellungsverlauf, Doppelungen und Spannungen. Vgl. dazu im Anhang III.2 die Einfügung in den Zahary Brown Text der Süddeutschen Zeitung. Hier heißt z.B. die Hauptfigur nicht mehr Zahary Brown, sondern Barbara Streisand. Es geht zwar noch um Musik – aber nicht mehr um ein Vergehen und um Verurteilung, sondern um die Einladung des Präsidentenpaares zu einem Konzert. Jeder Leser und jede Leserin fragt sich: Was ist geschehen, daß hier auf einmal eine andere Hauptperson, ein anderes Thema hereingerutscht ist? Die einzige Schlußfolgerung: Hier wurden Texte ineinandergeschoben, die ursprünglich nichts miteinander zu tun hatten. Der Text ist also gewachsen.
Solchen Textveränderungen sucht die Literarkritik auf die Spur zu kommen. Darüber hinaus vergleicht sie einen Text, der in verschiedenen Varianten überliefert wurde. Wenn z.B. die unterschiedlichen Varianten der Zeitungsnachrichten (SZ; AZ; Bild) miteinander verglichen werden, stellt sich die Frage: Woher kommen diese unterschiedlichen Varianten? Was ist ursprünglich?
Auf das Neue Testament bezogen bedeutet das: Neutestamentliche Texte haben im Laufe ihrer schriftlichen Fixierung einiges mitgemacht. Sie wurden ergänzt, umgeschrieben usw. Die Textkritik hatte den Text als Ergeb-

nis, der wahrscheinlich dem Original des Markus recht nahe kommt. Dieses Original ist jedoch wiederum Ergebnis eines langen Prozesses, in dem die unterschiedlichsten Quellen in den Text eingeflossen sind. Das Ziel der Literarkritik besteht also darin, den ältesten schriftlich fixierten Text herauszufiltern, um dem Geschehen um Jesus, den Worten Jesu möglichst nahe zu kommen. Um dieses Ziel zu erreichen, löst sie den Text erst einmal aus dem Kontext, sucht Wachstumsschichten des Textes und vergleicht ihn dann mit den Parallelüberlieferungen in den anderen Evangelien, vor allem mit Matthäus, Markus und Lukas, den sogenannten Synoptischen Evangelien.

Im Vergleich dieser Evangelien miteinander hat man erkannt, daß dem Matthäus nicht nur Markus, wie oben im Zusammenhang der Textkritik dargestellt, als Grundlage vorlag, sondern auch die sogenannte (Logien-)Quelle »Q«. Das heißt: Es lag wohl unabhängig vom Markusevangelium eine Textsammlung vor, die überwiegend Worte Jesu beinhaltete. Wie aber kamen Forscher auf diese Annahme?

Man vermutet, daß das Markusevangelium das älteste Evangelium ist. Dieses wurde von Matthäus und Lukas als Grundlage ihrer eigenen schriftstellerischen Arbeit herangezogen. Matthäus und Lukas jedoch kannten einander und ihre jeweiligen Evangelien nicht. Wie kommt es dann, so fragt man sich, daß Lukas und Matthäus Texte weitergeben, die nicht im Markusevangelium zu finden sind aber wortwörtlich übereinstimmen? Die Antwort auf diese Frage kann nur lauten, daß ihnen neben dem Markusevangelium eine weitere gemeinsame schriftliche Quelle vorgelegen haben muß.

Nun wäre es natürlich auch denkbar, daß Matthäus das Lukasevangelium kannte bzw. umgekehrt. Aber: Es ist kaum wahrscheinlich, daß diese Evangelisten, die sich zum Teil eng an die Markusvorlage hielten, nicht auch eng an das jeweils andere Evangelium gehalten haben sollten. Z.B.: Warum sollte Lukas die wunderbare Bergpredigt des Matthäus wieder verändert haben? (Vergleichen Sie einmal Mt 5-7 mit Lk 6,20-49.)

Warum aber ist es unwahrscheinlich, daß das Matthäusevangelium älter ist als das des Markus? Konnte Markus das Matthäusevangelium nicht gekürzt haben? Die *Antwort* entspricht dem gerade bedachten: Warum sollte Markus eine gute Vorlage in Einzelheiten auflösen? Warum z.B. sollte er die Bergpredigt nicht übernehmen?

So gibt es eine große Zahl literarkritischer Fragen und Hypothesen, die hier nicht detailliert wiedergegeben werden können. Eine der wichtigsten ungeklärten Fragen der sogenannten Zweiquellentheorie (d.h. Matthäus und Lukas lagen zwei schriftliche Quellen vor: Markus und die Quelle Q) ist die nach den sogenannten *Minor Agreements*. Die Fragen hier lauten unter anderem: Wie kommt es, daß Matthäus und Lukas *gemeinsam* Teile des Markustextes ausgelassen haben? Oder wie kommt es, daß beide Übereinstimmungen gegen Markus aufweisen, obgleich sie den Text der Markusvorlage aufgenommen haben? Liegt es daran, daß ihnen eine Vorfassung unseres Markusevangeliums vorgelegen hatte? – Die sogenannten *Ur-Markus-Hypothese* nimmt an, daß ein Ur-Markusevangelium im Laufe der Zeit zu unserem Markusevangelium ergänzt worden ist. Wohingegen zur gleichen Frage die *Deutero-Markus-Hypothese* annimmt, daß Matthäus und Lukas eine weiter entwickelte Form des Markusevangeliums vorliegen hatten, die wir heute nicht mehr kennen. Es ist deutlich, daß die Fragen recht kompliziert sind, daß Puzzlestückchen zusammengelegt und wieder auseinandergenommen werden müssen, weil sie doch nicht so ganz passen.

Strecker-Schnelle teilen diesen Arbeitsschritt auf in »Textanalyse« (Söding: Kontextanalyse), d.h. sie fragen nach dem Aufbau und der Abgrenzung des Textes, und in »Quellenanalyse« (Söding: Traditionsanalyse), d.h. an dieser Stelle findet der »Synoptische Vergleich« statt (Markus-Matthäus-Lukas werden hier miteinander verglichen). Berger hinterfragt diesen Schritt und meint, daß durch Beobachtung von Brüchen im Text eine Quellenscheidung, d.h. eine Trennung von ineinander verarbeiteten Texten, kaum möglich sei. Maier gliedert den Schritt auf in »1. Aufbau des Textes«; »2. Kontext« (359) und mahnt, die Hypothesenhaftigkeit dieses Arbeitsschrittes (z.B. Quelle Q), auszusprechen (344). Heine versteht unter Literarkritik den »Synoptischen Vergleich«. Die Frage nach der kleinsten Erzähleinheit ordnet sie der Formgeschichte zu. Dazu s. A. Ennulat, Die Minor Agreements. Untersuchungen zu einer offenen Frage des synoptischen Problems, Tübingen 1994 (WUNT 62); G. Strecker, Minor Agreements. Symposion Göttingen 1991, Göttingen 1993 (GTA 50); Aufsätze von A. Fuchs in »Studien zum Neuen Testament und seiner Umwelt«.

10. Linguistik – Die Frage nach dem grammatischen Aufbau, den inhaltlichen Aussagen und den beabsichtigten Wirkungen des Textes

Dieser Arbeitsschritt ist zu unterteilen in die syntaktische, semantische und pragmatische Analyse. Diese drei Schritte können nicht nacheinander behandelt werden, da sie voneinander abhängen. Sie müssen also immer miteinander verwoben werden. So kann die syntaktische Analyse nicht ohne die Kenntnis der Wortbedeutung durchgeführt werden, das heißt sie ist von der semantischen Analyse abhängig. Die Kunst besteht nun darin, die syntaktischen, semantischen und pragmatischen Fäden – trotz ihrer Verwobenheit – getrennt zur Darstellung kommen zu lassen.

10.1 Syntaktische Analyse

Die syntaktische Analyse untersucht die Syntax, die Grammatik eines Textes, den Satzbau, das Satzgefüge. Es werden Satzbrüche, Wiederholungen, Rahmungen, unvollständige Sätze usw. festgestellt. Das Ziel dieser Analyse besteht unter anderem darin zu erkennen, welchem Typ ein Text zugehört. Bestimmte Texte haben beispielsweise viele Imperative, andere mehr Beschreibungen, andere haben mehr Substantive als Verben usw. So ist schon von solchen Beobachtungen her schnell zu schließen, daß es sich jeweils um Gesetzestexte, Erzählungen oder wissenschaftliche Texte handelt – ohne daß die einzelnen Wortbedeutungen intensiver berücksichtigt werden.
An unseren Beispielen (siehe Anhang III.5) ist zu sehen, daß der Kochbuchtext viele imperativische Infinitive beinhaltet. Handelt es sich hier also um einen Gesetzestext? Eine Klärung dieser Frage erreichen wir mit Hilfe der semantischen Analyse.

10.2 Semantische Analyse

Der Bedeutung einzelner Worte und Wortkombinationen geht die semantische Analyse nach. Wir beobachten, daß in dem Kochbuchtext viele Worte genannt werden, die aus dem Bereich der Küche und der Ernährung stammen, während die Zeitungsausschnitte stärker musikalische und juristische Worte heranziehen. Allerdings ist es in diesem Zusammenhang auf den ersten Blick eigenartig, wenn der Text der Süddeutschen Zeitung die Worte »leichte Kost« in diesen juristisch-musikalischen Text einfügt: Der Kontext hat mit Nahrungsaufnahme gar nichts zu tun. Oder: Was bedeutet im Text der Abendzeitung »verdonnert«? Vom Wetter ist überhaupt nicht die Rede. Es müssen also die Wortbedeutungen untersucht werden, die diese eigenartige Verwendung erklären helfen oder als absurd erweisen. Aufgrund der erkannten Bedeutung der Worte wird dann nach Oppositionen gefragt, Sinnlinien werden herausgearbeitet usw. Die hier vorgestellte »Wortsemantik« führt zur »Textsemantik«, das heißt, es geht um die Bedeutung des gesamten Textes.

10.3 Pragmatische Analyse

Die pragmatische Analyse fragt schließlich: Was wollte der jeweilige Text bewirken? Welche sprachlichen Mittel setzt er dafür ein? Das gilt – wenn die historische Fragestellung betont wird – zunächst für den Text in Bezug auf die Erstleser, also nicht in Bezug auf die gegenwärtigen Rezipienten und Rezipientinnen.
So haben z.B. Imperative eine andere Wirkung als Aussagesätze. Je nach verwendetem Tempus werden Menschen beeinflußt. Eine Form der Vergangenheit ist weniger spannend als eine Erzählung im Präsens, Oppositionen vereinnahmen für oder gegen geschilderte Personen. Performative Worte, d.h. Worte, die eine zugleich vollzogenen Handlung bezeichnen (z.B.: ich verspreche, ich warne, ich entschuldige mich), prägen die Wirkung des Textes. Es muß gefragt werden, ob ein Text eindeutig oder mehrdeutig ist, will er über etwas informieren oder nicht? Texte, die Informationen geben, sind anders zu beurteilen, als z.B. Witze. Wortstellungen geben Signale. Unterschiedliche Bedeutung haben z.B. folgende Sätze: »Hans schafft es vielleicht« und »Vielleicht schafft Hans es«. Die Verwendung bestimmter Laute kann Bedeutung haben. Z.B. aus der Weihnachtsgeschichte: »Sie kamen eilend und fanden beide, Maria und Joseph, dazu das Kind in der Krippe liegen« – der Satz hat eine ganz andere Wirkung als: »Schnell kamen sie und fanden die Eltern, dazu den Säugling, der im Futtertrog lag.« Die Vokale »a« und »o« verdunkeln einen Textklang, anders als das »i«. Dunkle Textklänge hinterlassen eine andere Wirkung als helle Textklänge. Wenn Texte von Trauer, Tränen, Not und Leiden sprechen, dann berühren sie den Leser anders als Texte, die von tanzen, sich freuen und singen sprechen. Und hier wird zugleich etwas anderes deutlich: Ein Text mit Verben, »tanzen, sich freuen und singen« klingt anders als ein Text mit Substantiven »Tanz, Freude, Gesang«.
Am oben genannten Beispiel aus der Weihnachtsgeschichte wird deutlich, daß neben der syntaktischen, semantischen und pragmatischen Analyse auch eine phonetische, eine Lautanalyse sinnvoll sein kann. Darauf sei an dieser Stelle aber nur hingewiesen, weil diese Analyse tatsächlich für nur wenige Texte sinnvoll sein würde.

10.4 Fazit

Für die Exegese neutestamentlicher Texte beschränken wir uns also auf den Dreischritt syntaktische, semantische und pragmatische Analyse. Auf diese Weise können wir den Text intensiver durchdringen, seinen Aufbau und seine Zielrichtung verstehen. Zum Teil dienen Ergebnisse dieser Arbeitsschritte auch zur Unterstützung der Literarkritik, der Formgeschichte (z.B. läßt ein Text mit vielen Imperativen auf bestimmte Gattungen schließen) und weiterer Methodenschritte. So stellt sich die Frage, ob dieser linguistische Dreischritt nicht aufzulösen wäre. Es könnte die syntaktische Analyse der Literarkritik zugeordnet werden, die semantische Analyse – wie wir sehen werden – der traditionsgeschichtlichen Fragestellung und die pragmatische Analyse der Redaktionskritik. Ein solches Vorgehen wäre sicher sinnvoll, nur hat sich dieser Dreischritt als Einheit durchgesetzt, so daß eine Neuzuordnung kaum mehr möglich ist. Eine Änderung würde zur Konfusion führen, insbesondere weil *synchrone* und *diachrone* Analyseverfahren vermischt würden. Das heißt: Während nämlich die Literarkritik das geschichtliche Wachstum des Textes »durch die Zeit« (dia chronos!) erhebt, interessiert sich der linguistische Ansatz nicht für eine solche historische Fragestellung. Ihm geht es um den Text, so wie er ist und vorliegt. Darum wird er synchroner (syn chronos) Ansatz genannt.

»Nehmen wir an, jemand fragt uns, warum der Motor eines Mercedes eines bestimmten Modells und Jahrgangs so ist, wie er ist. Wir könnten eine diachronische Erklärung geben und die Veränderungen beschreiben, die im Laufe der Jahre am Entwurf des Vergasers, der Kurbelwelle usw. vorgenommen wurden; und das wäre eine völlig angemessene Antwort auf die Frage. Wir könnten aber auch die Rolle beschreiben, die jedes Montageteil im synchronen System spielt; in diesem Falle sollten wir beschreiben, wie die Maschine zusammengesetzt ist und wie sie funktioniert. Dies wäre dann eine nicht-historische, sondern strukturelle (und funktionale) Erläuterung der Fakten« (J. Lyons, Die Sprache, München 1983, 198f.).

Diesen linguistischen Arbeitsschritt betont Egger; auch Berger geht intensiv auf diese Fragestellung ein. Dagegen können sich Strecker/Schnelle für diese Fragestellung nicht besonders erwärmen, weil ihrer Ansicht nach diese Aspekte schon in den traditionellen Arbeitsschritten behandelt werden. Damit haben sie nicht Unrecht. Dennoch ist eine Intensivierung dieses Arbeitsschrittes von Bedeutung, weil er dazu zwingt, gezielt vorzugehen und bestimmte Sachverhalte zu erarbeiten. Ähnlich stellt sich auch die Position von Söding dar. Er behandelt »Sprach- und Literaturwissenschaft«, »Strukturalismus« usw. nur am Rand unter der Überschrift: »Neue Impulse, Alternativen, Erweiterungen des Spektrums« (68-75). Lührmann geht wenig konkret darauf ein. Die Neubearbeitung der Methodenlehre von Zimmermann durch Kliesch führte zu dem guten Zusatzkapitel: »Neutestamentliche Linguistik«. Maier nennt den Schritt »Grammatische und linguistische Struktur.« Heine überschreibt ein Kapitel »Strukturale Analyse« und behandelt unter Abschnitt 5 »Die Analyse der Struktur« (146ff.). Diese wird mit Formgeschichte vermengt. S. A. Linke u.a., Studienbuch Linguistik, Tübingen 1994², Kap. 1-6 (Reihe Germanistische Linguistik 121).

Aufgabe

Erstellen Sie eine Liste: Was wird in Mk 1 über Jesus gesagt? Welche Worte begegnen im Kontext des Namens Jesu? Wie wird er bezeichnet? Welche Handlungen werden genannt? Lesen Sie Lk 1 und 2. Welche Wirkung haben diese Kapitel? Mit welchen sprachlichen Mitteln wird diese Wirkung erreicht? Wo wird von Freude/ sich freuen gesprochen? Bitte lesen Sie dazu: E. Beyreuther, J. Frey, Art. Freude, in: Theologisches Begriffslexikon zum Neuen Testament, Bd. 1, Wuppertal 1997. Wenn Sie Griechisch beherrschen, lesen Sie bitte das, was im Exegetischen Wörterbuch unter den Worten: χαρά χαιρω zu finden ist.

11. Formgeschichte – Die Frage nach der Gemeinde hinter den einzelnen Texten einer Gattung

11.1 Die formgeschichtliche Fragestellung

Aufgabe

Nehmen Sie eine Zeitung und ein Kochbuch zur Hand. Vergleichen Sie den Aufbau der Nachrichten und den der Rezepte, der Todesanzeigen usw. Worin liegt der unterschiedliche Aufbau begründet?

Es wird an unseren Beispielen aus dem Anhang III deutlich, daß Texte einen unterschiedlichen Aufbau haben. Zeitungstexte beginnen (normalerweise) mit Ortsangaben, Nachrichtenagentur und Datum. Die im Anhang zitierten Texte machen eine Ausnahme. Damit signalisieren sie, daß diese Punkte für diese Zeitungsinformation nicht so wichtig sind – was unten noch eine Rolle spielen wird. Anders Rezepte: Diese interessieren Ortsangaben, Nachrichtenagenturen und Daten kaum. Sie haben einen eigenen Aufbau: Überschrift, Aufzählung der Zutaten usw. und Angaben darüber, wie und in welcher Reihenfolge alle Zutaten verwendet werden müssen. Jeder der Texte hat also einen eigenen Aufbau, ganz so, wie es für ein Verstehen, ein rechtes Einordnen durch den Leser und die Leserin wesentlich ist. So wäre es z.B. unsinnig, wenn das Kochrezept andersherum aufgebaut wäre: Das Kochen wäre erschwert. Texte mit ähnlichem Aufbau, Inhalt, ähnlicher Intention und Funktion besitzen eine vergleichbare Form und werden bestimmten Gattungen zugeordnet. Gattungen mit ihrem festen Aufbau erleichtern also das Verstehen. Der Inhalt ist schneller zu überblicken, jeder und jede weiß sofort worum es geht. Das bedeutet auch: Wenn dieses feste Schema durchbrochen wird, kann man fragen, warum das so geschieht. Warum haben die Zeitungsredakteure die ursprüngliche Art und

Weise, Nachrichten zu vermitteln, bei unserem Text nicht beibehalten? Weil sie merken, daß diese Nachricht so wichtig nicht ist? Weil sie sie eher als eine humoristische Beigabe auffaßten? Was bedeutet es demgegenüber, wenn die Bildzeitung solche Nachrichten wie ernsthafte Nachrichten behandelt? Ein anderes Beispiel: Wenn unsere Gattung »Kochrezept« auf einmal in einer anderen Gattung auftaucht, z.B. in einem Krimi – was passiert sofort? Wir denken: Wird da jemand Gift einmischen? So beeinflussen Großgattungen die Kleingattungen, die sie aufnehmen.

Aufbau wie Inhalt können ähnlich sein: Zeitungsnachrichten beinhalten Informationen über das aktuelle Geschehen, Kochrezepte bieten Hilfestellung für die Zubereitung von Gerichten. Entsprechend haben sie unterschiedliche Intentionen/Funktionen: sie informieren, helfen kochen usw. Fragen nach dem Aufbau, dem Inhalt, der Intention und der Funktion eines Textes sind es also, die in diesem Arbeitsschritt bewältigt werden müssen.

11.2 Der »Sitz im Leben«

Aufgabe
Warum sind Kochrezepte anders aufgebaut als z.B. Todesanzeigen?

Selbstverständlich bestimmt der Inhalt die Form eines Textes. Der unterschiedliche Aufbau ist jedoch nicht allein im Inhalt begründet. Die Gestalt eines Textes ist von dem Ort abhängig, an dem er innerhalb einer menschlichen Kommunikationsgemeinschaft wichtig ist. Dieser Ort wird *Sitz im Leben* genannt; d.h.: Formen und Gattungen haben einen »Sitz im Leben«. Warum entstehen diese Formen im Rahmen einer Gruppe, und wo entstehen sie im Zusammenhang menschlichen Zusammenlebens? Der »Sitz im Leben« der Zeitungsmeldungen ist nicht der Ort der Handlung, nicht der Gerichtssaal, sind nicht die Musikgeschäfte, sondern ist die Redaktion, die dem Wunsch der Menschen nachkommt, mit Informationen versorgt und – in diesem Fall – unterhalten zu werden.

Was heißt das nun für das Neue Testament? Auch dieses kennt, weil es von Menschen geschrieben wurde bzw. weil die Texte von Menschen erzählt wurden, unterschiedliche Gattungen. Diese Gattungen erleichtern das Verstehen. Eine Gattung im Neuen Testament ist z.B. die *Wundererzählung*. Sie hat einen ganz bestimmten Aufbau, der in Abschnitt 26.2.1 beschrieben wird. Dieser unterscheidet sich z.B. vom Aufbau eines *Gleichnisses*, einer anderen Gattung des Neuen Testaments. Und der jeweils unterschiedliche Aufbau deutet auf eine andere Funktion, einen anderen Sitz im Leben hin. Die Wundererzählung hat ein anderes Ziel als die Gleichniserzählung. Die

Wundererzählung will ein Geschehen mit dem Ziel mitteilen, Menschen für den Wundertäter einzunehmen, hat also seinen Ort unter anderem in der Reklame (Mission). Das Gleichnis bildet einen komplizierten Sachverhalt mit einfachen Worten ab – hat also seinen Ort in der Lehre. Texte beider Gattungen haben somit ein unterschiedliches Ziel, einen unterschiedlichen »Sitz im Leben«. Aber: Texte beider Gattungen können, verändert, z.B. in Gottesdiensten Eingang finden bzw. ihren »Sitz im Leben« in Gottesdiensten haben. Weiteres dazu wird unten deutlicher werden.

11.3 Gattungsgeschichte

Nun kann es allerdings vorkommen, daß, sagen wir, Kochrezepte im Laufe der Zeit einen anderen Aufbau bekommen. Möglich wäre es z.B., den Hinweis auf die Zutaten an den Schluß zu stellen – wobei wir über Sinn und Unsinn dieser Maßnahme hier nicht nachzudenken brauchen. Der Änderung einer Gattung im Laufe der Zeit geht die Gattungsgeschichte nach. Für das Neue Testament heißt das z.B., daß der Hinweis auf »Glauben« in den Wundergeschichten ein Aspekt ist, der vorher in der Gattung Wundergeschichte so nicht bekannt war.

> Die Formgeschichte macht zur Zeit eine Wandlung durch. Im Laufe der Forschungsgeschichte erkannte man – vor allem mit Hilfe der Literarkritik, die ja nach den ältesten schriftlich fixierten Quellen sucht –, daß die schriftlichen Quellen historisch gar nicht so weit zurückreichen. Um noch näher an den Ursprung der Texte zu kommen, untersuchte man, wie Geschichten erzählt werden – wie der »Sitz im Leben« Texte prägt.
> Heute wird die Formgeschichte von anderen Exegeten eher der Analyse von Textsorten zugeordnet (z.B. Egger) und als Form*kritik* bezeichnet. Das bedeutet, daß es gar nicht mehr so sehr auf den geschichtlichen Ort der Entstehung eines Textes ankommt (also eine diachrone Textbetrachtung erfolgt), sondern die Form des Textes, so wie er vorliegt, analysiert wird (also eine synchrone Textbetrachtung erfolgt [s. Abschnitt 10.4]). Auch ist man heute vorsichtiger in dem Anspruch, die mündliche Tradition eines Textes herauszuschälen. Entsprechend tritt auch die Suche nach dem Sitz im Leben eines Textes zurück. Berger untersucht bei der Gattungsbestimmung vor allem die (rhetorische) Intention von Texten und bestimmt z.B. aus der Intention des jeweiligen Textes die Gattung. Ein weiteres Problem der Formgeschichte ist darüber hinaus die Sprachverwirrung: Ein und dasselbe wird mal als »Form« mal als »Gattung« bezeichnet. Aber auch einzelne Texte einer Gattung können »Form« genannt werden. Mk 2,1-12 ist somit eine Form der Gattung Wunder. Großgattungen sind dann wiederum Texte, die Formen in sich aufnehmen: z.B. Evangelien, die die Formen der Gattung Wundererzählung, Gleichnis usw. in sich aufnehmen können.

Berger behandelt Formen (= Textsorten) sowohl im 2. Kapitel als auch unter »Gattungsbestimmung« im 4. Kapitel. Maier nennt diesen Schritt: »Formen«. Söding unterteilt in: »Formanalyse (Formkritik)« (128ff.) und »Gattungsanalyse (Gattungskritik)« (155ff.).

Aufgabe

Vergleichen Sie bitte Lk 10,21; Mk 4,30-32; Lk 7,11-17 und Mt 22,15-22. Welche sprachlichen und inhaltlichen Unterschiede erkennen Sie? Woran ist erkennbar, daß es sich um Gebet, Gleichnis, Wunder handelt? Wie würden Sie Mt 22,15-22 einordnen? Warum hat die Gemeinde wohl diese Texte überliefert?
Zur Gattung Gleichnis lesen Sie bitte: Georg Strecker, Literaturgeschichte des Neuen Testaments, Göttingen 1992, 4.3.1.e und Joachim Gnilka, Jesus von Nazaret, Botschaft und Geschichte, Freiburg 1993, 89-97.141-157.

12. Überlieferungsgeschichte – Die Frage nach der mündlichen Überlieferung eines Textes

Stellen Sie sich vor, Zahary Brown, der »Held« der Texte unseres Anhanges III, erzählt sein Erlebnis einem Freund, dieser berichtet es einem Geschäftspartner, dieser einem Journalisten. Welchen Veränderungen wird der Text unterworfen? »He, du, was mir passiert ist« wird zu: »Was einem Bekannten meines Bekannten geschehen ist«, wird zu: »Zahary Brown ...« – siehe Anhang. Mündlich erzählte Texte haben einen anderen Stil als schriftlich fixierte. Der mündliche Stil hinterläßt jedoch in schriftlich fixierten Texten manchmal seine Spuren.
Die Aufgabe der Überlieferungsgeschichte besteht darin, die Veränderungen herauszuarbeiten, die ein Text im Laufe der mündlichen Überlieferung mitgemacht hat. Somit ist sie zum Teil wie die Literarkritik zu bearbeiten. Darüber hinaus bringt die Überlieferungsgeschichte auch Aspekte, die für die Formgeschichte von Bedeutung sein können.
Insgesamt ist die Frage nach der Überlieferungsgeschichte für neutestamentliche Texte schwer zu beantworten, denn anders als im Alten Testament, für dessen Interpretation Überlieferungsgeschichte eine wichtige Rolle spielt(e), gilt für das Neue Testament der Sachverhalt, daß die Texte in einem Zeitraum von rund 30 Jahren nach Jesu Tod aufgeschrieben wurden – sie haben also eine relativ kurze mündliche Überlieferung hinter sich, die zum Teil kaum mehr zu erarbeiten ist. Allerdings ist ein Ergebnis hier und da zu erzielen, so zum Beispiel im Gleichnis vom wachsenden Senfkorn: Hier wird deutlich, daß die Quelle Q (bei Lukas und zum Teil bei Matthäus) eine ande-

re Version dieses Gleichnisses überliefert als Markus (siehe Abschnitt 9). Da nicht davon auszugehen ist, daß beide – Markus und Q – eine schriftlich vorliegende Version so grundlegend verändert haben, muß angenommen werden, daß hier unterschiedliche mündliche Traditionen zugrundeliegen.

Aufgabe

Vergleichen Sie bitte das Gleichnis vom wachsenden Senfkorn. Unterstreichen Sie Gemeinsamkeiten und Unterschiede zwischen Lk 13,18f.; Mt 13,31f. und Mk 4,30-32. Woran ist zu erkennen, daß Lukas bestimmte Aspekte nicht selbst abgeändert hat?

G. Sellin; F. Vouga (Hg.), Logos und Buchstabe. Mündlichkeit und Schriftlichkeit im Judentum und Christentum der Antike, Tübingen 1997.

13. Die Frage nach dem »Historischen Jesus«

Bevor wir dieses Thema angehen, ist die Terminologie anzusprechen, die nicht überall einheitlich und nicht immer einsichtig gehandhabt wird. Es wird vom »irdischen«, »vorösterlichen«, »geschichtlichen«, »historischen« und vom »kerygmatischen« Jesus gesprochen. Wenn vom »vorösterlichen« Jesus gesprochen wird, dann geht es um den Menschen Jesus, wie er auf der Erde lebte und dessen Auftreten, Leben und Wirken mit Hilfe unserer Methoden zu ermitteln das (unerreichbare) Ziel bleibt. Wenn vom »irdischen« Jesus gesprochen wird, dann geht es um den Jesus von Nazareth, von dem die Evangelien sprechen. Wenn vom »geschichtlichen« Jesus gesprochen wird, dann kann darunter die Figur in ihrer Wirkungsgeschichte verstanden werden – also das »Jesusverständnis« bis heute. Wenn vom »historischen« Jesus gesprochen wird, dann geht es um den Jesus, der mit Hilfe der Methoden historisch-kritischer Exegese gezeichnet werden kann. Der »kerygmatische« Jesus ist der gepredigte Jesus Christus.

Wie ersichtlich wurde, geht es in den zuvor genannten Schritten wenig um die Frage, was damals wirklich geschehen ist, welche historische Realität hinter den Texten des Neuen Testaments erkennbar ist. Es geht vielmehr darum, die Texte selbst zu analysieren, ihre Traditionen, die Gemeinde, die sie benutzte usw. zu erkennen. Die Frage ist jedoch, ob das genügt. Denn die Texte des Neuen Testaments reden ja von einer bestimmten Person. Was im Neuen Testament spiegelt die wirklichen Worte und Taten dieser Person wider, was ist spätere Hinzufügung?
In diesem Arbeitsschritt wird darum nach dem Wort gesucht, das nicht die Evangelisten oder die Tradition, sondern Jesus selbst gesagt hat (ipsissima

verba/vox), es wird nach den Taten gefragt, die Jesus wirklich getan hat (ipsissima facta). Man versucht, Jesu Worte oder seine Taten durch das Anlegen bestimmter, unten zu erläuternder Kriterien an den biblischen Text zu ermitteln, wobei aber festzuhalten ist, daß für die Exegese letztendlich nur wenige Worte und Taten Jesu sozusagen »im Original« in die Bibel Eingang gefunden haben. Das bedeutet jedoch nicht, daß Jesus nur diese übrigbleibenden Worte geäußert oder diese Taten getan hat. Das Ergebnis bedeutet, daß mit Hilfe *historisch-kritischer Exegese* dieses Wort, diese Tat Jesus möglicherweise (!) zugeschrieben werden kann. Der größere Teil der Evangelien gibt die Intention seiner Worte und Taten wieder, bildet aber keine Dokumentation seines Wirkens und Ergehens.

Die schon erwähnten Kriterien werden in der Literatur manchmal mit unterschiedlichen Namen versehen. Manchmal werden sie auch gar nicht benannt, aber angewendet. Im folgenden Abschnitt sollen sie vorgestellt und zugleich ihre Schwächen angesprochen werden:

- *Kriterium der Sprache:*
Jesus hat aramäisch gesprochen. Wenn nun ein Wort, das ihm zugeschrieben wird, ins Aramäische rückübersetzbar ist, dann ist die Wahrscheinlichkeit groß, daß er es tatsächlich gesprochen haben wird. Die Schwierigkeit dieses Kriteriums: Jesus lebte im Grenzgebiet zu griechischsprechender Bevölkerung. Hat er nicht auch die griechische Sprache beherrscht? Zum anderen: Die frühe Gemeinde gehörte dem aramäischen Sprachraum an: Kann sie nicht aramäische Worte geformt haben?

- *Kriterium der Kohärenz und Konvergenz:*
Wenn ein Wort, eine Tat, die Jesus zugeschrieben wird, mit anderen Jesus zugeschriebenen Worten und Taten übereinstimmt, dann kann angenommen werden, daß die untersuchte Tat oder das untersuchte Wort von Jesus selbst stammt. Von diesem Kriterium kann noch das Konvergenzkriterium unterschieden werden: Während das Kohärenzkriterium einzelne Worte Jesu im Blick hat und fragt, ob das vorliegende Logion (Wort) von Jesus stammt oder nicht, fragt das Konvergenzkriterium, inwieweit die Intention des vorliegenden Wortes unabhängig vom Wortlaut Jesus zuzuordnen ist. Die Schwierigkeit: Ein Wort kann nur dann als jesuanisch verstanden werden, wenn schon ein anderes als jesuanisch verstanden wird. Interessant ist z.B., daß die sogenannte Tempelaustreibung nicht zu Jesus paßt, weil Vergleichbares von ihm nicht berichtet wird. Dennoch ist davon auszugehen, daß diese Tat von Jesus gewirkt wurde (s.u. Kriterium der Differenz). Nur: Wenn diese Tat von Jesus getan wurde, sie also in das Gesamt-

bild seines Auftretens gehört, verschweigen uns die Evangelien dann weitere entsprechende Taten Jesu? War sein Wirken vielleicht viel militanter als es die Evangelien darstellen? Die Tempelaustreibung könnte darauf ein Hinweis sein. Wahrscheinlicher aber ist: Die Tempelaustreibung ist eine Zeichenhandlung, die auf Herrschaft Gottes hinweist. Deutlich wird, daß Aussagen der Evangelien Spekulationen Tür und Tor öffnen, wenn sie nicht aus dem heraus verstanden werden können, was wir sonst noch von Jesus kennen.

● *Kriterium der Differenz:*
Jedes Jesus zugesprochene Wort, das in der jüdischen und heidnischen Umwelt keine Parallele hat, ist dem Kriterium der Differenz zufolge von Jesus selbst gesprochen worden. Auch ist nach diesem Kriterium das Jesus selbst zuzuordnen, was nicht aus der späteren, nachösterlichen Gemeindesituation heraus zu erklären ist. Die Schwierigkeiten dieses Schrittes liegen auf der Hand: Was wissen wir schon aus der alten Zeit – wie wenig wurde uns überliefert! Ist z.B. die Frage nach der Sündenvergebung in Mk 2,1-12 eine Frage, die erst die Gemeinde bewegte oder bewegte sie die Gemeinde, weil sie in Jesu Auftreten begründet liegt?
Dieses Kriterium unterliegt immer wieder schärfster Kritik, weil, so der Vorwurf, Jesus aus seiner jüdischen Umwelt, seinem Volk herausgelöst werde. Und der Vorwurf kann weiter gefaßt werden: Jesus wird auf diese Weise nicht allein aus dem Judentum herausgelöst, sondern auch aus dem Heidentum und Christentum usw. – er erscheint diesem Kriterium zufolge als das aus dem Nichts schaffende religiöse Genie, als der unvergleichliche Heros. Dieses Kriterium muß darum vorsichtig gehandhabt werden und darf – wie übrigens keines der hier vorgestellten Kriterien – verabsolutiert werden. Die Berechtigung dieses Kriteriums liegt darin, daß Menschen sich das leichter merken können, was aus dem üblichen Rahmen herausfällt.

● *Kriterium der Plausibilität/Kriterium der geschichtlichen Vernetzung:*
Anders als das Differenzkriterium fragt dieses Kriterium nicht nach der Unterschiedenheit Jesu von seiner Umwelt, sondern nach dem genauen Gegenteil: Wenn ein Wort, eine Tat Jesu in seine Umwelt, in das Palästina seiner Zeit einzuordnen ist, dann ist wahrscheinlich, daß es von Jesus stammt. Die Schwierigkeit dieses Kriteriums ist deutlich: Wir kennen das Palästina zur Zeit Jesu kaum. So wird die Frage nach dem historischen Jesus hier auf die Frage nach dem historischen Palästina verlagert.

- *Kriterium der vielfachen Bezeugung:*
Wenn ein Wort oder eine Tat Jesu nicht nur im Markusevangelium, sondern auch in einer anderen alten Quelle berichtet wird, so in Quelle Q oder an weiteren Stellen, die nicht voneinander abhängig sind, dann ist nach diesem Kriterium das Wort oder die Tat Jesus unmittelbar zuzuschreiben. Mit diesem Kriterium kommen wir in der Tat der geschichtlichen Person Jesus sehr nahe. Doch ist die Frage die: Da es nur wenige voneinander unabhängige Mehrfachüberlieferungen gibt, was bleibt nach diesem Kriterium dann noch an Wissen über Jesus selbst übrig?

- *Kriterium des Wachstums:*
Wenn an einem Text (z.B. Lk 7,36ff.) zu erkennen ist, daß um eine ursprüngliche Kern-Erzählung herum neue Elemente (hier z.B. das Gleichnis) gewachsen sind und diese Erzählung erweitert haben, dann ist anzunehmen, daß die ursprüngliche Erzählung sehr alt ist.

- *Kriterium der geschichtlichen Wirkung/der Traditionskontinuität:*
Dieses Kriterium untersucht, inwieweit von den Nachwirkungen der Worte und Taten Jesu in der Gemeinde auf die von ihm gesprochenen Worte und gewirkten Taten zurückzuschließen ist. Hier ist z.B. die Bedeutung des Mahles, des gemeinsamen Essens in Jesu Verhalten und Botschaft zu nennen. Jesus hat mit den Sündern und Sünderinnen gespeist, und die Gemeinde führt dieses gemeinsame Mahl – nun allerdings in veränderter Form im Abendmahl – weiter.
Ähnliches gilt wohl auch für bestimmte Gattungen. So hat die Gemeinde Gleichnisse überliefert und fortgeführt, weil Jesus in Gleichnissen lehrte.

- *Lerntheorien:*
Im deutschsprachigen Raum hat R. Riesner (Jesus als Lehrer. Eine Untersuchung zum Ursprung der Evangelien-Überlieferung, Tübingen 1981) auf eine Fülle von Gesichtspunkten hingewiesen, die darauf zurückschließen lassen, daß Jesus Worte so formuliert hatte, daß sie leicht einprägsam waren (Einzelheiten s. a.a.O., 499ff.). Die Frage stellt sich allerdings: Hat Jesus die Worte in dieser Weise tatsächlich so einprägsam formuliert oder wurden die Worte im Laufe der Überlieferung so abgeschliffen, daß nur noch ein einprägsamer Kern übrig blieb?

Heine ordnet einige der genannten Kriterien der Formgeschichte zu (108f.). Die aufgeführten Kriterien werden daneben allein von Egger angeführt. Über das hier

Gesagte hinaus nennt er mit F. Lentzen-Deis (Kriterien für die historische Beurteilung der Jesusüberlieferung, in: K. Kertelge [Hg.], Rückfrage nach Jesus. Zur Bedeutung der Frage nach dem historischen Jesus, Freiburg 1974) das *Kriterium der Alten Quelle*. Findet sich ein Jesuswort in einer besonders früh einzustufenden Quelle, ist von der Ursprünglichkeit des Wortes auszugehen (198). Weiterhin wird das *Kriterium des hinreichenden Grundes* genannt: »Als historisch ist ein Faktum oder ein Sachverhalt anzusehen, wenn ohne Annahme der Tatsächlichkeit eine Reihe anderer Sachverhalte sich nicht erklären läßt« (200). Das Kriterium der Differenz nennt er das der Analogielosigkeit. Söding spricht u.a. noch vom *Kriterium der Anstößigkeit* (290). Danach wird an manchen Texten deutlich, daß den Tradenten des Textes seine Aussage zu heikel war, und sie darum diese abschwächten. Zu der Fragestellung s. in dem Band von Kertelge vor allem auch den Aufsatz von F. Hahn, Methodologische Überlegungen zur Rückfrage nach Jesus, S. 11–77.

Aufgabe

Bitte lesen Sie J. Becker, Jesus von Nazareth, Berlin; New York 1996,1–20. Welche Kriterien nennt er 17–20?

14. Traditionsgeschichte – Die Frage nach der außergemeindlichen und innergemeindlichen Tradition des Textes

Die Erhebung der Traditionsgeschichte eines Textes dient dazu, die von Texten aufgenommenen Traditionen zu ermitteln. Einmal werden einzelne Worte und ihre Bedeutung, zum anderen aufgenommene traditionelle Formen, Gattungen und Zitate usw. untersucht. Die traditionsgeschichtliche Fragestellung ist älter als die im Rahmen der Linguistik genannte semantische Analyse. Ihre Aufgabe ist aber eine ähnliche: Der linguistische Arbeitsschritt ermittelt auf synchroner Ebene die Bedeutung von Worten, Textteilen etc., der traditionsgeschichtliche Arbeitsschritt – als alter methodischer Schritt – die diachrone Bedeutung; d.h.: Traditionsgeschichte untersucht die konkrete Bedeutung der Worte in der besonderen geschichtlichen Situation, die dem Text vorausgeht oder die dem Text parallel läuft.

Für unseren Zahary Brown-Text heißt das z.B.: Wie kommt das Wort »verdonnern« hier in den Text? Welche Bedeutung hatte es im Laufe der Zeit? Wie wurde es in unserem Zeitraum verwendet, damit es in diesem hier vorliegenden Kontext sinnvoll eingebettet ist und überhaupt von den Lesern verstanden werden kann?

Während die semantische Untersuchung das Umfeld – sagen wir – des Wortes »Geist« in einem Text abklopft, versucht die traditionsgeschichtliche Untersuchung nicht allein die allgemeine Bedeutung herauszuarbeiten, sondern auch die Bedeutung, die dieses Wort für die Gemeinde hatte, und für die Traditionen, in der die Gemeinde stand. Anders gesagt: Die semantische Untersuchung fragt danach, wie z.B. Lukas das Wort »Geist« verstanden hat, Traditionsgeschichte fragt nach dem Gebrauch über Lukas hinaus, so zum Beispiel nach der Verwendung in der Gemeinde.

Bei der Untersuchung von Wortbedeutungen ist es nicht damit getan, nur die allgemeine Bedeutung zu erheben. Die besondere Bedeutung des Wortes für die, die es verwenden, muß beachtet werden. So gebraucht die frühe Gemeinde das Wort »Geist« wohl vor allem in alttestamentlicher Tradition, weniger in der Tradition des griechischen Sprach- und Weltbildes. Darüber hinaus verwendet sie es auch aufgrund des eigenen Erfahrungsbereiches, also auf dem Hintergrund des Pfingstereignisses bzw. der Geistwirkungen in ihrer Gemeinde. Entsprechend muß, wenn in einem neutestamentlichen Text Formeln benutzt werden, z.B. bei Tauformeln, gefragt werden: Woher hat der Text diese Tradition? Aus welchem Bereich der Gemeinde kommt diese – aus der heidenchristlichen oder judenchristlichen Gemeinde, usw.?

Die Traditionsgeschichte greift auch in die Formgeschichte und Überlieferungsgeschichte ein. Hier wird z.B. gefragt, in welcher Gattungstradition die Gemeinde steht. So hat christliche Gemeinde in der Regel nicht alle Gattungen der Umwelt aufgenommen – meines Erachtens z.B. an keiner Stelle des Neuen Testaments die Komödie –, sondern nur bestimmte, so die Wundererzählung. Die Frage stellt sich: Warum hat sie gerade die Gattung Wundererzählung aufgenommen? Wo spielte in der antiken Welt diese Gattung sonst eine wichtige Rolle? Daß die christliche Gemeinde hier außerchristliche Gattungstraditionen beerbt, bedeutet nun nicht, daß Jesus »eigentlich« keine Wunder getan hat. Es bedeutet aber, daß die Gemeinde einen Grund gehabt haben muß, Erfahrungen mit Jesus in dieser Form aufzugreifen und weiterzusagen. Das kann zum einen in der Art der Erfahrung selbst liegen und zum anderen gleichzeitig an der Funktion, die Erzählungen von Wundertaten im antiken Verstehenshorizont der Menschen damals hatten. Mit Wundererzählungen wurden so nicht nur besondere, dem Alltagsbewußtsein unmöglich erscheinende Ereignisse erzählt, sondern zugleich eine bestimmte, nur so mögliche Aussage über den »Helden« getroffen. Die traditionsgeschichtliche Analyse liefert auch Vorarbeiten zur religionsgeschichtlichen Untersuchung eines Textes. Wenn z.B. erkannt wurde, daß das Wort »Geist« im alttestamentlichen Sprachgebrauch begründet liegt, dann muß in der religionsgeschichtlichen Fragestellung z.B. weitergefragt werden: Welche religiöse Bedeutung hatte das Wort für zeitgenössische Juden?

Strecker/Schnelle verwenden nicht das Wort »Traditionsgeschichte«, weil es nach ihrer Konzeption den Werdegang des Textes auf vorredaktioneller Ebene behandelt und der Formgeschichte zuzuordnen ist. Darüber hinaus werde mit der traditionsgeschichtlichen Frage der Tradentenkreis eines Textes angesprochen, der allerdings nach ihrer Ansicht nicht zu ermitteln sei. Sie nennen diesen Schritt »Begriffs- und Motivgeschichte«. Berger ordnet Traditionsgeschichte der Überlieferungskritik zu und meint, daß Traditionsgeschichte u.a. jüdische/alttestamentliche Traditionen bedenkt, während die Religionsgeschichte, die ebenfalls in die Überlieferungskritik eingeordnet wird, der heidnischen Umwelt nachgeht. Söding trennt »Motivanalyse« und »Traditionsanalyse« und weist der »Traditionsanalyse« die Literarkritik (hier: den Synoptischen Vergleich) und die Überlieferungskritik zu. Die »Traditionsgeschichte« begegnet dann noch S. 252ff. und bearbeitet die »Theologiegeschichte des Urchristentums«. Lührmann wie Haacker sehen diesen Schritt, der einzelne Traditionen verfolgt, in der Religionsgeschichte eingeordnet – allerdings behandelt Haacker die Traditionsgeschichte unter »Biblische Theologie«. Conzelmann/Lindemann sagen zur Frage gar nichts. Haacker betrachtet »Biblische Theologie« als einen eigenen Arbeitsschritt, dessen Ziel es ist, neutestamentliche an alttestamentliche Texte anzubinden. (Die historisch-kritische Exegese zerteilt, wie in Abschnitt 3 gesehen, die Bibel in unterschiedliche Autoren, die »Biblische Theologie« sucht dieser Zerteilung zu begegnen. Ich würde diesen Punkt keiner eigenen Methode zuordnen, sondern eher als Aspekt der Hermeneutik ansehen – was auch Strecker/Schnelle sichtbar werden lassen.) Maier nennt den Schritt »Wichtige Wortbedeutungen, u.U. Begriffsexegesen« (359) bzw. »Traditionsgeschichte, u.U. Redaktionsgeschichte« – orientiert an biblischen Schriften (343).

Aufgabe

Sie haben unter Abschnitt 10 im Theologischen Begriffslexikon den Artikel »Freude« gelesen. Was wird in diesem Artikel über die Freude bei Juden und Griechen gesagt? Wenn Sie Griechisch beherrschen, lesen Sie bitte die entsprechenden Artikel im Theologischen Wörterbuch zum Neuen Testament. Hat »christliche Freude« in neutestamentlichen Texten eine Besonderheit?

15. Religionsgeschichte – Die Frage nach dem religiösen Umfeld des Textes und der Personen, die den Text formulieren und tradieren

Jeder biblische Text ist von Menschen geschrieben worden oder hat seine Ursprünge in Gruppen, die in bestimmten religiösen Traditionen leben. Diese Traditionen werden durch Erziehung usw. angeeignet und gehen, ohne daß die jeweilgen Autoren und Erzähler es merken, in die formulierten Texte ein. So bilden religionsgeschichtliche Aspekte in jedem biblischen

Text eine Unterströmung. Immer wieder werden Texte aufgrund neuer religionsgeschichtlicher Situationen geändert. Wesentlich ist in diesem Arbeitsschritt die Frage, inwieweit in einem Text verarbeitete Worte und damit verbundene Vorstellungen in einem bestimmten religionsgeschichtlichen Hintergrund beheimatet sind.

Wenn z.B. Matthäus in der Geburtsgeschichte die »Weisen aus dem Morgenland« (Mt 2) erwähnt – worauf spielt er an? Will er damit sagen, daß Menschen z.B. des Mithraskultes eine Rolle spielten? Gehörte er selbst solch einer Tradition an, was behauptet wird, bisher aber nicht glaubwürdig begründet werden konnte? Oder wenn die frühe Gemeinde von Taufe spricht: Aus welcher Tradition hat sie diese übernommen? Gab es Taufformen vor und neben ihr? In welcher Form gab es diese?

An Mk 7, 2 ist sichtbar, daß Markus oder seine Tradition den Lesenden/Hörenden, die in einer anderen religiösen Tradition leben, möglicherweise eine Erklärung mitgibt. Dort heißt es: Und die Pharisäer usw. »sahen einige seiner Jünger mit unreinen, das heißt: ungewaschenen Händen das Brot essen«. Das bedeutet, daß das kultische Wort »unrein«, das der ursprüngliche Text in jüdischer Tradition verwandte, zumindest einem Teil der heidnischen Rezipienten nicht bekannt war, so daß sich der Erzähler gezwungen sah, das Wort zu erklären.

Folgende Aspekte müssen in der Erarbeitung der religionsgeschichtlichen Fragestellung berücksichtigt werden:
● Handelt es sich bei der vorliegenden Aussage wirklich um eine Parallele zu anderen religiösen Strömungen oder nur um eine Annäherung?
● Handelt es sich um eine zufällige Parallele oder um Abhängigkeit?
● Handelt es sich um eine direkte Abhängigkeit oder rührt die Parallele daher, daß beide Texte eine gemeinsame gesellschaftliche Grundlage haben?
● Ist eine direkte Abhängigkeit möglich?
● Ist eine direkte Abhängigkeit nachweisbar?
● Wer hat wen beeinflußt?

Diese Fragen wurden hervorgehoben, weil sie für die Einschätzung von weitverbreiteten populären Jesusbüchern wichtig sind. Wenn Sie Bestseller zur Person und Geschichte Jesu zur Hand nehmen, dann sehen Sie, daß diese Werke nicht selten massiv religionsgeschichtlich argumentieren, und man glaubt zunächst häufig, keine Argumente gegen die Thesen dieser Bücher zu haben. Der Grund dafür liegt in der argumentativen Geschlossenheit und Hermetisierung dieser Werke: Sie formulieren eine These und gehen mit dieser Vorgabe an die Bearbeitung neutestamentlicher Texte, ohne die Texte unabhängig von dieser Vorgabe sprechen zu lassen. Auf diese Weise kann, wer möchte, »beweisen«, daß Jesus in Indien war, Raumfahrer, in Nordamerika als Winnetou lebte, daß er sein Leben als Druide verbrachte, Echnaton war oder ein arabischer Fruchtbarkeitsgott – wenn man nur selektiv vorgeht und Texte entsprechend interpretiert, ist das möglich. Wer unbefangen neutestamentliche Texte liest, erkennt zunächst einmal nur, daß Jesus Jude war. Weitere Traditionen können in kein geschlossenes System gebracht, sondern nur hier und da ein wenig erhellt werden.

Zur unterschiedlichen Einordnung der Religionsgeschichte, s. Traditionsgeschichte. Strecker/Schnelle bearbeiten unter »Religionsgeschichtlicher Vergleich« hauptsächlich Texte/Gattungen und weniger einzelne Begriffe und Motive. Zimmermann führt diesen Abschnitt nicht eigens an; recht gut ist der Abschnitt bei Haacker bedacht. Bei Maier wird nicht deutlich, was er darunter versteht (s. 359; 342f.). Söding weist auf Religionsgeschichte unter der Überschrift: »Wege der Interpretation« (250ff.) hin – also außerhalb des eigentlichen Methodenabschnitts. An dieser Stelle sei besonders auf K. Müller, Die religionsgeschichtliche Methode. Erwägungen zu ihrem Verständnis und zur Praxis ihrer Vollzüge an neutestamentlichen Texten, in: BZ 29, 1985, 161-192 hingewiesen. Unter Punkt 5 führt er ein Verfahren vor, neutestamentliche Texte zu bearbeiten. Allerdings findet es im wesentlichen für als »fremdartig erkannten Stoff« (vgl. 185) Anwendung.

Aufgabe

Lesen Sie bitte in C.K. Barrett; C.-J. Thornton (Hg.), Texte zur Umwelt des Neuen Testaments, Tübingen 1991, das, was einleitend zu Kap. IV. Die Philosophen (71f.); V. Gnosis und Gnostizismus (122-125); VI. Mysterienreligionen (151); XIII. Die Apokalyptik (356f.) geschrieben wurde. Bitte schauen Sie sich auch den ein oder anderen Text an. Darüber hinaus: G. Theißen; A. Merz, Der historische Jesus, Göttingen 1996, § 2.3

16. Zeitgeschichte – Die Frage nach dem politischen, ökonomischen und kulturellen Umfeld eines Textes

In diesem Arbeitsschritt wird nach all den Dingen gefragt, die nicht zum religiösen Umfeld eines Textes gehören – und darum nicht mit der religionsgeschichtlichen Fragestellung ermittelt werden –, die aber als politischer, wirtschaftlicher oder kultureller Hintergrund eines Textes auf diesen Einfluß genommen haben könnten. Es ist dabei immer wieder überra-

schend, wie vielfältige Informationen neutestamentliche Texte zu einzelnen Fragen liefern. Folgende Aspekte können, je nachdem, welcher Text zur Diskussion steht, beachtet werden:
- Die politischen Hintergründe: Welche politische Situation herrschte zu der Zeit, in der die Texte gesprochen, geschrieben wurden? Nehmen sie auf bestimmte Geschehnisse Bezug? So herrschten zur Zeit Jesu die Römer als Besatzungsmacht in Israel. Auf Besatzungen reagieren Völker meistens mit Gegenbewegungen. In Israel agierten Widerstandsgruppen (Zeloten, Sikarier). Daneben werden auch Fragen zur Organisation des Staates, z.B. Steuer- und Zollverwaltung (Mk 3,1ff.), wichtig;
- Städtebau und Architektur (Mk 2,1-12; 13);
- Münzen und Geldwirtschaft (Mk 12,13ff.);
- Geräte, Gefäße und andere Dinge des täglichen Gebrauchs (das Fischernetz ist im Neuen Testament als Motiv nicht selten; zweckentfremdet der Mühlstein: Mk 9,42);
- Flora und Fauna, geologische Aspekte (Mk 3,13), Astronomie, Klima (Mk 6,45ff.), Landwirtschaft (Mk 4);
- Infrastruktur und Transportmittel (so wird in den Evangelien deutlich, daß sich viele Reisen und wohl auch Transporte auf dem See Genezareth abspielten);
- Hungersnöte (Lk 15,11ff.) oder andere Katastrophen;
- Rechtsprechung und Rechtsbräuche (Mk 6,17ff.; 10,2ff.; 12,18ff.; 13,9);
- Bildungsmöglichkeiten;
- Gesundheitsversorgung (vgl. Mk 1,40ff.);
- Kunst, z.B. Mosaiken.

Aufgabe

Lesen Sie bitte Mk 13 und streichen Sie alle Aussagen an, die auf die Zeit, in der der Text entstanden ist, ein Licht werfen.

Allerdings werden einige der Fragestellungen mit anderen Arbeitsschritten konkurrieren, so z.B. könnten die Bildungsmöglichkeiten auch unter dem Aspekt der Soziologie oder Sozialgeschichte untersucht werden und andere unter Soziologie genannten Aspekte könnten hier eingeordnet werden. So dient dieser Schritt vor allem als Hilfe dazu, daß keine Information des Textes übersehen wird. Es liegt im Ermessen derer, die mit dem Text arbeiten, wo sie die jeweiligen Aspekte am sinnvollsten einordnen wollen, um möglichst Überschneidungen zu vermeiden.

Haacker greift in seinem Methodenbuch »Neutestamentliche Zeitgeschichte und Geschichte des Urchristentums« auf. Selbstverständlich kennt die »Einleitung« von Conzelmann/Lindemann diese Fragestellungen ebenfalls. Allerdings ist sie hier nicht den Methoden zugeordnet. G. Theißen, Lokalkolorit und Zeitgeschichte in den Evangelien, Freiburg; Schweiz und Göttingen 1992² macht besonders deutlich, warum diese Fragestellung zu Recht als eigener Methodenschritt vorgestellt wird. Maier nennt den Schritt »Zeitgeschichtliche Einordnung«. Weitere Literatur s. »Methodenblatt X«.

Aufgabe

Bitte lesen Sie aus dem unter »📖« genannten Werk von Theißen die Seiten 26-44. Welche der oben genannten Aspekte zieht er zur Erklärung des Textes heran? Nennt er weitere darüber hinausgehende Sachverhalte?

17. Soziologie und Sozialgeschichte – Die Frage nach den sozialen Hintergründen des Textes

17.1 Soziologie und Sozialgeschichte

Christliche Texte sind nicht in einem gesellschaftlichen Vakuum entstanden. Sie sind von Menschen erzählt und geschrieben worden, die in einer ganz bestimmten sozialen Situation lebten, sie mit ihren eigenen Augen sahen und mit eigenen Erfahrungen interpretierten. Darum lohnt es sich, nach den gesellschaftlichen Bedingungszusammenhängen eines Textes zu fragen. Man nennt dies die »soziologische« oder »sozialgeschichtliche« Fragestellung. Die Worte »sozialgeschichtlich« und »soziologisch« sind, trotz vielfältiger Versuche, kaum voneinander methodisch abzugrenzen. Oft wird unter »sozialgeschichtlich« ein eher beschreibendes Vorgehen und unter »soziologisch« ein eher interpretierendes verstanden. »Sozialgeschichte« bemüht sich demnach um die Feststellung des typischen zwischenmenschlichen Verhaltens eines bestimmten Kulturraumes zu einer bestimmten Zeit, während die »Soziologie« sich um die Deutung der überindividuellen Bedingungen und Funktionen menschlichen Zusammenlebens bemüht (s. u. Schmeller, 15). Die Aufgabe dieses Methodenschritts besteht

(a) in der Beschreibung sozialer Fakten und in der Einordnung dieser Fakten in den sozialen Kontext;
(b) in der Konstruktion einer Sozialgeschichte;
(c) in der Erhebung sozialer Kräfte und sozialer Institutionen;

(d) in der Erhebung des Weltbildes, der Konstruktion der sozialen Welt und der Strukturen, die das Leben der Gruppe, zu der der untersuchte Text gehört, in der Welt ermöglichen, denn jede Gruppe baut sich in gewisser Weise ihre eigene Welt (J. Smith nach s.u. Tidball, 14).

Allerdings können in einem Proseminar diese genannten Punkte nur sehr reduziert angesprochen werden.

So nimmt in neutestamentlichen Texten die Auseinandersetzung mit Gegnern breiten Raum ein. Viele theologische Themen werden im Rahmen solcher Auseinandersetzungen angesprochen. Markus hat in den Kapiteln 2 und 3 z.B. die Frage nach der Sündenvergebung, dem gemeinsamen Essen mit Unreinen und die Frage nach den Feiertagsgeboten als Streitthemen zwischen Jesus und seinen frommen Kontrahenten an den Anfang seines Evangeliums gestellt. Hieran wird sichtbar, daß die Gemeinde des Markus in einer harten Auseinandersetzung mit Menschen ihrer Umwelt stand.

Wichtig ist diesem Evangelium auch die Frage nach dem Verhältnis Glaubender zur Familie und zur neu gegründeten Gemeinde. Hier lag enormes Konfliktpotential im Blick auf die soziale Wirklichkeit der antiken Welt vor, die wohl von der Struktur der Großfamilie geprägt wurde. Wenn es so z.B. heißt: »Da fing Petrus an und sagte zu ihm: Siehe, wir haben alles verlassen und sind dir nachgefolgt« (Mk 10,28) – dann ist deutlich, daß in diesem Text die Trennung von den alten Verbindungen zur Großfamilie und die neue Bindung an die Gruppe um Jesus angesprochen und dazu Stellung genommen wird. Sehr deutlich wird das auch Mk 3,13-35 ausgesprochen: Nicht die Mutter Jesu und seine Geschwister sind seine wahren Verwandten, sondern die, die ihm nachfolgen.

Die soziale Frage muß auf verschiedenen Ebenen bedacht werden: In welcher Umwelt lebten der jeweilige Evangelist und seine Gemeinde? In welcher Umwelt lebten die Menschen, die den jeweiligen Text überlieferten? In welcher Umwelt lebte Jesus? All diese verschiedenen sozialen Hintergrundfolien des jeweiligen Stadiums der Überlieferung konnten Einflüsse auf den Text ausüben.

Nach Berger kann auf diesen verschiedenen Ebenen im einzelnen gefragt werden nach: Gruppen/Individuen, Stadt/Land, Mann/Frau, Alte/Junge, Institution/Nicht-Institution, Familie/Außenwelt, Freunde/Gegner, Kranke/Gesunde, Behinderte/Nicht-Behinderte; Reiche/Arme, Sklaven/Freie, Hierarchien (rationale/legale, traditionelle Hierarchie, charismatische Führer), geographische Lage, Berufe, Bildung, fixierte Normen und Zwänge innerhalb einer Gruppe. Dabei kommt es nicht nur darauf an, harte soziologische Fakten zu ermitteln, sondern auch darauf, Symbole und deren Aussagekraft über die sozialen Beziehungen in einer Gemeinschaft zu deuten.

Berger thematisiert das Thema Soziologie/Sozialgeschichte recht anregend, setzt es jedoch von »soziologischen Methoden« ab und nennt den Komplex »soziologisches Arbeitsfeld« (§ 34). Strecker/Schnelle und Lührmann haben hierzu kaum etwas zu sagen. Söding spricht über »Sozial- und Kulturwissenschaft« (75-77) unter »Neue Impulse, Alternativen, Erweiterungen des Spektrums«. Egger, Haacker und Zimmermann schweigen dazu. Detailliert hat diese Fragestellung im deutschsprachigen Raum vor allem G. Theißen, Studien zur Soziologie des Urchristentums, Tübingen 1989³ (WUNT 19) ins Gespräch gebracht.

Hier wird aus Gründen der Praktikabilität auf eine wissenschaftliche Darstellung soziologischer Modelle verzichtet. Zur Vertiefung s. G. Theißen, a.a.O.; dann: E. Lohmeyer, Soziale Fragen im Urchristentum, Darmstadt repr. 1973 (1921) und als Forschungsüberblick: Th. Schmeller, Brechungen. Urchristliche Wandercharismatiker im Prisma soziologisch orientierter Exegese, Stuttgart 1989 (SBS 136). Weiterhin s. H.C. Kee, Das frühe Christentum in soziologischer Sicht. Methoden und Anstöße, Göttingen 1982; D. Tidball, An Introduction to the Sociology of the New Testament, Exeter 1983 und E. und W. Stegemann, Urchristliche Sozialgeschichte, Stuttgart u.a. 1994.

17.2 Soziolinguistik

Nicht nur unterschiedliche Völker und Stämme sprechen voneinander verschiedene Sprachen, auch unterschiedliche gesellschaftliche Gruppen unterscheiden sich in ihrem Sprachgebrauch: In der Oberschicht spricht man anders als in niedrigen sozialen Schichten, die Sprache älterer Menschen ist verschieden von der Jugendsprache, Frauen sprechen anders als Männer. Dabei prägt die jeweilige Umwelt die Sprache einer Gruppe genauso, wie – umgekehrt – die jeweilige Gruppe in und mit Hilfe ihrer Sprache »ihrer Welt«, ihrem Welt- und Gottesbild Ausdruck und Gestalt gibt.

Auf welche Weise Sprache unsere Sicht der Welt bestimmt, macht folgendes Beispiel deutlich: Bekanntlich gab es in der deutschen Sprache ursprünglich nicht das Wort »violett« als Farbbezeichnung. Alles, was violett war, war entweder »lila« oder ins rot/blau hineingehend. Erst durch Übernahme dieses Wortes aus der französischen Sprache gibt es für deutsche Augen auch die Farbe Violett. Umgekehrt prägt auch die Umwelt Sprache. So haben die Eskimos eine Vielzahl an Worten für Schnee unterschiedlichster Konsistenz, weil die genauere Angabe zur Schneekonsistenz für die Bewältigung ihres Alltags wichtig sein kann.

Für die Exegese bedeutet dieser Zusammenhang beispielsweise: Während Jesus noch in der Umwelt des palästinischen Judentums lebte, lebten die nachfolgenden Generationen der Christen schon ausdrücklich in einer eigenen Gruppenverbindung. Diese Gruppe benutzte ihre eigene Sprache. Wenn z.B. ein Christ von »Taufe« sprach – was werden dann wohl die Griechen dabei gedacht haben, denen das Wort in anderer Bedeutung bekannt war? Wie reagierte darauf die Gemeinde, d.h. wie versuchte sie, ihre gruppenspezifischen Worte denen zu deuten, zu erklären, denen sie unbekannt waren?

Die soziolinguistische Fragestellung unterstützt auch die Frage nach dem »Sitz im Leben« eines Textes. Warum hat gerade diese Gruppe – oder warum haben Teile der Gruppe – die jeweilige Gattung verwandt? Läßt sich z.B. aus der sozialen Situation der Gemeinde das Interesse an der Überlieferung von Wundern erklären? Warum wurden in den Texten der Bibel so zahlreiche kleine bildhafte Gleichnisse überliefert und keine philosophischen Werke? Vielleicht, weil die Gemeinde in ländlichen Gebieten zu Hause war, »Schulphilosophen« vielleicht nur vom Hörensagen kannte – also einer anders gebildeten Schicht entstammte? Was ist daraus zu schließen, daß in den Evangelien so häufig von Randgruppen die Rede ist?

Zu diesem Arbeitsschritt s. A. Linke u.a., Studienbuch Linguistik, Tübingen 1994², Kap. 8 (Reihe Germanistische Linguistik 121).

17.3 Literatursoziologie

Dieser Arbeitsschritt fragt im Rahmen neutestamentlicher Exegese danach, welche Trägerkreise für die Weitergabe eines Textes verantwortlich sind. Gleichzeitig wird damit das Verhältnis dieser Kreise zu den Adressaten eines Textes untersucht. Hierauf wird im einzelnen besonders im Abschnitt 27 eingegangen, dennoch sei an dieser Stelle wiederholt, daß nicht alles, was Jesus getan und gesagt hat, von der christlichen Gemeinde aufgenommen worden ist. Sie hat vermutlich die Geschichten, die Überlieferungen weitergetragen, die für ihre jeweilige Zeit von Bedeutung waren, die ihr in irgendeiner Form weiterhelfen konnten, den Alltag zu bewältigen, ihren Glauben zu festigen, den Glauben weiterzutragen und die Auseinandersetzung mit anderen Gruppen der Gesellschaft zu bestehen.

Wie spannend diese Zusammenhänge sind, machen folgende Fragen deutlich: Im Laufe der frühen Kirchengeschichte hat das Matthäusevangelium gegenüber dem älteren Markusevangelium besondere Bedeutung gewonnen – was z.B. seine Voranstellung als erstes der Evangelien im Kanon deutlich werden läßt. Warum bekam gerade das Matthäusevangelium diese Bedeutung? Vielleicht, weil es mit der Ethik der Bergpredigt, den Gemeinderichtlinien von Kapitel 18 oder der Betonung des kommenden Gerichts stärker gemeindeorientiert ist als die anderen Evangelien? Lukas hat keine so große Rolle gespielt. Warum? Das Thomas-, das Philippusevangelium und andere apokryphe Texte haben längst keine so große Bedeutung bekommen. Hatte das seinen Grund darin, daß sie später aufgeschrieben wurden, oder darin, daß die dahinterstehenden Gruppen in der Gemeinde Minderheiten waren? Letzteres ist möglich und würde eine allgemeine literaturgeschichtliche Wahrheit bestätigen: Daß nämlich Gruppeninteressen für die Überlieferung oder Ablehnung bestimmter literarischer Werke, zu denen auch neutestamentliche Schriften gehören, mitverantwortlich sind. Ebenso ist denkbar, daß neue Situationen der Gemeinden, wie sie mit den vorliegenden Evangelien Ausdruck finden, die Quelle Q verdrängt haben. Aus diesen sich ständig verändernden Situationen und Gruppeninteressen wird auch der Kampf um die Bibel – wie in Abschnitt 3 dargestellt – immer wieder entbrennen (müssen). Aus solchen Kämpfen gehen Glaubende (und m.E. auch Nichtglaubende) immer wieder gestärkt und verändert hervor.

Zu dieser Fragestellung s. Berger §§ 31-34; G. Theißen, Wanderradikalismus. Literatursoziologische Aspekte der Überlieferung von Worten Jesu im Urchristentum, in: Ders., Studien zur Soziologie des Urchristentums, Tübingen 1989³, 79ff.; auch Ders., Lokalkolorit und Zeitgeschichte, bes. Teil 2 und 3.

Aufgabe

Lesen Sie bitte: Stegemann/Stegemann (Angaben s.o. Abschnitt 17.1) 4.1 (S. 168-189). Welche Deutungsmodelle nennen diese Autoren? Welche für unsere Fragestellung wichtigen Aussagen können Sie aus Mk 3f. erkennen?

18. Psychologie – Die Frage nach psychischen Hintergründen bei den Autoren, Rezipienten und Protagonisten eines Textes

18.1 Psychologie

Zu Beginn unseres Jahrhunderts war es recht verbreitet, daß Psychologen oder die, die sich dafür hielten, Jesus auf die Couch legten. Das Ergebnis war interessant – im Blick auf die Beurteilung der Beurteiler (!) Jesu. Wenn z.B. ein gewisser De Loosten sagt: »Jesus ist wahrscheinlich ein von Geburt her erheblich belasteter Mischling gewesen, der als geborener Entarteter bereits in früher Jugend auffiel ...« (zitiert nach A. Schweitzer, Geschichte der Leben Jesu Forschung, Tübingen 1984⁹, 377) – dann kann wohl von einer »Belastetheit« dieses Jesus-Beurteilers ausgegangen werden. Dennoch waren die Ergebnisse solcher psychologischen Beurteilungen Jesu für Exegeten niederschmetternd. Der Grund dafür liegt nicht unbedingt im Ergebnis dieser Untersuchungen als solches, sondern darin, daß diese kaum nachzuprüfen sind. Sie liegen in der Willkür der Einzelnen bzw. in der Willkür bestimmter Richtungen der Psychologie begründet. Hinzu kommt, daß es nicht genügt, nur den Protagonisten eines Textes mit psychologischem Gespür zu Leibe zu rücken. Auch nach der psychischen Konstitution der Autoren ist zu fragen oder nach derjenigen der Rezipienten eines Textes. Schließlich hat im Rahmen dieser Fragestellung auch der Interpret selbst über die unmittelbar ihn selbst betreffenden psychologischen Implikationen seiner Interpretation Rechenschaft zu geben.

So ist die Untersuchung eines Textes mit psychologischen Kategorien ein komplexes und gewagtes Unterfangen, das vom Interpreten eine sehr differenzierte Urteilskraft und ein hohes Maß an kritischer Selbstwahrnehmung verlangt. Dennoch sind Fragestellungen wie diese interessant: Wie werden im Text Normen behandelt? Werden sie verinnerlicht oder herrschen Konflikte, Spannungen zwischen Versagen und Aufbegehren vor? Wie gehen die Protagonisten des Textes, wie der Autor, wie die Rezipienten mit göttlichen/religiösen und gesellschaftlichen Tabus um? Wie werden Normen und Umgangsweisen erlernt, durch Lohn/Strafe, durch Assoziation, durch Imitation (von Eltern, Freunden, Autoritäten)? Ist das Leben der Protagonisten, der Autoren, der Rezipienten von Geborgenheit bestimmt, von Partnerschaft oder vom Gegenteil? Welche Sehnsüchte, Träume, Hoffnungen werden angesprochen? Gibt es Dissonanzen? Wie wird der Mensch mit seiner Geschichtlichkeit fertig (Vergangenheit, Gegenwart, Zukunft; Leben, Sterben; Leiden)? Und auf Jesus bezogen: Warum beschäftigte sich Jesus gerade mit Randgruppen, mit *diesen* Randgruppen? Warum sammelte er Jünger um sich? Woher kommt sein Interesse an dem Reich Gottes, an Heilungen, Exorzismen? Ob es an Marias Offenheit diesen Gruppen gegenüber lag? Weil er selbst diesen Gruppen angehörte? Warum nannte er Gott »Vater« – weil Josef früh verstarb und Jesus nun einen Vaterersatz brauchte? Oder umgekehrt, er einen guten Vater hatte? Es ist deutlich: Hier ist der Spekulation Tür und Tor geöffnet, dennoch kann diese Fragestellungen interessante Ergebnisse liefern, wenn sie nur vorsichtig genug angewandt wird.

Auch im Rahmen der Psychologie gibt es unterschiedliche Fragestellungen. Dieser Arbeitsschritt hat in der gegenwärtigen neutestamentlichen Exegese vor allem in Hinblick auf Paulus eine gewisse Bedeutung gewonnen.

Einige psychologische Beobachtungen im Blick auf die Rezipienten könnten so aussehen: Der Mensch hat Sehnsucht nach Frieden, Gesundheit, Harmonie – aber auch nach Abwechslung, Spannung, Abenteuer usw. Inwieweit stillt Jesus diese Sehnsucht (durch Heilungen, durch Worte)? Inwieweit bietet er Gemeinschaft gegen Einsamkeit (Jüngerberufungen, Nachfolgerinnen)? Jesus hebt die Spannung zwischen Frömmigkeit (Gott als Ordnungsmacht) und tatsächlicher Realität (Leiden) auf: Leiden liegt nicht außerhalb der göttlichen Ordnung, sondern im Gegenteil, ist Hinweis auf Zugehörigkeit zu Gott. Die Spannung zwischen menschlichem Versagen und den Forderungen des »Gesetzes« wird aufgehoben, indem Jesus im Namen Gottes nicht nur die Versagenden sucht, sondern ein neues Beurteilungsprinzip einführt: Liebe, Gott sucht Sünder usw. Menschen bewerten sich mit den Augen anderer, nach den allgemeinen Normen u.a. Seit Jesus kann sich der Mensch mit den Augen des »Vaters in den Himmeln« (Mt) sehen – er ist also unabhängig und frei. Aus dieser Unabhängigkeit kann er leben. Nicht ein anonymer Gott, ein anonymes Schicksal (Krankheit, Armut), anonyme Mächte (Dämonen) herrschen in dieser Welt, sondern das Leben ist aus der Beziehung zu Gott als »DU« möglich.

Ein besonderes Gebiet psychologischer Bemühung stellt die Tiefenpsychologie dar. Diese behauptet die Existenz sogenannter Ursymbole, die z.B. in Mythen Ausdruck finden (Wasser, Schlange, Feuer etc.) und die Menschen zu eigen sind. Die in die Texte eingegangenen Ursymbole werden von Rezipienten aufgenommen und »verstanden«, weil sie auch ihre eigenen Tiefen zur Sprache kommen lassen. Eugen Drewermann bietet in seinem Werk »Tiefenpsychologie und Exegese«, Bd. 1, S. 376ff. einen »Regelkanon zur tiefenpsychologischen Interpretation« von Texten, auf den hier um der Knappheit willen verwiesen werden soll.

Aus Gründen der Praktikabilität wurde darauf verzichtet, psychologische Modelle unterschiedlicher Schulen wissenschaftlich darzustellen. Theißen (Lit. s.u.) nennt als Grundlage seiner Monographie unterschiedliche psychologische Konzepte der hermeneutischen Philosophie, so von C.G. Jung, S. Freud, und er stellt die Frage, wie diese Konzepte zusammenzubringen seien. Weil das hier nicht geleistet werden kann, auch nicht referiert werden kann, sei auf Literatur verwiesen: G. Theißen, Psychologische Aspekte Paulinischer Theologie, Göttingen 1993[2] (FRLANT 131); K. Niederwimmer, Tiefenpsychologie und Exegese, in: R. Riess (Hg.), Perspektiven der Pastoralpsychologie, Göttingen 1974; W. Rebell, Gehorsam und Unabhängigkeit, Stuttgart 1986; Ders., Psychologisches Grundwissen für Theologen. Ein Handbuch, Gütersloh 1992[2]; Ders., Psychologische Bibelauslegung. Möglichkeit und Grenzen, in: BiKi 44, 1989, 111-117; E. Drewermann, Tiefenpsychologie und Exegese, Bde. 1f., Freiburg 1987[4 und 3]; J. Engelkamp, Psycholinguistik, München 1983[2] (UTB 297); H. Hörmann, Einführung in die Psycholinguistik, Darmstadt 1981 (Die Psychologie); T. Vogt, Angst und Identität im Markusevangelium. Ein textpsychologischer und sozialgeschichtlicher Beitrag, Freiburg; Göttingen 1993 (NTOA 26); M. Leiner, Psychologie und Exegese. Grundlagen einer textpsychologischen Exegese des Neuen Testaments, Gütersloh 1995.

18.2 Soziopsychologie

Neben individualpsychologischen Fragestellungen können an einen Text auch solche sozialpsychologischer Art herangetragen werden. Probleme, die hier zur Debatte stehen, können sein: das Verhältnis des Individuums zur Gruppe und der Gruppe zum Individuum; Ablauf von Gruppenbildungsprozessen; Abgrenzung, Ausschluß, Versuche der Eingliederung (z.B. durch »auf-die-eigene-Seite-ziehen« mit Versprechungen, Überzeugungen, Vereinnahmungen); gruppendynamische Prozesse in der Führungsgruppe und zwischen leitenden Personen; Umgang mit Hierarchien und mit anderen Gruppen; Interaktion zwischen religiösen, politischen, wirtschaftlichen Gruppen usw.

Sozialpsychologische Fragen zum Auftreten Jesu können sein: Warum kommt es zu Konflikten zwischen Jesus und den religiösen Institutionen? Weil Jesus die Autorität nicht anerkennt, weil die Vertreter der Institution nicht bereit sind, sich Jesus zuzuordnen? Warum kommt es zu Konflikten zwischen Jesus und den »normalen Adressaten«? Weil sie die Freiheit fürchten? Weil das Ziel ihres Strebens (Sicherung der Familie; Sicherung des sozialen Status durch Gelderwerb; Sicherung der Dorfgemeinschaft, der religiösen, moralischen Identität usw.) bei Jesus und in seiner Botschaft eine untergeordnete Rolle spielt bzw. in Frage gestellt wird?

Zu Strecker/Schnelle und Lührmann s. Abschnitt 17,1. Haacker, Berger und Zimmermann schweigen zur »Psychologischen Fragestellung«. Söding spricht von »Psychologie« (77f.) unter »Neue Impulse, Alternativen, Erweiterungen des Spektrums«. Heine stellt ein Kapitel unter den »Methodischen Schwerpunkt: Psychoanalytische Interpretation« (211ff.). Darunter thematisiert sie das Gebet und die Stellung der »Psychoanalyse« dazu. Egger spricht das Thema in eigenständiger Weise an: Psychologische Methode der Aktualisierung des Textes – also unter Hermeneutik. Diese Themen haben im deutschsprachigen Bereich vor allem Theißen (s. Abschnitt 18,1), Rebell (s. Abschnitt 18,1) wieder ins Gespräch gebracht. Ebenso sei auf K. Berger, Historische Psychologie des Neuen Testaments, Stuttgart 1991 (SBS 146f.) verwiesen. Zur Psycholinguistik s. Linke u.a. (s. Abschnitt 17,2).

Aufgabe

Bitte lesen Sie Eugen Drewermann, Das Markusevangelium, Bd. 1, Freiburg 1987, den Abschnitt zu Mk 5.

19. Redaktionskritik/Kompositionskritik – Die Frage nach dem Autor/dem Redaktor eines Textes

An den Zahary-Brown-Texten im Anhang III wird deutlich, daß Redakteure in den ursprünglichen Text eingegriffen haben. Redakteure verändern also Texte; selbst dann, wenn sie den Wortlaut von Texten beibehalten, verändern sie die Wahrnehmung eines Textes durch die Lesenden allein schon dadurch, daß sie ihn in einen bestimmten Zusammenhang stellen. Wie gesehen: Wenn das Kochrezept von einem Redaktor in einen Krimi eingefügt wird, dann vermuten wir sofort fürchterliche Hinterlist.
Entsprechend können wir bei der Bearbeitung neutestamentlicher Texte fragen: Wie hat der Autor seine Quelle aufgenommen? Hat er sie verändert? Die Grundlagen für diese Überlegungen wurden im Rahmen der Literarkritik gelegt. Weiter können wir beispielsweise untersuchen: Was bedeutet es, wenn der Evangelist eine aus der Tradition übernommene Erzählung an eine ganz bestimmte Stelle in seinem Evangelium einfügt? So hat z.B. Lukas Abschnitte, in denen er mehrere Wundererzählungen in eine Folge stellt. Was bedeutet es nun, wenn er im zweiten Teil seines Evangeliums immer wieder einmal eine einzelne Wundererzählung einfügt? Wenn er nicht von seiner Tradition abhängig ist, ist diese Art der Darstellung dann ein Zufall oder Absicht?
Während also die oben genannten Arbeitsschritte vor allem einzelne Texte in den Blick nehmen, analysiert die Redaktionskritik neben den einzelnen Texten auch ihre Zusammenstellung in einem Gesamtkorpus. In Unterscheidung von der Redaktionskritik, die mehr den Einzeltext untersucht, kann man im letzteren Fall auch und besser von Kompositionskritik sprechen. In der Kompositionskritik werden Aspekte der Linguistik aufgenommen und auf die gesamte Textkomposition übertragen. Es werden Wiederholungen, thematische Brüche untersucht, es werden Sinnlinien und Ringkompositionen herausgearbeitet.

Warum hat Markus mehrere Summarien (z.B. 1,32-34), also Texte, in denen nicht einzelne Heilungen dargestellt werden, sondern in denen zusammenfassend gesagt wird, daß Jesus viele Menschen heilte? Hat es eine besondere Bedeutung, wenn er in 4,35-41 von einem Seesturm berichtet und in 6,45-52 von einem Seewandel? Möglicherweise, denn zwischen diese beiden Texte sind viele Abschnitte gestellt, in denen das Wort »Glaube« gehäuft auftritt und Jesu Kraft/Macht betont wird. Man sieht also, daß innerhalb der Evangelien einzelne Texte zu einem Ganzen zusammenkomponiert sind. Die Evangelisten gaben dem Ganzen ein bestimmtes Argumentationsgefälle, eine Struktur, einen roten Faden, der – sofern es uns gelingt, ihn zu finden – etwas über die Absicht der Argumentation eines Evangelisten sagen kann.

Die Kompositionskritik möchte ich als einen Arbeitsschritt innerhalb der Redaktionskritik auch deshalb besonders herausstellen, weil sie die Arbeit mit Paulustexten sehr erleichtert. Dieser hat so gut wie keine traditionellen Texte aneinandergefügt, und dennoch hat er seine Briefe komponiert. Am Beginn eines Briefes steht danach das Präskript (Anfangsgruß; Adressat und Absender werden genannt), es folgt das Proömium (»Vorhymnus«, in dem Paulus gewöhnlich Gott für die Gemeinde in einem Gebet dankt; das Gebet beinhaltet schon wesentliche Themen des folgenden Briefes), daran schließt der Hauptteil an, der zu unterteilen ist in Lehre und ethische Ermahnungen. Ein Schlußteil mit Postskript (Grüße usw.) beendet den Brief. Innerhalb dieses Aufbaus komponiert Paulus die Reihenfolge der Themen usw.

Aufgrund von Textänderungen und der Zusammenstellung bestimmter Texte kann also auf die Interessen und theologischen Absichten der Redaktoren zurückgeschlossen werden. Von diesen wiederum auf die theologische oder soziale Lage der jeweiligen Gemeinde, des Redaktors usw.

Wichtig ist, das Selbstverständnis der Autoren wie der Redaktoren zu beachten. Es genügt z.B. nicht, innerhalb der Bergpredigt nur nach Traditionen zu suchen. Es geht auch darum zu fragen: Warum erzählt Matthäus das, und warum erzählt er es innerhalb der Gesamtkomposition seines Evangeliums an dieser Stelle?

Darüber hinaus muß in diesem Arbeitsschritt die »Pragmatische Analyse« zur Geltung kommen (s. Abschnitt 10.3). Sie versucht zu ermitteln, auf welche Weise der Autor eines Textes sich bemüht, seine Leser für das, was er zu sagen hat, einzunehmen, sie zu überzeugen. Fragen sind hier beispielsweise: Inwieweit greift der Autor bewußt die Sprache und Ansichten seiner Adressaten auf, um sie zu beeinflussen? Ein solcher Versuch ist z.B. daran erkennbar, daß er Worte verwendet, die nicht unbedingt zu seinem Sprachschatz gehören. Welche emotionalen Hebel setzt er in Bewegung, um seinen Text bei den Adressaten durchzusetzen usw.?

Berger trennt zwischen Kompositionskritik (2. Kap. § 11) und Redaktionskritik (7. Kap. §§ 29f.). Strecker/Schnelle sehen den Schritt Redaktionskritik für Matthäus und Lukas im Rahmen der Quellenanalyse vollzogen (s. Abschnitt 9) und wollen Markus im Rahmen der Formgeschichte unter diesem Gesichtspunkt betrachten (73). Redaktionsgeschichte wird von Maier der Traditionsgeschichte zugeordnet (359). Soweit ich sehe, erläutert er jedoch nicht, was er darunter versteht. Söding spricht von »Redaktionsanalyse (Redaktions- und Kompositionskritik)«. Zur »intentio auctoris« s. Söding 47; vgl. 238.

Aufgabe

Lesen Sie bitte H. Conzelmann, Theologie, die §§ 13-15 (144-162) und 42 (373-380). Nennen Sie jeweils zwei unterschiedliche Intentionen der vier Evangelisten.

20. Der Rezipient/die Rezipientin – Die Frage nach den Leserinnen und Lesern, Hörerinnen und Hörern eines Textes

Es gibt verschiedene Theorien, die den Umgang von R&R mit einem Text bedenken (Rezeptionsästhetik, Literary Criticism, Author Response Criticism und Kognitive Linguistik). Alle kommen zu zwei grundsätzlichen Beobachtungen: Zum einen gibt es Umgangsweisen in der Art, daß R&R Texte dominieren, zum anderen in der Art, daß sie sich der Autorität eines Textes unterstellen. Im folgenden werden Typen dieser beiden grundsätzlichen Möglichkeiten dargestellt.

(1) R&R üben vollständige Herrschaft über den Text aus, indem sie ihn auslegen, wie sie wollen.

Die Folge dieser Interpretationshaltung können wir bei einigen amerikanischen Exegeten erkennen. Es kommt ihnen darauf an, spekulative Neuigkeiten in Texte einzulesen. Andere Wissenschaftler müssen sich dann mit diesen Thesen beschäftigen, diskutieren sie annehmend oder ablehnend, und so entsteht – nach dieser Theorie – eine Annäherung an das, was die Texte wirklich aussagen wollen. Gegen diese Vorgehensweise spricht jedoch folgende Beobachtung zur Sprache: Bekanntlich ist die »Hauptfunktion der Sprache ... die der Vermittlung zwischen Menschen. Von Beginn ab gebraucht der Mensch seine Stimme, ... um durch die Hilfe der anderen zu erreichen, was er selbst ... nicht erreichen kann« (Malinowski, Übersetzung zit. nach J. Engelkamp, Psycholinguistik, München 1983², 205). Diese Grundbestimmung der Sprache verbietet, sie willkürlich zu gebrauchen, weil Sprache auf echte Kommunikation mit anderen angelegt ist, also auf Wahrheit und Verstehen anderer zielt. Die hier vorgestellte Theorie ist eher der mißglückten Kommunikation zuzuordnen, sie macht mißglückte Kommunikation zur Tugend.

(2) R&R legen den Text als die Individuen aus, die sie sind, d.h. die eigene Situation, die eigene Erfahrung usw. dominieren den Text.

Hierin liegt z.B. ein Geheimnis der »Losungen« der Herrnhuter Brüdergemeine. Die biblischen Sätze können in fast allen Situationen sprechen, wenn wir unsere Lebenssituation immer wieder in sie hineinlesen. Es kommt überhaupt nicht auf den Autor und den Kontext der Texte an, sondern nur auf R&R.

(3) R&R sind Teil einer Interpretationsgemeinschaft, die die Aussagen eines Textes beherrscht. Der Text wird gemäß der Tradition der Gruppe ausgelegt, ohne daß die Aussagen des Textes selbst stärker beachtet werden.

In dieser Gefahr stehen vor allem die Gruppen, die durch eine extrem ablehnende Haltung der historisch-kritischen Exegese gegenüber gekennzeichnet sind. Diese pflegen ihre liebgewordene Interpretation als die einzig wahre.

(4) R&R und der Text beeinflussen einander, d.h. R&R interpretieren einen Text auf dem Hintergrund ihrer Erfahrungen und ihrer Lebenssituation, umgekehrt prägt der Text die Weise, in der Erfahrungen ausgedrückt und Lebenssituationen beurteilt werden, diese neue Sicht wiederum prägt die Auslegung eines Textes.

Hierin liegt ein Grund dafür, daß wir häufig gelesene Texte immer wieder anders verstehen können: Erfahrungen interpretieren Texte – umgekehrt erweitern aber auch Texte Erfahrungen. Ohne daß R&R es bewußt wollen, werden sie von einem Text ergriffen, sehen ihre Lebenssituation quasi durch den Text hindurch neu und eignen sich zugleich die gelesenen Erfahrungen an. In diesem Sachverhalt liegt m.E. eine wichtige Beobachtung, die auch in Abschnitt 3 angesprochen wurde: Wenn wir in biblischen Texten lesen, so werden wir in ihnen heimisch. Und wenn wir in ihnen heimisch geworden sind, weil sie uns geprägt haben, dann braucht sich niemand vor der historisch-kritischen Exegese zu fürchten.

(5) Der Text läßt bestimmte Leerstellen, die von R&R selbst gefüllt werden müssen.

In einem Text gibt es Leerstellen unterschiedlicher Art. Einmal läßt fast jedes Wort unterschiedliche Interpretationen zu, das R&R dann selbst von ihrem Textverständnis und ihren Erfahrungen her füllen müssen. Wenn es z.B. heißt: »Der Baum blüht«, dann wird nicht gesagt, welche Baumart blüht – doch bei R&R treten ganz bestimmte Bäume, die sie irgendwann einmal haben blühen sehen, vor das geistige Auge. Oder wenn es heißt: »Der Baum steht wie eine Säule« – da werden zwei Unbekannte miteinander verbunden: die zweite Unbekannte (Säule), obgleich es doch eine Fülle an Säulen gibt, leiht dem ersten Unbekannten (Baum) ein wesentliches Charakteristikum (»sie steht gerade« – wohl kaum: »sie ist verziert«, »von Menschen gemacht«), damit dieses dann besser vor Augen gemalt werden kann. Sätze können ebenso Leerstellen hinterlassen. Sprecher A: »Kannst du mir sagen, wie spät es ist?« Sprecher B: »Nun, der Milchmann ist gekommen« (dieses Beispiel ist entnommen aus: S. C. Levinson, Pragmatik, 1990, 100). Sicher geht es hier nicht um das geschriebene sondern um das gesprochene Wort. Dennoch können an diesem Wortwechsel interessante Beobachtungen bezüglich der sogenannten Leerstellen der Kommunikation gemacht werden. Es ist ein typisch englisches Beispiel: Es kommen morgens zu bestimmten Zeiten noch die Milchmänner und bringen das Gewünschte. Weil das so ist, ist die Antwort für den Fragenden, obwohl expressis verbis seine Frage gar nicht beantwortet wird, verständlich. Der Fragende lebt im selben Kulturkreis, kennt dessen Sitten und Gebräuche und weiß darum, was der Antwortende meint.

Und obgleich wir diese Sitte nicht kennen, können wir doch diese Leerstelle zwischen Frage und Antwort ausfüllen. Nicht, weil die Antwort dort steht, sondern weil wir sie mit eigenen Erfahrungen und Überlegungen im Hintergrund füllen können. So geschieht das »automatisch« mit allen Texten und nicht nur dort, wo der Text tatsächlich und bewußt eine Leerstelle läßt, sondern auch da, wo wir eine solche Leerstelle nur vermuten oder auf eine solche treffen, weil uns der Text nicht unmittelbar zugänglich ist. So kann es an solchen Stellen zu einer *elaborativen Textverarbeitung* kommen: Lesende füllen Leerstellen, um die Aussage zu verstehen. Oder aber es findet eine *reduktive Textverarbeitung* statt: Lesende kürzen Aussagen (z.B.: Er nahm das Glas, füllte es mit Saft, und Schluck für Schluck floß dieser die Speiseröhre hinab → er trank). Die *Frame-Theorie* hält darüber hinaus fest, daß für R&R wichtige Informationen eines Textes herausgefiltert und behalten werden, während der Gesamttext vergessen wird.

(6) R&R sind vom Autor abhängig, der Autor ist bedingt von R&R abhängig. Der Autor sucht die emotionale Lage von R&R zu erkennen, findet heraus, was sie gerne hören, worüber sie lachen oder weinen, schreibt dann so, daß R&R sich unmittelbar angesprochen fühlen – und diese sind über den Autor, der so weise Dinge von sich gibt, begeistert. Manchmal läßt der Autor auch fremde Aspekte einfließen – die werden dann als die Wahrheit schlechthin verstanden.

Es ist also nicht unbedingt so, daß der Text allein von der Interpretation von R&R abhängig ist, sondern je nach Fähigkeit des Autors, R&R mit einem Text zu lenken, sind diese auch von ihm abhängig. Möglicherweise ist man mit diesem Zusammenhang dem Phänomen der Bestseller auf der Spur: Geschickte Autoren können sie wie Pullover stricken. Im biblischen Bereich muß die zum Teil automatische Reaktion des Autors auf Interessen und Aussagen von R&R, das sogenannte »code switching«, besonders in der Exegese der Paulusbriefe beachtet werden. Paulus greift häufig Aussagen seiner Adressaten auf und prägt deren Intention um.

Um zu verstehen, wie R&R der Antike Texte verstanden, ausgelegt und auf sie reagiert haben, müssen wir die Ergebnisse vieler anderer Arbeitsschritte aufgreifen. Wichtig ist Kenntnis in folgenden Punkten:

(1) R&R in ihrer Zeit:
(a) Zeitgeschichte

Der antike Tragödiendichter Sophokles schildert in einem seiner Stücke, wie Frauen als Kriegsgefangene in einer elenden Gruppe dahinziehen. Eine Beobachterin spricht ein Gebet: »O Zeus, du Leidabwender, niemals möcht ich dich so vorgehen sehen gegen meinen eigenen Stamm, doch willst du's, nicht solang ich noch am Leben bin! So sehr erschreckt der Anblick dieser Frauen mich!« (Trach. 303-306; Übersetzung nach Willige). Wenn wir wissen, daß die Zuschauer dieser Tragödie nicht sicher sein konnten, nicht selbst einmal erobert und in solchen Zügen verschleppt zu werden, dann gewinnt dieses Gebet einen ganz anderen Klang.

(b) Persönliche Situation

Sicher können wir nicht die persönliche Situation irgendeines Menschen damaliger Zeit erarbeiten. Doch wir können begründet vermuten, welche Menschen auf welche Texte in bestimmter Weise reagierten, da sich die Reaktionsweise der Menschen damals ja in wesentlichen Dingen wohl kaum von der unseren unterschieden haben dürfte. Wenn beispielsweise ein Text Trauer ausdrückt, dann sind selbstverständlich eher die angesprochen, die in einer traurigen Situation stehen.

(c) Gruppen, in denen R&R lebten

Das Weltbild, die Lebenssituation, die gemeinsamen Erfahrungen usw. prägen Menschen einer Gruppe.

(d) Assoziationsmöglichkeiten auf dem Hintergrund der Umwelt

Hier gilt es einem interessanten, auch die eigene Rezeption von Texten beeinflussenden Phänomen auf die Spur zu kommen. Wenn ich sage: »Die Kuh steht auf der Weide«, dann wird ein Almbauer eine andere Assoziation haben – grüne saftige Weide, braune, dicke Kühe vor einer Gebirgslandschaft –, als ein Landwirt in Norddeutschland – weite grüne Flächen mit Schwarzbunten darauf –, als ein Massai – magere Kühe auf karger, staubiger Weide. Je mehr Kenntnis wir darum durch Reisen und Literatur von den Ländern bekommen, in denen die Texte, die wir bearbeiten, geschrieben wurden, desto mehr wissen wir auch von den R&R und ihrer Reaktion auf die Texte. Dabei müssen wir jedoch im Hinterkopf behalten, daß wir uns der Reaktion der R&R immer nur annähern können. In antiken Komödien kommen z.B. sehr häufig Ausrufe vor: »Bei den Göttern«, »bei Zeus« usw. Diese Ausrufe nehmen uns heute sämtlichen Spaß, die Komödien noch lustig zu finden. Anders wird es wohl den Menschen der Antike ergangen sein, denn sonst wären Komödien nicht mit solchen Worten gespickt worden. Das bedeutet, daß wir aus Texten auch auf Reaktionen von R&R schließen können, wenn wir selbst andere Erfahrungen machen.

(2) R&R als die, die mit »Worten« angesprochen werden.

Hier werden Ergebnisse von Abschnitt 10.3 aufgegriffen. Inwieweit sind Worte von Pathos, Wissenschaft, Bildhaftigkeit, Imperativen geprägt? Welche Erwartungshaltung geben die Gattungen vor?

Eng damit verbunden ist auch die oben festgehaltene Beobachtung, daß Autoren R&R lenken können. Inwieweit greifen sie auf bewährte Lenkungsmöglichkeiten zurück? Z.B.: Inwieweit beherrschen Imperative, Rhythmen, Begriffskombinationen usw. den Text?

Zur Rezeption s. das Bändchen: U. Eco, Zwischen Autor und Text. Interpretation und Überinterpretation. Mit Einwürfen von R. Rorty u.a. Aus dem Englischen v. H.G. Holl, München; Wien 1994; R. Warning, Rezeptionsästhetik. Theorie und Praxis, München 1994[4] (UTB 303). Egger geht in der Einführung in sein Methodenbuch §§ 3f. auf diese Fragestellung ein, ausführlich spricht Berger § 16 diesen Aspekt an, weniger ausführlich aber gut nachvollziehbar: Söding 241-243. S. auch: W. Fenske, Herausforderungen. Argumente und Argumentationsweisen des Paulus, noch unveröffentlichte Habilitationsschrift von 1998.

Aufgabe

Wir haben Abschnitt 12 schon Mk 4,30-32 und die Parallelen Lk 13,18f. und Mt 13,31f. angesprochen. Greifen Sie die Ergebnisse auf, und bedenken Sie die neue Intention der Rezipienten Matthäus und Lukas.

21. Wirkungsgeschichte – Die Frage nach der geschichtlichen Wirkung eines Textes

Neutestamentliche Texte wirkten auf Individuen und Gemeinden, so daß sie weitererzählt wurden. Gleichzeitig bewirkten sie etwas. Die Frage nach der Wirkungsgeschichte eines Textes beschäftigt sich damit zu ermitteln, wie Texte im Laufe der Kirchengeschichte verstanden und auch »gebraucht« worden sind. Sie hat dabei auch die Aufgabe, Auslegungen zu kritisieren. Wenn z.B. Bernhard von Clairvaux Mt 28: »Ich bin bei euch alle Tage ...« dazu heranzieht, die Kreuzzüge zu legitimieren, so werden wir dieser Exegese heute kaum noch zustimmen können und fragen müssen, ob sie im Sinne des Matthäus sein konnte.

Schon hieran wird deutlich: Die Exegetin oder der Bibelleser sind selbst ein Teil der Wirkungsgeschichte eines Textes – sie stehen in einer Auslegungsgeschichte und verstehen einen Text entsprechend dieser Geschichte.

Um die Wirkungsgeschichte eines Textes zu ermitteln, gibt es mindestens zwei mögliche Ansätze. Zum einen fragt man von den neutestamentlichen Texten ausgehend in die Zukunft hinein: Wie wurde der Text aufgegriffen und im Laufe der folgenden Jahrhunderte immer wieder (neu) verstanden? Im anderen Ansatz fragt der Leser, von der Gegenwart ausgehend, zurück nach der Wirkung der Auslegungsgeschichte auf ihn selbst. Er fragt: In welcher Wirkungsgeschichte stehe ich? Der Sinn und die Begründung dieser Vorgehensweise liegt darin, daß wir selbst immer Teil der Wirkungsgeschichte eines Textes sind und darum gar nicht in der Lage sein können, Texte »objektiv« zu betrachten. Wir bringen also jedem Text von vornherein ein Vorurteil entgegen. Dennoch stellt der historische Ansatz einen gangbaren Weg dar, die Wirkungsgeschichte eines Textes zu ermitteln. Ich kann von meinem Ort in der Geschichte aus annähernd die historischen Aussagen eines Textes erarbeiten – und so weitergehend die Irrungen und Wirrungen der Textrezeption beobachten. Es ist z.B. deutlich, daß die Auslegung von Mt 28 durch Bernhard von Clairvaux einen Irrweg darstellt – nicht aus der Sicht Bernhards, aber aus der Sicht des Evangelisten Matthäus, wie wir sie erarbeiten können. Selbstverständlich kann bei einer solchen Beurteilung sofort gefragt werden: Können wir denn heute Matthäus besser verstehen als Bernhard? Leben wir nicht ebenso in einer Wirkungsgeschichte, die zwar Bernhards Interpretation als absurd zurückweist, darum aber nicht irrtumsfrei zu sein braucht? Mit letzter Sicherheit ist diese Frage wohl nicht zu klären – und es besteht durchaus die Gefahr, daß wir Matthäus nicht in allem gerecht werden. Allerdings hat Bernhard kein Gewicht auf historische Interpretation gelegt, sondern seine Gegenwart in den Texten gesucht. Seit rund zwei Jahrhunderten hat sich demgegenüber das Interesse gewandelt, und es wurden Werkzeuge entwickelt, mit denen historisch gearbeitet werden kann. Diese haben sich nicht allein an biblischen Texten bewährt, so daß wir wohl glauben dürfen, ein gutes kritisches Werkzeug gegen Bernhards Interpretation in der Hand zu haben.

Die Wirkungsgeschichte eines neutestamentlichen Textes hat nun schon damit ihren Anfang genommen, daß ein Text in den Kanon, d.h. in die Sammlung neutestamentlicher Schriften, eingefügt wurde. Dadurch bekommt er eine für die Gemeinde herausragende Bedeutung. Das Markusevangelium, dem wir uns im III. Hauptteil dieses Buches ausführlich zuwenden, ist so zu einem Teil der Heiligen Schrift geworden und hat maßgeblich dazu beigetragen, die Gemeinde durch die Zeiten hindurch zu prägen.

Welche Bedeutung hat die Stellung eines Textes im Kanon für seine Interpretation? Ohne Zweifel ist es so, daß es eine sich gegenseitig beeinflussende Interpretation biblischer Texte gibt: Bestimmte Texte tragen beispielsweise zur Entwicklung eines bestimmten Jesusbildes bei – und dieses Jesusbild beeinflußt wiederum die Interpretation anderer Texte. Das ist eine Not, der die historisch-kritische Exegese begegnen möchte. Sie möchte ja herausarbeiten, was die einzelnen Texte sagen und was sie nicht sagen. Es geht also nicht darum, das in sie hineinzulesen, was im Laufe der Kirchen- und Kanongeschichte schon immer in sie hineingelesen worden ist. Aus dieser Not kann jedoch, wie in Abschnitt 3 gesehen, eine Tugend gemacht werden, wenn wir davon ausgehen, daß der gesamte Kanon als inspiriertes Wort Gottes den jeweiligen Text interpretieren darf und muß. Maier nennt diesen Arbeitsschritt »Gespräch mit den übrigen Texten der Offenbarung (innerbiblischer Vergleich)« (359). Dazu schreibt er: Die Erkenntnis, daß »biblische Texte ihrem eigenen Anspruch gemäß inspirierte Texte sind und daß die gesamte Heilige Schrift aufgrund einer Inspirationsgeschichte entstanden ist, nötigt uns dazu, die kanonische Stelle eines Textes ernst zu nehmen. Sie ist die Basis, von der aus das innerbiblische Gespräch gesucht werden muß. Andererseits besitzen auch die anderen Texte eine ihnen zukommende kanonische Position und eine daraus abgeleitete Funktion im Ganzen des Kanon.« (348)

Wieweit ein Text – auch in historisch-kritischer Exegese – aus dem Kanon heraus interpretiert werden muß, das hängt von dem jeweiligen Text ab. Es ist unbestreitbar, daß Lukas teilweise die Sprache der Septuaginta, der griechischen Übersetzung des Alten Testaments, aufgegriffen hat, daß Paulus in der Sprache der Psalmen sprechen kann, wie es z.B. H. Hübner, Biblische Theologie des Neuen Testaments, Bd. 2, Göttingen 1993, 66f., besonders im Vergleich von Gal 2,16 mit Ps 143 vorsichtig zeigt. Ebenso interpretiert die »neutestamenliche Gemeinde« Erfahrungen mit Jesus mit Hilfe alttestamentlicher Aussagen. Die neutestamentlichen Texte sind jedoch nach dem Selbstverständnis der Autoren nicht als Teil des Kanons verfaßt worden. Auch wenn Lukas und Paulus davon ausgegangen sind, daß sie im Geist Gottes ihre Schriften verfassen, so haben sie doch wohl nicht im Traum daran gedacht, daß ihre Werke jemals Teil eines Kanons werden würden. Hier wird jedoch deutlich, daß Paulus und Lukas in der Wirkungsgeschichte alttestamentlicher Texte stehen – und von hier aus auch weitgehend verstanden werden können. Das wurde bereits bei der Behandlung der Traditionsgeschichte (Abschnitt 14) bedacht.

Werden nun alttestamentliche Schriften zurecht aus neutestamentlicher Sicht gelesen? Es ist klar, daß auch alttestamentliche Schriften mit dem Ziel geschrieben bzw. gesammelt wurden, von Menschen gebraucht zu werden. Die Psalmen bieten Vorlagen für eigenes Beten, Klagen, Singen; Prophetenworte wurden gesammelt, um der Gemeinde den Weg zu weisen usw. Deutlich wird beispielsweise auch am Schluß des Deuteronomiums, des 5. Buches Mose, daß dieses Werk auf Wirkung zielt. Verfasser und Redaktoren wollten, daß die jeweilige Gegenwart ihr Werk als für sich relevant versteht. Wie Pharisäer, Schriftgelehrten, Qumranessener, so hat darum auch die christliche Gemeinde alttestamentliche Texte aufgreifen können. Diese Lektüre auf die Zukunft hin ist also in den Texten selbst angelegt, und darum erscheint es legitim, das Jesusereignis mit Hilfe alttestamentlicher Texte zu verstehen zu suchen. Allerdings soll nichts von dem, was oben gesagt wurde, zurückgenommen werden: Der Verfasser, seine Absicht und seine Zeit usw. sind für die Interpretation der Texte selbst sehr ernstzunehmen. Eine neutestamentliche Schrift ist im streng exegetischen Sinne darum nur dann mit Hilfe anderer Aussagen alttestamentlicher Schriften zu interpretieren, wenn konkrete Verbindungen nachgewiesen werden können.

Lührmann ordnet die Wirkungsgeschichte (das Wort »Vermittlungsgeschichte« scheint ihm angemessener) der Hermeneutik zu. Maier spricht von »Gespräch mit den bisherigen Auslegern (kirchengeschichtlicher Vergleich, Wirkungsgeschichte, Dogmatik)« (359). S. 347 konkretisiert er diesen Arbeitsschritt und zeigt seine hermeneutische Bedeutung auf. In den Rahmen der Wirkungsgeschichte siedelt er wohl auch das Gespräch mit der Gemeinde sowie das »Gespräch mit den Herausforderungen der Umwelt« (351) an. Während das Gespräch mit der Gemeinde gesucht wird, weil unter anderem »die Gemeinde öfters nichtwissenschaftliche Traditionen (sc. bewahrt), die sich seit langem bewährt haben können und fast Bekenntnischarakter annehmen«, zielt das Gespräch mit der Umwelt darauf, ihr zu begegnen. Berger spricht von der Wirkungsgeschichte im Zusammenhang der Rezeption (§ 16,10 e-g). Er trennt jedoch Wirkungsgeschichte von der Auslegungsgeschichte, weil Wirkung »ganz unabhängig von Auslegung erfolgen« kann (106). Knapp wird Wirkungsgeschichte auch von Egger S. 214 angesprochen.

Aufgabe

Jeder Kommentar gibt ein Stück Wirkungsgeschichte wieder und ist selbst Teil der Wirkungsgeschichte. Bitte lesen Sie die Auslegung zu Joh 1,43-51 in beliebigen Kommentaren aus den letzten Jahrhunderten, die in Ihrer Institutsbibliothek stehen. Hat sich in der Auslegung ein Aspekt verändert? Wenn ja, welcher? Vgl. W. Fenske, Unter dem Feigenbaum sah ich dich (Joh 1,48). Die Bedeutung der Nathanaelperikope für die Gesamtrezeption des Johannesevangeliums, in: ThZ 54, 1998, 210-227.

Besonders ergiebig ist auch die Wirkungsgeschichte der Erzählungen von der Gestalt des Judas. Dazu s. W. Fenske, Brauchte Gott den Verräter? Die Gestalt des Judas in Theologie, Unterricht und Gottesdienst, Göttingen 1999.

Oder betrachten Sie Jesusdarstellungen in der Kunst. Im Laufe der Jahrhunderte wurden bestimmte Aspekte betont: Jesus als guter Hirte, als Herrscher, als Gekreuzigter. »Welcher Jesus« wird gegenwärtig betont? Was ist daraus für unsere Zeit zu schließen?

22. Hermeneutik – Die Frage nach dem Verstehen und der Weitergabe des Textes

22.1 Hermeneutische Fragestellungen

Das Wort »Hermeneutik« ist abgeleitet vom Namen des Götterboten »Hermes«. Er war es, der von den Gottheiten gesandt wurde, um den Menschen deren Willen darzulegen. Hermeneutik bezeichnet heute Verschiedenes: (a) Sie versucht das, was in diesem Proseminar bisher bedacht wurde, einen Text aus der Zeitsituation heraus zu verstehen – allerdings mit einer anderen Intention: Es geht um die Erfassung des absoluten Geistes, das heißt um die Erfassung der Wahrheit, die sich in der jeweiligen Zeit in Texten ausspricht; (b) sie ist in philosophischer Tradition die Lehre von der Auslegung des richtigen Verstehens beispielsweise eines Textes (ist somit zum Teil der Erkenntnistheorie zugeordnet); dann wird unter dem Wort aber auch (c) die Vermittlung von Textaussagen für die jeweilige Gegenwart verstanden – allerdings auch in dem unter (a) genannten Sinn: es geht um die Anwendung der Wahrheit. Auf den zuletzt genannten Punkt kommt es diesem Proseminar an, doch nicht im philosophischen, sondern im praktisch theologischen Sinn. Dennoch sollen ein paar grundsätzliche Reflexionen vorangestellt werden:
- Ist Verstehen überhaupt möglich?
- Ist das Verstehen von Texten möglich?
- Können wir alte Texte in die Gegenwart »übersetzen«?

Diese Fragen werden unterschiedlich beantwortet:
(1) Es ist unmöglich, aus Texten, die anderen Zeiten, Kulturen usw. zugehören, herauszuarbeiten, was die Autoren wirklich sagten; entsprechend ist es unmöglich, aus Texten der Vergangenheit vergangene Wirklichkeit zu erheben.
(2) Das Erkennen dessen, was ein Autor wirklich sagen wollte, ist nur annähernd möglich; entsprechend kann nur relatives historisches Wissen den Texten entnommen werden.

(3) Sicheres Wissen ist möglich, weil Autor wie Lesende Menschen sind; daß aber historisches Wissen zum Verstehen eines Textes Wesentliches beiträgt, das ist mehr oder weniger abzulehnen.
(4) Sicheres Wissen – sowohl über die Aussagen eines Autors als auch über historische Wirklichkeit – ist mit Hilfe von Methoden zu erlangen.

Zu diesen Aussagen einige grundsätzliche Anmerkungen:
(1) Ich kann andere verstehen, weil sie und ich eine gemeinsame Grundlage haben: sei es, daß wir eine gemeinsame Sprache sprechen, sei es, daß wir gemeinsame Erfahrungen gemacht haben, sei es, weil wir überhaupt Menschen sind, somit gemeinsame Daseinserfahrungen haben, oder weil wir in einer gemeinsamen Tradition (bzw. Wirkungsgeschichte eines Textes) leben.

(2) Verstehen kann der Mensch nicht, wenn etwas vollkommen Neues gesagt wird. Er kann nur das verstehen, was er schon verstanden hat – oder was im Unbewußten latent vorhanden ist. Das Gehörte/Gelesene kann dann bewußt werden, wenn die Situation, in der Rezipientinnen und Rezipienten leben, es zu erkennen erlaubt. Sie können also nur das verstehen, was sie in irgendeiner Weise von ihrer Tradition schon mitbekommen haben und das nun durch den Text »reaktiviert« wird. Das Verstehenkönnen aufgrund von Sprache, liegt im Interesse der Sprache.
Der Mensch hat in der Regel ein Vorverständnis, das ihm als Maßstab dient. Dieses Vorverständnis wurde durch Bezugspersonen in der Kindheit usw. nahe gebracht. Dieses Vorverständnis muß nicht bewußt sein, sondern kann auch in der Begegnung mit dem Neuen erst bewußt werden.

(3) Wenn ich Texte verstehen will, dann sollte mir mein Vorverständnis, meine Stellung zu dem Autor, der Zeit usw. annähernd deutlich sein. Ich sollte wissen, warum ich mich für diesen Text, und dem, was damit zusammenhängt, interessiere. Dazu ist es einmal nötig, sich mit der Zeit, in der der Text entstanden ist sowie mit dem Autor und seinem Leben zu befassen, d.h. soweit es möglich ist, sollte ich mit ihm vertraut werden (s. Abschnitt 7.).

(4) Um verstehen zu können, ist auch »Selbsterkenntnis« nötig. Solch eine Kenntnis meiner selbst ist jedoch, wie wir alle wissen, nur annähernd möglich. Das ist ein Grund dafür, daß ich Texte immer wieder neu verstehe. Bei meinem ersten Lesen verstehe ich aus meiner Situation dieses, bei meinem zweiten Lesen verstehe ich jenes, bei meinem dritten ... Der Grund dafür liegt darin, daß ich immer wieder meine sich verändernde Lebenssituation mit den soeben gelesenen Aussagen verknüpfe. Bei meinem zweiten Lesen kenne ich den Text schon ganz und verknüpfe meine neue Situation mit dem Erkenntnisgewinn insgesamt, den ich durch das erste Lesen gewonnen habe. Bei meinem dritten Lesen geht dieser gesamte Erkenntnisgewinn, vermischt mit meinem eigenen Leben, wieder in die Interpretation des Textes ein usw. Das bedeutet zweierlei: Ich werde nie mit der Interpretation eines Textes fertig und: es gibt nicht *die eine endgültige* Interpretation – weil es allen Menschen so ergeht.

(5) Weil ich mich und meine Lebenssituation in den Text hineinlese, muß es Versuche geben, den Text vor meinem Leben und meiner Lebenssituation zu schützen, damit

nicht nur ich im Text zur Sprache komme, sondern der Text selbst mit seiner Aussage sein Recht behält. Dies wird einmal annähernd durch Diskussion unter den Interpretierenden erreicht. Ich bin ja nicht der einzige, der den Text zu verstehen sucht. Ich stehe in einer Interpretationsgemeinschaft. Zum anderen dringt in die subjektive Interpretation eines Textes immer ein Stückchen des Textes mit ein, auch wenn ich meine Lebenssituation den Text dominieren lasse. Ich kann mich als Interpret und Interpretin nicht ganz von der Intention, den Vorgaben des Textes lösen. Es bedarf dagegen einiger Übung, den Text gegen mein Vorverständnis, gegen meine Vorintention sprechen zu lassen. Daß das möglich ist, begegnet immer wieder: Bevor ich mich intensiv mit einem Text befasse, denke ich, der Text wird mir dies und jenes sagen – doch am Ende bekomme ich nicht selten gerade das Gegenteil heraus, auch wenn ich mich sträube und noch einmal alles überprüfe. Es ist aber nicht allein die Übung, die meine Dominanz gegenüber den Texten zurücknimmt. Es ist auch ein konkreter Weg zu beschreiben: Ich muß meine Erkenntnis immer wieder zurückbinden an Erkenntnisse aus der jeweiligen Zeit des Textes und anderer Interpretationen im Laufe der Wirkungsgeschichte. Durch diese Rückbindungen muß ich meine Erkenntnisse korrigieren lassen.

Kurz gesagt: In der hier vorgestellten praktisch-theologisch orientierten Hermeneutik geht es darum,
- daß ich mich und den Autor des Textes zu verstehen suche,
- daß ich das Verstandene nun für mich und meine Zeitgenossen verstehbar mache.

Nun hat die Theologie noch einen anderen Ansatz: Ich kann einen Text verstehbar machen – doch kann ich den, dem ich diesen Text nahegebracht habe, nicht zum Glauben führen, bzw. in der Intention Bultmanns gesprochen: Biblische Texte werden erst verstanden, wenn sich ein Mensch für das mit den Texten angebotene neue Selbstverständnis entscheidet (Das Problem der Hermeneutik [1950], in: GuV 2, Tübingen 1952,211ff.). Einen Text verstehbar machen, ist mit Methoden annähernd möglich. Methodisch unmöglich ist es, dieses Selbstverständnis so auszusprechen, daß es Glauben weckt. Dazu gehört noch zweierlei: Einmal ist es Gott, der Geist Gottes, der nach dem Bekenntnis christlicher Tradition den Glauben selbst wecken muß. Zum anderen gehört auch immer der situative Kontext dazu, d.h. ich (als Gemeinde) muß mit meinem Leben die Voraussetzung zu schaffen suchen, daß der oder die andere diesen Text annehmen lernt.

Zunächst geht es unter anderem um die Erhebung theologischer Aussagen eines Textes, bevor die Umsetzung in die Gegenwart erfolgt. Diese Erhebung geschieht immer in der Wechselbeziehung zu meiner eigenen Position. Lese ich mein Gottesverständnis ein – oder lasse ich den Text reden? Damit zunächst der Text reden kann, seien in einem ersten Schritt folgende (an der Ev.-Theol. Fakultät der Universität München zum Teil übliche) Fragestellungen genannt:

(1) Theologische Fragestellung: Was sagt der Text über Gott aus? Was sagt er z.B. über sein Wesen, sein Handeln?
(2) Christologische Fragestellung: Was sagt der Text über Jesus Christus aus?
(3) Pneumatologische Fragestellung: Was sagt der Text über den heiligen Geist aus?
(4) Soteriologische Fragestellung: Was sagt der Text über Jesu Heilshandeln aus?
(5) Ekklesiologische Fragestellung: Was sagt der Text über die Gemeinde im weitesten Sinne aus? (So z.B. auch über Jünger, Nachfolger und Nachfolgerinnen, Kirche.)
(6) Eschatologische Fragestellung: Was sagt der Text über die letzte Zeit aus? (Was sagt er über das Kommen der Herrschaft Gottes, das Kommen Jesu?)
(7) Ethische Fragestellung: Was sagt der Text z.B. über das erwünschte/abgelehnte Verhalten aus?
(8) Anthropologische Fragestellung: Was sagt der Text über den Menschen aus?

Zum Thema Hermeneutik gibt es eine Fülle an Literatur. Einen umfassenderen Überblick über Hermeneutik und Literatur gibt der TRE Art. Hermeneutik. Egger fragt unter dem Aspekt der Hermeneutik nach Auslegung, Aktualisierung und Vermittlung. Strecker/Schnelle stellen hermeneutische Entwürfe vor. Unter dem Aspekt: »Neuere hermeneutische Ansätze« werden sozialgeschichtliche Auslegung, Linguistik und psychologische Auslegung genannt. Lührmann geht auf Hermeneutik auf wenigen Seiten unter dem Aspekt »Ergebnisse und offene Fragen der theologischen Exegese« ein. Während Zimmermann schweigt, spricht Berger dieses Thema im 9. Kapitel: »Wirkungsgeschichtliche Hermeneutik« intensiv an. Heine beginnt mit der hermeneutischen Fragestellung. Zunächst geht es um unverfügbares Verstehen, dann um »Schritte zum Verstehen« und um »Zwei Weisen der Vermittlung«. Hermeneutische Überlegungen voranzustellen ist recht sinnvoll. Söding behandelt Aspekte der Frage unter »Wege der Interpretation«. Wichtige Werke hierzu s. Weder (Neutestamentliche Hermeneutik, Zürich 1986) und Berger (Hermeneutik des Neuen Testaments, Gütersloh 1988). Weiterhin sei genannt: A. Grözinger, Die Sprache des Menschen. Ein Handbuch. Grundwissen für Theologinnen und Theologen, München 1991.

Aufgabe

Lesen Sie bitte Mt 6,9-13. Machen Sie sich Gedanken darüber, in welchem Verhältnis Sie zu diesem Gebet stehen. Lesen Sie Predigten über dieses Gebet Jesu (z.B. H. Thielicke, Das Gebet, das die Welt umspannt. Reden über das Vaterunser aus den Jahren 1944/45, Stuttgart 1991) oder die Interpretation von Leonardo Boff, Vater unser. Das Gebet umfassender Befreiung, Düsseldorf 1981; oder zum »Beten im Unterricht« s. die Zeitschrift »Glaube und Lernen« 1, 1986.

22.2 Exkurs: Ansatz der Feministischen Theologie

Es gibt nicht *die* Feministische Theologie auch nicht *die* Methode(n) Feministischer Theologie. Es gibt viele Schwerpunkte, von denen, soweit ich sehe, die meisten intensiv soziologische Arbeitsweisen verarbeiten und hermeneutisch orientiert sind.

(1) So ist z.B. das Ziel von Schüssler-Fiorenza, Zu ihrem Gedächtnis. Eine feministisch-theologische Rekonstruktion der christlichen Ursprünge, München/Mainz 1988, herauszuarbeiten, wo Frauen in biblischen Texten intendiert sind – und das soll dann in Übersetzungen einfließen. Paulus schreibt seine Briefe nicht nur an »Brüder«, sondern auch an »Schwestern« (77). Wenn Paulus 1 Kor 11-14 »Propheten« nennt, dann rechnet er darunter auch »Prophetinnen«. Das ist in Übersetzungen zu berücksichtigen, weil die Assoziation des Paulus, wenn er »Prophet« schreibt, immer auch die »Prophetin« intendiert. Da wir es heute nicht mehr tun, wird die frühe Gemeinde eine frauenlose Gemeinde.

(2) Wenn wir normative Texte vor uns haben, dann müssen wir uns bewußt sein, daß es hier (mit eigenen Worten ausgedrückt) um Sollwert geht und nicht um Istwert. D.h. es werden die Erwartungen bestimmter Menschen ausgesprochen – aber nicht die tatsächlichen Verhältnisse genannt (vgl. S. 97).

(3) Auch in Texten außerhalb des Neuen Testaments finden wir nur einen Teil historischer Realität wieder. In dieser Fragestellung sind die Texte aus androzentrischem Blickwinkel heraus entstanden (97f.). Wenn von einem siegreichen Heer in historischen Texten geredet wird, dann wird kaum von den Frauen im Troß berichtet, kaum davon, was Frauen, Kinder, Männer erleiden mußten, sondern eben nur, daß der berühmte Feldherr siegte. In historischen Texten werden selbstverständlich noch andere Scheuklappen wirksam: Lokalpatriotismus der Historiker usw.

(4) Schüssler-Fiorenza findet es zwar gut, aber nicht besonders hilfreich, wenn Frauen als Autorinnen bestimmter Texte herausgearbeitet werden, weil Frauen selbst »die androzentrische Perspektive vertreten« (99). Im dritten Kapitel stellt sie verschiedene Konzepte feministischer historischer Arbeit vor. Sie selbst bevorzugt ein soziologisch-theologisches Modell: »Das Modell, das ich hier anwende, ist das Modell von sozialer Interaktion und religiöser Transformation, von christlicher ›Vision‹ und historischer Verwirklichung, vom Kampf um Gleichheit und gegen patriarchale Herrschaft« (136).

B.J. Brooten stellt unter dem Titel »Methodenfragen zur Rekonstruktion frühchristlicher Frauengeschichte« (in: BiKi 39, 1989, 157-164) fest: Um die Lebenswirklichkeit der Frauen rekonstruieren zu können, müssen »Frauen ... ins Zentrum gestellt werden« (157). Das bedeutet:

(1) »Die traditionelle Einteilung in Zeitepochen könnte sich als unangemessen, der herrschende Literaturkanon als ungeeignet erweisen« (157). Das ist jedoch keine neue Idee, sondern sie ist, wie schon gesehen, in der historisch-kritischen Diskussion wichtig. Allerdings wird die Aufhebung des Kanons als Forschungsgrundlage intensiver betrieben werden müssen, weil der Informationsmangel im Kanon dazu treibt. D.h.: Wir bekommen im Kanon selbst zu wenig Informationen über die Situation der Frauen in der damaligen Zeit bzw. Gemeinde. Statt der traditionellen Aufteilung in Zeitepochen (»Apostolische Zeit« usw.) empfiehlt sie, diese nach Jahrhunderten zu benennen (z.B. 1. Jh.). Die Aufteilung ist also weniger christlich oder politisch begründet, weil das religionsgeschichtlich unangemessene Kategorien sind (160).

(2) »Neue Fragen werden gestellt und bisher übersehene Quellen müssen berücksichtigt werden.« (157)

(3) Der kulturelle Kontext ist auf neue Weise aus anderen Gründen zu erforschen, so sind z.B. nicht mehr die Ansichten des Paulus über Frauen herauszuarbeiten, sondern »vielmehr werden wir darum bemüht sein, christliche Frauen wie Priska und Junia in ihrem jüdischen und römischen Kontext zu sehen« (158) – so z.B. auch in Verbindung mit den Therapeutinnen. Weil androzentrisch orientierte Texte über Frauen schweigen, muß historisches Arbeiten als wissenschaftliches Arbeiten eine ganz besondere Art von Geschichtsschreibung sein (159).

Kritik übt sie daran, daß in exegetischen Untersuchungen »von Frauen ... nur im Zusammenhang mit dem kulturellen Hintergrund die Rede (ist), nicht aber im Zusammenhang mit zentralen Fragen der frühchristlichen Theologie« (162). Grund der Kritik: Kultur und Theologie lassen sich nicht trennen.

Das methodische Arbeiten in der Feministischen Exegese wird von einer neuen Perspektive geprägt. Es werden nicht allein Mißstände zum Bewußtsein gebracht: In der Exegese wurden Frauen so gut wie nicht berücksichtigt – und wenn, dann als Thema (z.B. Leipoldt, Die Frau im Urchristentum [1953]; Jesus und die Frauen [1921]). Aber es geht nicht allein um Frauen als Thema, um die Einordnung und Definition einzelner Wörter oder um die Schilderung einzelner Sachverhalte und ihre soziologische Einordnung. Es geht um Sprache, um die Rezeption des Ausgesprochenen aus der Perspektive von Frauen, so daß durch diese veränderte Perspektive auch die Interpretation neutestamentlicher Texte eine neue Intention erfährt. Die Exegese erarbeitet zum Beispiel, daß Paulus, wenn er in seinen Briefen die Anrede »Brüder« wählt, auch Frauen in der Gemeinde anspricht; das hat zur Folge, daß die Briefe nicht allein als an Männer gerichtete Briefe gelten können, somit nicht allein Männer als Ansprechpartner ernst genommen werden; oder sie erarbeitet, daß Frauen auch in paulinischen Gemeinden eine tragende Rolle spielten usw. Die gesamten Briefe sind aufgrund dieses neuen Vorzeichens anders zu lesen. Auch wenn Feministische Exegese häufig von Texten ausgeht, die Frauen im Blick haben, so geht es doch nicht um solche Texte allein. Wenn z.B. Jesus Gott als »Vater« anredet, dann steht kein menschlicher Vater im Blick, sondern das Wort wird von dem Angeredeten, also Gott, qualifiziert. Von hier aus kommen Aspekte in die Anrede, die männliche Vaterschaft sprengen und weiblichen Dimensionen Raum geben. Diese und andere Ergebnisse werden hermeneutisch für die Gegenwart umgesetzt und dienen dem, was das Evangelium will: dem angemessenen Reden von Gott zur Stärkung von Menschen.

Perspektivenwechsel bot in der Vergangenheit die schichtspezifische Auslegung in Folge der Befreiungstheologie, die Jesus als Freund der Armen gegen die Reichen hervorhob. In einem Proseminar erkannte eine Studentin, die mit Taubstummen arbeitete, ganz besondere Aspekte in einem Text, die ohne dieses Interesse in der Exegese bisher verschüttet waren. So sind viele antike Werke aus dem Blickwinkel der Oberschicht – um diese Terminologie beizubehalten – und nicht aus dem der Unterschicht geschrieben und interpretiert worden. Jeder liest anders, schreibt anders, versteht anders – wie im Rahmen der Soziolinguistik gesehen. Der konsequente Perspektivenwechsel kann nur als Bereicherung der exegetischen Diskussion angesehen werden. Es sei denn, daß männlich dominierte Exegese als neutral angesehen wird. Daß sie es nicht ist, zeigen nicht allein hermeneutische und rezeptionsorientierte Theorien, sondern auch begründete Ergebnisse Feministischer Exegese.

Zum Thema s. bes.: S. Schroer, Methoden Feministischer Exegese, in: Dies., L. Schottroff/M.-T. Wacker, Feministische Exegese. Forschungserträge zur Bibel aus der Perspektive von Frauen, Darmstadt 1995, 61-79; dies. (Hg.), Von der Wurzel getragen. Christlich feministische Exegese in Auseinandersetzung mit Antijudaismus, Leiden u.a. 1996 (darin z.B. der Aufsatz von M. S. Gnadt, »Abba isn't Daddy«. Aspekte einer feministisch-befreiungstheologischen Revision des Abba Jesu, 115-131); J. Osinski, Das Dilemma feministischer Literaturwissenschaft zwischen Theorie und sozialem Postulat, in: Sprache und Literatur 70, 1992, 2ff.; A. Y. Collins, Feminist Perspectives on Biblical Scholarship, Chico 1985 (SBL/Biblical Scholarship in North America 10).

III. Hauptteil

Nach der Kurzübersicht über die exegetischen Methoden soll nun eine Detaildarstellung der jeweiligen Methodenschritte folgen. Im Zentrum der Betrachtung wird dabei der Text Mk 2, 1-12 stehen. An ihm werden die einzelnen Methodenschritte, die wir oben schon grob kennengelernt haben, ausführlicher dargestellt und in ihren Hintergründen beleuchtet. Dabei ist zweierlei zu berücksichtigen: Zum einen ist zu wiederholen, was oben schon gesagt wurde – die historisch-kritischen Methodenschritte bieten kein aufeinander aufbauendes Schritt-für-Schritt-Verfahren, das man bei A beginnend nach Z hin abarbeiten könnte. Vielmehr eröffnet jeder Schritt eine je eigene Perspektive auf einen Text. Das Gesamtbild und die Schnittmenge der Perspektiven bildet dann die Interpretation. Karl Barth paraphrasierend könnte man also sagen, daß man auch in der Exegese immer wieder mit dem Anfang anfangen muß.
Zum anderen ist festzuhalten, daß nicht jeder Methodenschritt für jeden Text relevant ist. So gilt für unseren Markustext: Wir werden feststellen, daß bestimmte Methodenschritte an diesem Text nur wenig Ertrag bringen. In einem solchen Fall ist festzuhalten: Kein Ergebnis ist auch ein Ergebnis.

23. Textkritik und Vergleich von Übersetzungen

Im folgenden sollen die Fragen der Textkritik und der Überlieferung von Texten genauer dargestellt werden. Nicht an jedem Text lassen sich sinnvollerweise sämtliche textkritische Schritte durchführen. Das wird auch an Mk 2,1-12 deutlich. Darum werden einzelne Schritte nur angedeutet, aber nicht ausgeführt.

Bevor Sie dieses Kapitel bearbeiten, sollten Sie noch einmal Abschnitt 8 lesen. Schlagen Sie danach bitte entweder die Aland-Synopse S. XIV-XXX auf oder Nestle/Aland 27. Auflage S. 684-710. Dort sehen Sie eine Fülle von Buchstaben und Zahlen angeführt. Jedes dieser Zeichen weist auf eine Handschrift, eine alte Abschrift des Neuen Testaments bzw. auf ein Fragment einer Abschrift, hin.

23.1 Wissenwertes für den Hintergrund

In Abschnitt 8 wurde kurz der historische Prozeß beleuchtet, der heute eine kritische Betrachtung des uns vorliegenden Bibeltextes notwendig macht. Es gibt eine Fülle von interessanten und wissenwerten Details der Textüberlieferung, die jetzt kurz dargestellt werden sollen.

23.1.1 *Schreibmaterial*

Die ältesten Abschriften neutestamentlicher Texte finden wir auf Papyrus geschrieben. Papyrus ist eine Pflanze, die vor allem in Ägypten beheimatet ist. Der Stengel dieser Pflanze wird in dünne Streifen zerlegt, diese werden in Lagen aufeinandergelegt und gepreßt. Die Lagen konnten zu Rollen verarbeitet werden. Christen kauften nun einen Stapel Papyrusblätter, falteten diese und beschrieben sie beidseitig mit Bibeltexten. Die aufeinandergelegten und beschriebenen Blätter, die einem Buch nicht unähnlich waren, nennt man Kodex (Plural: Kodizes). Warum Christen im Gegensatz zu Heiden und Juden überwiegend in Kodizes – und nicht auf Rollen – schrieben, ist, soweit ich sehe, bislang ungeklärt. Es gibt jedoch einige Handschriften auf Papyrus, die einer Rolle zugehörten, z.B. Papyrus 12 oder Papyrus 13 (beide beinhalten Texte aus dem Hebräerbrief). Die jüngsten neutestamentlichen Papyri, die wir besitzen, stammen aus dem 8. Jahrhundert. Jüngere Abschriften neutestamentlicher Texte finden wir nur noch auf Pergament, das sich schon nach dem 4. Jahrhundert mehr und mehr als Schreibmaterial durchsetzt.

»Petrus aber ging in das Speisezimmer und sah, daß das Evangelium gelesen wurde. Er *rollte es zusammen* und sagte: ›Ihr Männer, die ihr an Christus glaubt, und hofft, ihr sollt erfahren, wie die heilige Schrift unseres Herrn verkündet werden muß. Was wir nach seiner Gnade, soweit wir es verstanden haben, niedergeschrieben haben, erscheint uns zwar bisher noch schwach; dennoch (haben wir es geschrieben) gemäß unseren Kräften, soweit es erträglich ist, es in menschliches Fleisch zu bringen ... Jetzt aber will ich euch erklären, was euch gerade vorgelesen worden ist‹« (Petrusakten 20 [p66f.]; 2./3. Jh.; Übersetzung nach: Schneemelcher, in: Ders. [Hg.], Bd. 2, 274f.). Am Rande sei erwähnt, daß der römische Epigrammatiker Martial (40-103 n.Chr.) im Vorwort, dem Proömium, seines 14. Buches davon spricht, daß er seine Verse in einem Kodex veröffentlicht.

Der älteste erhaltene Papyrus ist Papyrus 52, ein Fragment das gegenwärtig überwiegend dem Anfang des 2. Jahrhunderts zugeordnet wird. Es bietet uns einige Worte aus Joh 18,31-33.37-38, wie der Aufstellung zu entnehmen ist, die Nestle/Aland im Anhang I bieten. Während hier ein Fragment, also ein Rest aus einem größeren Zusammenhang, vorliegt, haben wir beispielsweise mit dem Papyrus 50 einen Text, der wahrscheinlich als Talisman diente und somit von Anfang an nur einen Textausschnitt bot. Er zitiert Apg 8,26-32 und 10,26-31.

Ab dem 4. Jahrhundert begann Pergament die Papyri zu verdrängen. Der Vorteil von Pergament: Es ist haltbarer als Blätter aus Papyrus. Der Nachteil: Es ist teurer. Pergament wird aus Schaf- bzw. Ziegenfellen hergestellt. Weil eine Haut nur vier Blatt ergab, ist ein hoher Preis verständlich (vgl. Aland/Aland 87 [Anhang II.1.8a]). Seit dem 4. Jahrhundert konnten sich Gemeinden das teure Pergament jedoch leisten. Denn: Mit dem Ende der Christenverfolgungen und der Erhebung des Christentums zur Reichsreligion unter Konstantin verbesserte sich auch das Ansehen und die finanzielle Ausstattung der christlichen Gemeinden.

Wie sich die Zeiten ändern, wird an einer Mitteilung des griechischen Geschichtsschreibers Herodot (5. Jh. v.Chr.) deutlich. Er schreibt in seinen Historien, daß aus Mangel an Byblospapier Ziegen- und Schafsfelle zum Beschreiben benutzt werden. Dazu meint er, daß auch noch zu seiner Zeit viele Barbaren auf solche Felle schreiben (5,58). Wir sehen also, daß es Zeiten gab, in denen Felle modern waren, Zeiten, in denen sie unmodern wurden, und Zeiten, in denen sie wieder modern wurden.

23.1.2 Datierung von Schriften

Wie können wir nun aber feststellen, aus welcher Zeit ein Papyrus oder eine Pergamenthandschrift stammt? Wie werden Funde alter Handschriften datiert? Es gibt verschiedene Methoden, die nach Möglichkeit alle gleichzeitig an einem Fundstück angewandt werden sollten, weil eine Methode allein wenig beweiskräftig ist.
Da ist zunächst die Radiokarbonmethode (C 14-Methode). Alle lebenden Stoffe beinhalten Kohlenstoff 14. Wenn sie von der Lebensader abgeschnitten werden, zerfällt dieser Stoff in einem bestimmten Zeitraum um eine bestimmte Menge. Dieser Zerfallsprozeß ist meßbar – und anhand des Zerfallsstadiums eines Stoffes ist sein Alter zu erheben.
Eine zweite Möglichkeit, das Alter eines Schriftstückes zu beurteilen, ist dann gegeben, wenn es nicht beispielsweise in der Bibliothek des Vatikans gefunden wird, sondern zusammen mit anderen Schriften, Gefäßen, Münzen usw. im Rahmen beispielsweise einer archäologischen Ausgrabung. Münzen oder Keramikstücke (Gefäßhenkel) mit ihren bestimmten Merkmalen sind leichter zu datieren als eine Schrift. Eine Ausnahme besteht dann, wenn die Schrift ein Datum angibt bzw. wenn durch Hinweise auf eine bestimmte politische oder gesellschaftliche Situation ein genaue Zeitangabe möglich wird. (S. z.B. Texte in A. Deissmann, Licht vom Osten, Tübingen 1923[4].)

Eine weitere Datierungsmöglichkeit besteht im Schriftvergleich von Handschriften. Dieses Verfahren können wir anhand der Schriftentwicklung der deutschen Sprache verdeutlichen: Es gab eine Zeit, da schrieben alle Menschen Sütterlin, also die sogenannte »altdeutsche Handschrift«. Irgendwann hörte das auf. Es gibt dann zwar immer noch Nachzügler, die diese Schriftart benutzen, aber ein Großteil der Bevölkerung beherrscht diese heute nicht mehr. Entsprechend können anhand der Handschrift Schriften datiert werden: Wenn in 100 Jahren eine Schrift gefunden wird, die in der »altdeutschen Schrift« geschrieben worden ist, dann wird die Wahrscheinlichkeit gering sein, daß sie im Jahr 1999 entstanden ist, es sei denn beim Schreiber handelte es sich – was auch an einer Handschrift erkennbar sein kann – um einen sehr alten Menschen.

23.1.3 Schrift

Die Methode des Schriftvergleichs soll noch durch einen Blick auf die Entwicklung der Schriften in alten Handschriften vertieft werden.
In früher Zeit (bis ins 10. Jh.) wurde das Material noch mit sogenannten Majuskeln beschrieben. DASBEDEUTETDASSGROSSBUCHSTABENVERWANDTWURDEN, ohne daß Satzzeichen wie Punkt oder Komma die Zeichen voneinander trennten. Majuskeln finden sich auf Papyri und auch auf Pergamenten. Da nun mit dem Wort »Majuskeln« aber nicht nur eine bestimmte Schriftform bezeichnet wird, sondern auch eine bestimmte Gruppe von Handschriften, nämlich die Pergamente, die mit Majuskeln beschrieben wurden, muß man sich im Rahmen der Textkritik etwas vor terminologischer Verwirrung hüten: Mit Majuskeln beschriebene Pergamente heißen selbst wieder Majuskeln, mit Majuskeln beschriebene Papyri heißen Papyri.

Während die erhaltenen Papyri mit 𝔓 vor der erhaltenen Schrift oder dem erhaltenen Fragment gekennzeichnet werden, werden Majuskeln mit Buchstaben (B; D; usw.) gekennzeichnet bzw. sie werden numeriert. Bei der Numerierung wird vor der jeweiligen Zahl eine »0« angeführt. So haben z.B. die Handschriften »B« und »D« die Nummer: 03 bzw. 05/06. Der Grund für die doppelte Bezeichnung liegt darin, daß bisher hunderte von Majuskeln vorliegen und das Alphabet bekanntlich weniger Buchstaben hat. Manche Handschriften haben auch einen Namen bekommen, so heißt »B« z.B. Codex Vaticanus. Namen kommen von Fundorten, Sammlern usw.

Neben den Majuskeln gibt es die sogenannten Minuskeln. So werden die Schriften genannt, die nicht mit Großbuchstaben, sondern mit Kleinbuchstaben geschrieben wurden. Die älteste uns bekannte Minuskelhandschrift stammt aus dem Jahr 835. Die Masse der überlieferten Schriften sind in Minuskeln geschrieben worden. Der überwiegende Teil überlieferter Handschriften ist also jüngeren Datums und die Chronologie der Überlieferung ist die folgende: Die ältesten Handschriften sind die Papyri. Diesen folgen die Majuskeln, diesen wiederum die Minuskeln. Das heißt aber nicht, daß es keine Schriften aus Übergangszeiten gibt. So stammt z.B. Papyrus 74 erst aus dem 7. Jahrhundert. Auch müssen Minuskeln als jüngere Handschriften keine schlechtere Textüberlieferung beinhalten als die alten Texte, denn jede Überlieferung ist immer nur so gut wie ihre Vorlage. So ist z.B. die Minuskel 33 zu einer der wichtigeren Überlieferungen zu zählen.

Minuskeln werden ebenfalls numeriert, allerdings wird hier bei der Zählung keine »o« vorangestellt: Bei der Handschrift 033 handelt es sich also um eine Majuskel, bei der Handschrift 33 um eine Minuskel.

Neben Papyri, Majuskeln und Minuskeln gibt es sogenannte Lektionarien, die neutestamentliche Texte überliefern. Diese Bezeichnung leitet sich nicht aus dem Material oder aus der Schreibweise dieser Handschriften ab, sondern aus ihrer Funktion: Es handelt sich um Abschriften, die die Bibel in Abschnitte, sogenannte Perikopen, aufteilen, um sie im Gottesdienst vorlesen zu können. Das Alter dieser Abschriften ist kaum festzustellen – sie überliefern aber weitgehend den sogenannten »byzantinischen Reichstext«. Worum es sich hierbei handelt, wird weiter unten erläutert werden.

23.1.4 *Textfamilien und Kategorien*

Eine Fülle an Abschriften des Neuen Testaments sind auf uns gekommen. Nach Nestle/Aland (27. Auflage) gibt es 98 Papyri, 301 Majuskeln und 2829 weitere Minuskeln, daneben noch zahlreiche Lektionare. Es wäre für Anfänger kaum möglich, aus dieser Fülle von Texten den für den eigenen Untersuchungszusammenhang jeweils ältesten Text herauszuarbeiten, wenn nicht schon Fachleute diese Fülle geordnet hätten. Die Handschriften wurden zunächst sogenannten »Textfamilien« zugeordnet.

Die Zuordnung von Texten zu bestimmten Textfamilien wird dadurch möglich, daß manche Texte viele gemeinsame Merkmale besitzen: Sie haben fast dieselben Fehler, haben dieselben Ergänzungen o.ä.
Ursache dafür ist folgender Überlieferungszusammenhang: Ein Text kommt, sagen wir, nach Alexandria und ein anderer nach Rom. Jeder dieser beiden Abschriften hatte einen ganz besonderen Fehler. Der eine hatte ein »und« eingefügt, wo bisher kein »und« zu lesen war, und der andere hatte das Wort »Haus« zu »Häuser« gemacht. Nun haben die Abschreiber in Rom häufig den Text abgeschrieben, der ihnen vorlag, und die in Alexandria den Text, der ihnen vorlag. Beide haben also immer wieder diesen jeweiligen Fehler übernommen. So können nun aufgrund dieses Fehlers die einen Handschriften Rom zugeordnet werden, die anderen Alexandria. Nimmt nun ein Römer seine Handschrift mit nach Alexandria, und wir finden sie heute, dann

können wir sie aufgrund dieses Fehlers leicht der römischen, d.h. der westlichen Textfamilie zuordnen. Auf der Grundlage dieses Zusammenhanges werden heute vier Textfamilien – die westliche, die alexandrinische, die ägyptische und die umstrittene Familie aus Caesarea – unterschieden.

Allerdings ist die Zuordnung von Handschriften zu Textfamilien heute nicht mehr unumstritten, weil man auf dem Hintergrund der Vielfalt an Funden erkannte, daß eine eindeutige geographische Zuordnung der Texte nach Rom, Alexandria oder Caesarea kaum mehr möglich ist. Darum werden die Texte heute nach einer vor allem von Kurt und Barbara Aland entwickelten systematischen Methode einzeln überprüft und Kategorien zugeordnet, die sich nach der Genauigkeit der Überlieferung bestimmen. Die Bestimmung der Textkategorien erfolgt dabei an der Beantwortung der folgenden Fragen: a) Wie eng hängt der jeweilige Text mit dem byzantinischen Text (s.u.) zusammen; b) wieweit geht der jeweilige Text mit dem ursprünglichen Text zusammen; c) wieweit bietet der jeweilige Text Sonderlesarten. Das Ergebnis sind 5 Kategorien, angefangen mit der Kategorie I, der Texte besonderer Qualität zugeordnet werden, bis hin zur Kategorie V, der textkritisch weniger bedeutsame Texte zugeordnet werden.

Der sogenannte »Mehrheitstext« ($\mathfrak{M}$) – auch Koinetext oder byzantinischer Reichstext genannt – wird nun aus Handschriften erhoben, die weitgehend identische Texte überliefern. Der Grund für solch eine gemeinsame Überlieferung liegt darin, daß sie in sogenannten Skriptorien vervielfältigt wurden: Ein Vorleser diktierte den Text, Schreiber – später in erster Linie Mönche – schrieben ihn nieder. Eine solche Vervielfältigung wurde ab dem 4. Jahrhundert notwendig, weil der christliche Glaube als Reichsreligion nun politisch anerkannt war und Gemeinden wie Pilze aus dem Boden schossen. Alle diese Gemeinden wollten eine Bibel. Die Kirche vereinheitlichte sich im Zuge dieser Entwicklung immer mehr – einheitlicher wurde auch der Bibeltext. Und so entstand der Mehrheitstext.

Dieser Koinetext hat noch eine weitere Besonderheit: Weil viele Menschen Christen wurden, die bisher mit dem Glauben wenig zu tun hatten, verstanden sie die alten Texte zum Teil nicht so recht. Da kam man auf dieselbe Idee, auf die auch die Herausgeber der »Guten Nachricht. Das Neue Testament in heutigem Deutsch« kamen: Der Text wurde stilistisch geglättet, erbauliche Zusätze wurde zugefügt, denn die finden immer wieder Anklang.

Bei der oben skizzierten Methode der Vervielfältigung des Bibeltextes kam es natürlich zu Fehlern. Stellen wir uns einen müden Mönch vor oder einen Abschreiber, der mit seinen Gedanken bei der Liebsten weilt. Einer der Abschreiber von 1Thess 2,7 hat z.B. wegen des Schluß-»N« des Wortes ἐγενήζημεν das »N« am Anfang des folgenden Wortes weggelassen. Die Folge: Es heißt nicht mehr: »wir sind unmündig gewesen«, sondern: »wir sind freundlich gewesen«. Solche Fehler werden »Haplographie« genannt. »Homoioteleuton« wird der Fehler genannt, der dem Abschreiber von Mt 5,19 unterlief. In diesem Vers endet der Satz mit »wird genannt in dem Reich der Himmel«. Der darauf folgende Satz endet ebenso. Nun dachte der Abschreiber, er habe schon den zweiten Satz, der wie der erste endet, abgeschrieben – und hat den zweiten Satz ausgelassen. Inhaltlich ändert sich Röm 5,1. Weil Omikron (»o«) und Omega (»ω«) ähnlich ausgesprochen werden, wurde aus dem Satz: »wir haben Frieden mit Gott« – die Aufforderung: »habt Frieden mit Gott«. Während der Fehler von Mt 5,19 eher ein typischer Abschreibfehler ist, ist der letztgenannte Fehler ein typischer Hörfehler (zu diesen und anderen Fehlern s. Aland/Aland S. 284ff.).

23.2 Textkritik am Beispiel Mk 2,1-12

Textkritik hat also die Aufgabe, die im Verlauf der Textgeschichte unterlaufenen Fehler und Veränderungen ausfindig zu machen, um nach Möglichkeit den ursprünglichen Text zu rekonstruieren. Der folgende Abschnitt ist eher für die verständlich, die das griechische Neue Testament vor sich liegen haben. Darum nehmen Sie bitte ihren Nestle/Aland zur Hand.

An dieser Stelle soll keine komplette Textkritik vorgeführt werden. Es werden nur einige Punkte herausgenommen, um das ein oder andere zu verdeutlichen. Weitere Übungsbeispiele finden sich z.B. im Methodenbuch von Zimmermann. An dieser Stelle werden auch nicht die einzelnen Zeichen und Abkürzungen des Apparates erklärt. Diese Zeichen, die auf einen Blick erkennen lassen, ob eine Wortumstellung vorliegt, eine Auslassung, eine Ergänzung usw., sind aus der Einführung im Nestle-Aland 8*ff. zu entnehmen. Es ist noch zu beachten, daß die Synopse 7. Auflage zum Teil andere Hinweise hat.
Nehmen Sie bitte die »blaue Beilage« zum Nestle/Aland und legen Sie diese neben Mk 2,1-12. Auf der Rückseite dieser Beilage werden Zeichen erklärt. Mit diesen wollen wir uns zunächst etwas vertraut machen: In Mk 2,1 finden Sie z.B. das Zeichen ⸂ ⸃ und zwischen beiden Zeichen zwei Worte. Dieses Zeichen sagt: Für diese zwei Worte gibt es andere Lesarten – oder wie V. 3 zeigt: Für eine Reihe anderer Worte gibt es andere Lesarten. V. 7 finden wir das Zeichen ⸀ – es weist darauf hin, daß nur für das jeweilige Wort eine andere Lesart vorliegt. Der ° in V. 8 bedeutet: Dieses Wort wurde ausgelassen; das Zeichen ⸆ zeigt: Hier wurde etwas eingefügt. In V. 12 weisen uns die Zeichen ⸌ ⸍ darauf hin, daß Worte in anderen Handschriften umgestellt wurden. Die Details der durch diese Zeichen verdeutlichten anderen Lesarten sind dann allerdings dem Apparat zu entnehmen.

Wie textkritisch gearbeitet wird, soll an wenigen Beispielen gezeigt werden. Zuvor noch ein Hinweis: Der Text des Neuen Testaments, den Nestle/Aland abdruckt, lehnt sich nicht an eine einzelne Handschrift an, sondern ergab sich durch den Vergleich der Handschriften untereinander. So gut wie alle Worte, die ohne Angabe von Varianten wiedergegeben werden, sind von den Handschriften gleich überliefert worden.

In Mk 2,1 heißt es: Und als er wiederum nach Kapernaum hineinging – nach einigen Tagen – wurde gehört, daß er zu Hause ist/im Haus (ἐν οἴκῳ / εἰς οἶκόν) ist. Beide Versionen werden, wie mit Hilfe des Apparats erkannt werden kann, überliefert: Das »zu Hause« wird überliefert von dem Papyrus 88, den Majuskeln Codex Sinaiticus (ℵ 01), Vaticanus (B 03), Codex Bezae Cantabrigiensis (D 05), Codex Freerianus (W 032), Codex Coridethianus (Θ 038) und den Minuskeln 33; 892; 579; 700; 2427. Das »im Haus« wird überliefert von den Majuskeln Codex Alexandrinus (A 02), Codex Ephraemi Syri rescriptus (C 04), von den Minuskel-Familien $f^{1.13}$ sowie dem Mehrheitstext ($\mathfrak{M}$).

Wie können wir nun vorgehen, um den ursprünglichen Text herauszuarbeiten? Dazu gibt es äußere und innere Kriterien der Beurteilung, die wir berücksichtigen müssen.

Äußere Kriterien

Zu den äußeren Kriterien gehört es zunächst, die Handschriften zu nennen, die eine bestimmte Variante enthalten, und sie dann zeitlich einzuordnen suchen. Eine zeitliche Einordnung ist – wie wir schon gesehen haben – mit Hilfe des Anhangs I im Nestle/Aland möglich. Dort wird in der ersten Spalte der Buchstabe oder die Nummer der Handschrift genannt, in der zweiten Spalte wird das Jahrhundert, in dem die Handschrift entstanden ist, vermerkt. Die Einordnung nach Kategorien erfolgt nach Aland/Aland. Ohne dieses Hilfsmittel ist eine Kategorisierung nicht möglich. Die Einordnung in Textfamilien (also nach geographischen Gesichtspunkten) lehnt sich an Metzger an. Auch diese Einordnung ist ohne dieses Werk nicht möglich.

Handschriften, die »zu Hause« überliefern:

$\mathfrak{P}^{88}$	4.Jh	Kategorie III	nicht eingeordnet
ℵ	4.Jh	Kategorie I	Protoalexandrinisch
B	4.Jh	Kategorie I	Protoalexandrinisch
D	5.Jh	Kategorie IV/I	Westlicher Text
W	5.Jh	Kategorie III	Caesarea-Text/westlicher Text
Θ	9.Jh	Kategorie II	nicht eingeordnet
33	9.Jh	Kategorie II	Spät-Alexandrinisch
579	13.Jh	Kategorie III	Spät-Alexandrinisch
700	11.Jh	Kategorie III	Caesarea-Text
892	9.Jh	Kategorie II	Spät-Alexandrinisch
2427	14.Jh(?)	Kategorie I	nicht eingeordnet

Handschriften, die »im Haus« überliefern:

A	5.Jh	Kategorie III	Koine-/Mehrheitstext
C	5.Jh	Kategorie II	Alexandrinisch?
0130	9.Jh	Kategorie III	?
$f^{1.13}$		versch. Kategorie III	
$\mathfrak{M}$		versch. Kategorie V	

Wir sehen:
(a) »zu Hause« hat die älteren Textzeugen auf seiner Seite ($\mathfrak{P}^{88}$; ℵ; B);
(b) »zu Hause« hat die besseren Textzeugen auf seiner Seite (Kategorie I);
(c) »zu Hause« hat auch die Textzeugen auf seiner Seite, die in der damaligen Welt an unterschiedlichen Orten vorhanden waren (in Alexandria; im Westen; in Caesarea).
Allein schon wegen der Qualität der Zeugen fällt die Entscheidung auf diese Variante.

Innere Kriterien
Neben diesen äußeren Kriterien gibt es innere Kriterien der Beurteilung. Innere Kriterien fragen nicht nach Alter, Kategorie oder nach dem Entstehungsort eines Textes, sondern danach, wie die einzelnen Varianten in ihrer gegenseitigen Abhängigkeit voneinander erklärt werden können.

Auch dies soll nun anhand eines Beispiels erläutert werden. Zu V. 3 liegen folgende *vier Lesarten* vor:
1: Sie kommen bringend (φέρω) zu ihm   einen Gelähmten
   – getragen (αἴρω) von vieren
   So die Handschriften: $\mathfrak{P}^{88}$; ℵ; B; 33; 892 u.a.
2: Sie kommen   zu ihm   einen Gelähmten bringend (φέρω)
   – getragen (αἴρω) von vieren
   So die Handschriften: $\mathfrak{P}^{84vid}$; A; C³; 𝔐
3: Sie kommen   zu ihm   bringend (φέρω) einen Gelähmten
   – getragen (αἴρω) von vieren
   So die Handschriften C*; D; Θ; (565); 579; 700; 2427 u.a.
4: Siehe, Männer kommen   zu ihm,   hintragend (βαστάζω) auf der Trage
   So die Handschrift W.   einen Gelähmten

Es sollen zu diesem Vers nicht die äußeren Kriterien ausführlicher dargestellt werden. Deutlich ist, daß auch hier die erste Lesart die ältesten Zeugen besitzt, darüber hinaus die Zeugen der Kategorie I (Ausnahme: Handschrift 2427). Das bedeutet, daß gemessen an äußeren Kriterien die erste Lesart die ursprünglichere ist.
Wenn nach den inneren Kriterien gefragt wird, wird zuerst nach der *kürzeren Lesart* gefragt. Die Voraussetzung dieser Frage ist die Beobachtung, daß längere Lesarten häufig Ergebnis von Ergänzungen kürzerer Lesarten sind.` Hier sind die Überlieferungen gleich lang. Also ist dieses Kriterium hier nicht anzuwenden.
Ein anderes Kriterium fragt nach der *schwierigeren Lesart*. Die Voraussetzung, die dieses Kriterium macht, ist die Überlegung, daß schwierige Texte im Laufe der Zeit vereinfacht worden sind. An der unterschiedlichen

Wortstellung zwischen den Varianten 1-3 ist zu erkennen, daß hier manchen Abschreibern die Wortstellung nicht gefallen hat.

Hier wäre also die Frage nach der üblichen Satzstellung zu stellen, nach Dialekten usw. Zu beachten sind hier zunächst die Handschriften C* und C³. C* bedeutet: die *ursprüngliche* Handschrift von C überliefert Lesart 3. C³ bedeutet, daß der *ursprüngliche Text* C* verändert wurde. C¹ hieße z.B., daß gleich nach der Niederschrift ein Schreiber Korrektur las und seine Version verbesserte, weil er merkte, daß er einen Fehler gemacht hatte. Anders C² bzw. C³: Hier ist zu vermuten – bzw. es ist an der unterschiedlichen Handschrift erkennbar –, daß zwischen Niederschrift und Korrektur durch einen zweiten/dritten Schreiber ein längerer Zeitraum liegt.

Es wird deutlich, daß die Lesarten 2 und 3 gemeinsam haben, daß sie das »zu ihm« an das Wort »kommen« anschließen. Der Unterschied zwischen 2 und 3 besteht darin, daß 2 mit Lesart 1 »einen Gelähmten« am gleichen Platz stehen hat – d.h. Lesart 2 verschiebt nur »bringend«, Lesart 3 verschiebt »bringend« und »einen Gelähmten«. »Sie kommen zu ihm und bringend einen Gelähmten« bzw. »Sie kommen, zu ihm einen Gelähmten bringend« sind die sprachlichen Möglichkeiten.

Die Handschrift W bringt eine gewisse erzählerische Spannung ein: »Siehe!« (vgl. die Parallele bei Matthäus und Lukas). Dann erklärt sie, wer »sie« sind – und zwar Männer (vgl. die Parallele bei Lukas). Sie nimmt ein besseres Wort für tragen (Lukas schreibt wie Markus; Matthäus schreibt: προσ–φέρω), fügt hinzu, daß der Gelähmte auf einer Trage herbeigetragen wurde. Hiermit kommt also ein ursprünglich schwieriger Text zu seinem sprachlichen Höhepunkt. Das bedeutet, daß diese Handschrift keinen ursprünglichen Text überliefert.

Es gibt *weitere innere Kriterien*, wie sie auf dem Methodenblatt II ersichtlich sind, die aber hier nicht dargestellt werden können, weil diese auf unsere Lesarten nicht anwendbar sind.

23.3 Bibelvergleich

Für diejenigen, die die griechische Sprache nicht beherrschen und die darum bei ihrer exegetischen Arbeit auf Übersetzungen angewiesen sind, kann der Vergleich unterschiedlicher Übersetzungen wichtig sein. Darum sei an dieser Stelle der ein oder andere Vergleich dargelegt.

Wichtig ist es zunächst zu wissen, daß es genauere Übersetzungen gibt und Übersetzungen, die weniger Wert auf Genauigkeit, dafür aber auf Verständlichkeit legen. Zu den genaueren Übersetzungen gehören die Luther-

bibel und die Einheitsübersetzung, zu den umgangssprachlicheren gehören die Gute Nachricht und die Übersetzung von Jörg Zink.
Die Übersetzung von V. 3 sei hier wiedergegeben:

Luther:	Und es kamen einige zu ihm, die brachten einen Gelähmten, von vieren getragen.
Einheitsübersetzung:	Da brachte man einen Gelähmten zu ihm; er wurde von vier Männern getragen.
Zink:	Da kamen auch einige zu ihm, von denen vier einen Gichtkranken trugen.
Gute Nachricht:	Da brachten vier Männer einen Gelähmten herbei ...
Zürcher:	Da kamen Leute und brachten zu ihm einen Gelähmten, der von vieren getragen wurde.
Münchener:	Und sie kommen, bringend zu ihm einen Gelähmten, getragen von vieren.
Wilckens:	Da kamen Leute, die einen Gelähmten zu ihm bringen wollten; vier Männer trugen ihn.
Interlinear-Übersetzung:	Und (Leute) kommen, bringend zu ihm einen Gelähmten, getragen von vieren.

Auch hier können einzelne Kriterien, die im Zusammenhang der Textkritik vorgestellt wurden, zur Beurteilung herangezogen werden. So ist z.B. die sprachlich glattere Übersetzung oft die Ungenaueste. Die Gute Nachricht gibt hier den sprachlich schönsten Text wieder – und ist die ungenaueste Übersetzung.
Der Vergleich der Übersetzungen zeigt, daß Luther wie Zink davon sprechen, daß welche kommen und dann erst das zweite Verb »bringen« einführen, während die Einheitsübersetzung wie die Gute Nachricht die erste Aussage weglassen und nur festhalten, daß welche einen bringen. Hier steht es also

unentschieden; eine gute Handschrift hat jeweils eine schlechte Handschrift an ihrer Seite. Ziehen wir noch weitere Übersetzungen hinzu, die sehr genaue Münchener, Zürcher, Interlinear – und so haben wir: »kommen« – womit die Sache aufgrund der Qualität der Handschriften eindeutig geklärt ist.

Wenn Sie auf diese Weise die Übersetzungen miteinander vergleichen, dann kommen Sie dem griechischen Text näher. Das bedeutet aber nicht, daß Sie aus den unterschiedlichen Übersetzungen einen eigenen Text erarbeiten. Es gilt den Text einer Übersetzung als ganzen zu übernehmen, der dem ursprünglichen besonders nahe kommt. Vor allem aber gilt, was schon im Abschnitt 8 gesagt wurde: Sie werden durch diese Arbeit mit dem Text vertrauter.

Aufgabe

Lesen Sie bitte die Einführung zu Nestle/Aland 27. Auflage. Bearbeiten Sie mit Hilfe des Methodenblattes II den Text: Mk 10,46-52. Weitere Übungen s. Zimmermann/Kliesch Kap. 1, IV.

24. Literarkritik

24.1 Abgrenzung vom Kontext, Brüche usw., Synoptischer Vergleich

Bevor Sie an dieser Stelle weiterarbeiten, bitte noch einmal Abschnitt 9 lesen! Lesen Sie bitte auch Mk 1,40-45 und 2,13-17!

Abgrenzung vom Kontext
Es ist ersichtlich, daß das Markusevangelium aus einzelnen kleinen Texteinheiten besteht, die jeweils eigene Episoden berichten. Zunächst werden in der Literarkritik diese einzelnen Texteinheiten/Episoden voneinander isoliert. Dazu wird in einem ersten Arbeitsschritt danach geschaut, inwieweit Ortswechsel oder Personenwechsel berichtet werden, wieweit die Zeitangaben variieren, wieweit die Gattung bzw. überhaupt der Inhalt des Erzählten sich ändert.

Deutlich ist in Mk 2,1-12, daß sich Zeitangabe (nach einigen Tagen) und Ortsangabe (nach Kapernaum) von Angaben des vorangehenden Textes unterscheiden. Sodann findet auch ein Personenwechsel statt. Jesus bleibt zwar die Hauptperson, aber die anderen Akteure wechseln. In den VV. 1,40-45 ist ein Aussätziger die Hauptperson, in unserer Geschichte ein Gelähmter. Bei beiden Texten handelt es sich um Texte der Gattung Wunder mit

ihren jeweils besonderen Inhalten: Mk 1,40ff. betont, daß der Geheilte als Beweis für die Heilung ein Opfer bringen soll, während das Thema unseres Wunders um die Sündenvergebung kreist. Während in Mk 1,40ff. von einem Priester die Rede ist, so in Mk 2,1ff. von Schriftgelehrten. Es wird auch deutlich, daß Mk 1,40ff. eine kleine in sich geschlossene Episode darstellt. Die Heilung ist geschehen, der Geheilte berichtet davon, und die Menschenscharen suchen daraufhin Jesus aufzuspüren. Gemeinsam ist beiden Geschichten die Heilung. Gemeinsam ist beiden auch die Menschenmenge, die zu Jesus kommt bzw. ihn umlagert. In gewisser Weise ist also Mk 1,40ff. Voraussetzung für Mk 2,1ff., denn es wird hier berichtet, warum so viele Menschen zu Jesus kommen: Weil der Geheilte dieses Wunder weitererzählt hat. Noch etwas anderes läßt deutlich werden, daß Mk 1,40ff. Voraussetzung von Mk 2,1ff. ist: In unserem Wunder wird erst in V. 5 der Hauptakteur, also Jesus, mit Namen genannt. Vorher wird er immer mit »er« gekennzeichnet. Durch 1,40ff. wissen wir also schon, wer »er« ist.
Hinsichtlich einer Abgrenzung unserer Texteinheit vom Folgenden ist entscheidend auch hier wieder der Ortswechsel im Vergleich zum Vorhergehenden: Erzählten die VV. 1-12 eine Begebenheit »zu Hause«, so spielt das folgende »am See«. Auch die Akteure wechseln ebenso wie die Gattung, wohingegen zum Vorangehenden insofern eine thematische Konstante vorliegt, als auch in Mk 2,13-17 die schriftgelehrte Kritik am Auftreten Jesu vorgestellt wird. (Beachte aber 2,13f.!)
Das Fazit dieser zwei Schritte lautet: Die Abgrenzung der Texteinheit nach vorn und nach hinten zeigt, daß wir es in Mk 2,1-12 mit einer eigenen Episode/Texteinheit zu tun haben.

Feststellung von Brüchen im Text
Im zweiten Arbeitsschritt fragen wir, ob innerhalb der von uns abgegrenzten Texteinheit Brüche auftreten. Das Ziel dieser Untersuchung ist es zu erkennen, wieweit unterschiedliche schriftliche Quellen ineinander verarbeitet worden sind.
Dieser Schritt wird im Rahmen des linguistischen Methodenschrittes (25.1f.) weitergeführt. Hier soll nur auf eines aufmerksam gemacht werden. Lesen Sie bitte einmal Mk 2,1-5b und 11a-12. Diese Verse bilden eine in sich geschlossene, verständliche Einheit. Sie merken, daß die VV. 5c-10 – ein Streitgespräch – für das Verstehen dieses Wunders nicht wichtig sind. Wenn nun jedoch die VV. 5c-10 allein gelesen werden, wird deutlich, daß sie keine in sich geschlossene Einheit bilden: Sie können nicht für sich alleine stehen, sind also vermutlich hier in einen abgeschlossenen Erzählzusammenhang eingefügt worden. Weil diese Einfügung nicht als eigene Episode bestehen kann, wird es sich höchstwahrscheinlich nicht um eine einge-

arbeitete schriftliche Quelle handeln, sondern um eine Einfügung im Rahmen der mündlichen Erzählung. Es ist auch möglich, daß es sich um eine Einfügung durch den Autor handelt. Letzteres ist aber in unserem Fall von Mk 2,1-12 weniger wahrscheinlich: Diese Episode ist Teil eines Komplexes von Streitgesprächen, die immer auch das Thema Sünde aufgreifen. Diese Geschichte kann also nur an dieser Stelle eingeflochten worden sein, weil sie von vornherein Grundlegendes zu diesem Thema ausgesprochen hat. Diese Aspekte sollen im Zusammenhang der folgenden Arbeitsschritte vertieft und deutlicher begründet werden.

Es wird immer wieder abgelehnt, daß schon mit der Aussage »dir sind deine Sünden vergeben« ein Einschub vorliegt, weil durch das passiv *Gott* als Sündenvergebender intendiert wird, während das Menschensohnwort und die Reaktion der Schriftgelehrten zeigen, daß *Jesus* Sünden vergeben darf. D.h. die Aussage »dir sind deine Sünden vergeben« ist noch kein Einschub, sondern erst der weitere Teil, weil hier eine Bedeutungsverschiebung stattgefunden hat. Diese Ansicht hat den Vorteil, deutlich machen zu können, warum gerade hier die Verse zum Thema Sündenvergebung eingefügt worden sind.

Synoptischer Vergleich
Im dritten Arbeitsschritt vergleichen wir mit Hilfe der Synopse Mk 2,1-12 mit den Überlieferungen von Matthäus und Lukas.
Wie schon im Abschnitt 9 gezeigt, gibt es neben dem Markusevangelium eine andere alte Quelle, die sogenannte Logienquelle Q. Auch sahen wir bereits, daß Markus selbst evtl. mit 1,40-3,6 eine alte Quelle aufgenommen hat (Differenzierungen sind hier unwichtig). Es könnte also sein, daß Matthäus und Lukas in ihrer Darstellung unserer Gelähmtenheilung nicht auf Markus zurückgreifen, sondern auf eine andere alte Quelle. Daß das möglich ist, zeigt z.B. die Parallele zu Mk 4,30-32. Während Matthäus dort die Quelle Q und den Text aus dem Markusevangelium miteinander mischt, nimmt Lukas die Aussage der Quelle Q wörtlich auf. Das kann anhand eines Sprachvergleichs – wie Sie ihn in Abschnitt 12 durchgeführt haben – gut ermittelt werden.
Eine alte Quelle neben dem Markusevangelium liegt also vermutlich dann vor, wenn Matthäus und Lukas sehr stark vom Markusevangelium abweichen bzw. Worte unabhängig von diesem Evangelium gemeinsam überliefern. Entscheidungen dafür, ob nun die Überlieferung des Markusevangeliums oder einer anderen Quelle älter ist, lassen sich mit den Maßstäben gewinnen, die wir schon im Rahmen der Textkritik kennengelernt haben. Die kürzere und die schwierigere Lesart ist vermutlich auch die ältere. Darüber hinaus muß die eine Lesart aus der anderen erklärt werden. Erkennbar ist immer wieder, daß Veränderungen mit der sprachlichen Eigenart des Autors zusammenhängen. Ebenso veranlassen veränderte Situationen

dazu, Texte etwas anders weiterzuerzählen. Wie sieht es nun mit unserem Wunder aus?

Aufgabe

Bevor Sie weiterlesen, vergleichen Sie bitte erst einmal selbst Mt 9,1-8 mit Markus 2,1-12!

Matthäus beginnt seinen Bericht ganz anders als Markus. Jesus steigt in das Schiff, um in »seine Stadt« zu kommen. Matthäus muß auf das Schiff hinweisen, weil er in der vorangegangenen Episode erzählt hat, daß Jesus am südöstlichen Teil des Sees Genezareth ein Wunder vollbracht hatte. Nun muß Jesus wieder nach Kapernaum fahren, denn dort hat ja, wie Markus berichtet, die Heilung des Gelähmten stattgefunden. Interessant ist hier, daß Matthäus Kapernaum nicht mit Namen nennt, sondern von »seiner Stadt« spricht. Das weist – wie in Abschnitt 23.2 gesehen – darauf hin, daß er »im Haus« folgendermaßen versteht: Jesus weilt in einem bestimmten, in seinem Haus. Dann läßt Matthäus einen ganzen Teil weg. Dieser Teil sprach im Markusevangelium davon, daß eine große Menschenmenge das Haus, in dem Jesus weilte, belagerte. Weil Matthäus diesen Aspekt nicht erwähnt, läßt er auch folgerichtig weg, daß der Gelähmte durch das Dach zu Jesus heruntergelassen werden mußte. Sehr stark wird der einzige Vers, der einigermaßen mit Markus konform geht, verändert. Mt 9,2 heißt es: »Und siehe, sie brachten herbei (προσφέρω) zu ihm (αὐτῷ) einen Gelähmten, auf ein Bett (κλίνη) gelegt«. Bei Mk 2,3 hieß es: »Sie kamen, bringend (φέρω) zu ihm (πρὸς αὐτὸν) einen Gelähmten, getragen von vieren«. Es ist deutlich: inhaltlich entsprechen sich die Aussagen. Allerdings werden andere Worte verwandt. Das kann bedeuten, daß Matthäus hier die schwierigen sprachlichen Formulierungen geglättet hat. Erst ab Mk 2,5 gleicht Matthäus seinen Text sprachlich an das Markusevangelium an. Er vermeidet jedoch das Bildhafte (»Schriftgelehrte saßen dort«), schreibt häufiger »siehe«, tröstet mit dem Wort »sei getrost«, läßt weg, daß allein Gott Sünden vergeben kann usw. Das »Siehe« fügt Matthäus gerne ein (vgl. Mt 12,10 mit Mk 3,1; Mt 8,29 mit Mk 5,7; Mt 9,18 mit Mk 5,22). Es ist also zu erkennen, daß Matthäus stark in den Text eingegriffen hat, doch weitgehend an Markus angelehnt bleibt, was ebenfalls eine Eigenart des Matthäus darstellt (vgl. Mt 8,29-34 oder 9,18-26 mit den Parallelen bei Markus). Eigenartig ist, daß er die staunenden Menschen sagen läßt: »Welche Vollmacht Gott den *Menschen* gegeben hat«. Aus dieser Formulierung ist möglicherweise zu schließen, daß Matthäus in einer neuen Situation steht und einen kleinen Hinweis auf seine Gemeinde einfügt. In der matthäischen Gemeinde gab es Menschen, die heilten. Und die Zeitgenossen dieser Gemeinde staunten über deren Heilungsvermögen.

Aufgabe

Hat nun Matthäus die markinische Vorlage gekürzt oder hat Markus eine Tradition vorliegen, die die kürzere Tradition des Matthäus erweiterte? Bevor Sie weiterlesen, vergleichen Sie bitte selbst Lk 5,17-26 mit Mk 2,1-12!

Lukas beginnt seine Geschichte ohne Hinweis auf Kapernaum. Eigenartig war in der Markusepisode, daß der Evangelist von der Gegenwart der Schriftgelehrten erst in der Mitte des Textes gesprochen hat. Diese Eigenart empfand auch Lukas und nennt die Gegenspieler schon zu Beginn – allerdings sind es hier keine Schriftgelehrten, sondern Pharisäer und Gesetzeslehrer. Im Text selbst, den er dann von Markus übernommen hat, schreibt er wieder von den Schriftgelehrten (und den Pharisäern). Lukas lehnt sich hier insgesamt enger als Matthäus an Markus an. Er erwähnt die Menschenmenge und den Dachdurchbruch. Hier und da verändert er zwar den Text, was jedoch nur einzelne Worte betrifft; z.B. redet nach Markus Jesus den Gelähmten mit »Kind« an, nach Lukas mit »Mensch«.

Aufgabe

Bevor Sie weiterlesen, vergleichen Sie bitte selbst Mt 9,1-8 mit Lk 5,17-26!

Matthäus und Lukas haben dann und wann auch Gemeinsamkeiten unabhängig vom Markusevangelium. So schreiben beide: »und siehe« (Mt 9,2; Lk 5,18) wo Markus nur schreibt: »sie kommen« (2,3), sie schreiben beide: »Bett« statt »Trage«; Mt 9,5 und Lk 5,23 heißt es statt: »Stehe auf, nimm deine Trage und gehe umher«: »Stehe auf und gehe umher«, und in Mt 9,7 und Lk 5,25 heißt es: »er ging weg in sein Haus«, während es Mk 2,12 heißt: »er ging hinaus vor allen«. Beide fügen dann noch den Aspekt der Furcht an: Nachdem Jesus dieses Wunder getan hatte, fürchteten die Zeugen sich.

Diese Parallelen sind nicht besonders aussagekräftig, um aus ihnen eine andere schriftliche Quelle erschließen zu können. Zum einen sind es sprachliche Verbesserungen. So wird Mk 2,9.11 nicht wiederholt; das »Siehe« bringt eine Spannung in die Erzählung, der Hinweis auf Furcht am Schluß weist auf ein Gattungselement hin: Nicht selten wird am Schluß eines Wunders von der Furcht der Zuschauer gesprochen. Weiterhin spricht gegen eine gemeinsame Quelle neben dem Markusevangelium, daß die gemeinsamen Ansätze sofort wieder im Sinne des Markus verlassen werden oder anderweitige sprachliche Verbesserungen anfügen. So fügt Lukas nach dem gemeinsamen »Siehe« »Männer« an, was Matthäus nicht hat usw.

Interessant ist noch – darauf sei an dieser Stelle verwiesen – der Schluß der Heilungsgeschichte Joh 5,8f.: Hier wird Markus zum Teil wortwörtlich aufgenommen.

Fazit: Lukas greift auf jeden Fall die Markusgeschichte auf, während ein Vergleich mit dem ersten Evangelisten (Matthäus) das zwar nicht so deutlich werden läßt, der Text allerdings auch nicht so weit von Markus entfernt ist, daß man seine Unabhängigkeit annehmen könnte. Diese Ergebnisse führen also zu der Schlußfolgerung: Das, was wir bei Markus vorfinden, ist die älteste Quelle, die allerdings schon einen komplizierten Erweiterungsprozeß hinter sich hat, wie noch zu sehen sein wird.

24.2 Exkurs: Logienquelle Q und Sondergut

Logienquelle Q

Es kann an dieser Stelle kein Forschungsüberblick zur Frage der Logienquelle geliefert werden. Es ist auch nicht möglich, die unterschiedlichen Ansätze von Exegeten dazu und ihre unterschiedlichen Theorien darzulegen. Vergleiche dazu G. Strecker, Literaturgeschichte des Neuen Testaments, 4.2.1.; 4.2.3; Conzelmann/Lindemann § 8.

»Logienquelle« heißt übersetzt einfach »Wortquelle«. »Wortquelle« heißt die Quelle deshalb, weil sie in ihrer vermuteten, uns heute nicht mehr zugänglichen Form keine Passionsgeschichte enthielt und zum anderen so gut wie kein Wunder erzählte, also kaum Taten Jesu überlieferte. Aus diesem Grund wird diese Quelle auch nicht »Evangelium« genannt, das ja weitgehend auch biographischen Charakter hat.
Der Buchstabe »Q« zur Bezeichnung der Logienquelle ist der erste Buchstabe des Wortes »Quelle«. Diese Quelle liegt als Schrift nicht mehr vor, sondern ist, wie Abschnitt 9 schon ausgeführt wurde, aus dem Matthäusevangelium und dem Lukasevangelium zu erheben.

In der Synopse ist die Quelle Q leicht zu erkennen: Nur dort, wo Matthäus- und Lukastext – und kein Markustext – abgedruckt ist, dort ist auch die Quelle Q zu vermuten. Allerdings ist das nur eine grobe Faustregel. Denn das schon häufig angesprochene Gleichnis vom wachsenden/gewachsenen Senfkorn z.B. liegt in zwei unterschiedlichen Versionen vor: einmal in Mk 4,30-32 und dann in der Q-Fassung Lk 13,18-21.

Die Entstehungszeit dieser Quelle ist unbekannt. Klar ist nur, daß sie vor dem Matthäus- und Lukasevangelium entstanden sein muß, also vor 70-90 nach Christus. Vermutet wird ein Zeitraum zwischen 40 und 70. (G. Theißen, Lokalkolorit und Zeitgeschichte in den Evangelien, 1992², 244 sieht die 40er Jahre als Entstehungszeit am wahrscheinlichsten an.) Der Entstehungsort ist ebenso unbekannt – allerdings läßt sich aufgrund des Interesses an Städten Galiläas vermuten, daß sie dort auch entstanden ist. Weil Matthäus und Lukas sie auf Griechisch vorliegen hatten, könnte sie auch in dieser Sprache entstanden sein – und nicht in Aramäisch. Gerd Theißen hält zur Logienquelle fest: »Hinter Q steht eine innerjüdische Erneuerungsbewegung, die mit prophetischer Radikalität die Umkehr jedes Einzelnen in Israel fordert. Sie setzt darin die Botschaft des Täufers und Jesu fort« (Theißen, a.a.O., 233).

Sondergut

Als »Sondergut« werden die Texte bezeichnet, die entweder nur von Matthäus, nur von Lukas oder nur von Markus überliefert werden.

Aufgabe

In der Synopse ist Sondergut leicht erkennbar, weil es nur in der Spalte des jeweiligen Evangeliums angeführt wird. Lesen Sie zuerst SLk (auch S^{Lk}; Sondergut des Lukas) und vergleichen Sie es mit SMt (auch S^{Mt}; Sondergut des Matthäus). Können Sie Unterschiede feststellen?

Naturgemäß ist in der Frage des Sondergutes schwerer zu entscheiden als im Zusammenhang der Quelle Q, wieweit hier schriftliche Quellen vorliegen und wieweit nicht. Daß ein Teil des Sondergutes schriftlich vorlag, ist darum zu vermuten, weil es aus Q stammt – jedoch nur von einem der beiden Evangelisten Matthäus oder Lukas aufgenommen worden ist.

Wie oben gesehen, ist die Quelle Q an Texten erkennbar, die von Matthäus und Lukas jedoch nicht von Markus überliefert werden. Sondergut ist als zur Quelle Q gehörig daran zu erkennen, daß es in einem Block genannt wird, der Q-Texte zitiert. Daß Matthäus und Lukas jeweils nicht alle Texte von Q aufgenommen haben, die ihnen vorlagen, ist zu vermuten, weil sie auch aus dem Markusevangelium nicht alles übernommen haben (z.B. hat Lukas die Abschnitte Mk 6,45-8,26 übergangen).

Daß ein weiterer Teil des Sondergutes schriftlichen Quellen entnommen wurde, kann an der Theologie einiger Texte erkannt werden. So thematisiert das Sondergut des Matthäus häufig das »Endgericht«. Zu nennen ist z.B. das Gleichnis von den Schafen und Böcken (Mt 25,31ff.), das von den törichten Jungfrauen (Mt 25,1ff.), das Gleichnis von den ungleichen Söhnen (Mt 21,28ff.). Das Sondergut des Lukas beinhaltet so bekannte Texte wie der »Verlorene Sohn« (Lk 15,11-32), »Pharisäer und Zöllner im Tempel« (18,9-14), »Zachäus« (Lk 19,1ff.): Hier stehen also »verlorene« Menschen im Blick, denen Jesus neue Lebensperspektiven gibt. Von diesen Themen her läßt sich auch das Interesse der überliefernden Gruppe erkennen, was hier jedoch nicht weiter bedacht werden soll. Der Entstehungsort könnte grob so charakterisiert werden: Das Sondergut des Matthäus beinhaltet häufig Themen, die ländlichen Lebenszusammenhängen entnommen sind, während das Sondergut des Lukas eher städtischen Lebenszusammenhängen zuzuordnen ist.

Aufgabe

In der griechischen Synopse von Aland finden Sie im Anhang die Übersetzung des Thomas-Evangeliums. Fallen Ihnen während der Lektüre Parallelen zu den synoptischen Evangelien auf? Vergleichen Sie bitte Mk 3,22-27 mit Thomasevgl. Spruch 35. Lesen Sie bitte: Schnelle, Kap. 3.1 und 3.2.

H. Klein, Barmherzigkeit gegenüber den Elenden und Geächteten. Studien zur Botschaft des lukanischen Sonderguts, Neukirchen-Vluyn 1987 (BThST 10); ders., Bewährung im Glauben. Studien zum Sondergut des Evangelisten Matthäus, Neukirchen-Vluyn 1996; B. Heininger, Metaphorik, Erzählstruktur und szenisch-dramatische Gestaltung in den Sondergutgleichnissen bei Lukas, Münster 1991 (NTA.NF 24); G. Petzke, Das Sondergut des Evangeliums nach Lukas, Zürich 1990 (ZWKB); B. Pittner, Studien zum lukanischen Sondergut, Leipzig 1991 (EthS 18); H.-T. Wrege, Das Sondergut des Matthäusevangeliums, Zürich 1991 (ZWKB).

25. Linguistik

Bevor Sie dieses Kapitel bearbeiten, sollten Sie noch einmal Abschnitt 10 lesen.

25.1 Syntaktische Analyse

In der syntaktischen Analyse wird nach dem grammatischen Aufbau des Textes gefragt: Welche Verknüpfungen bestehen zwischen den Worten untereinander, wie ist das Gesagte grammatisch strukturiert. Dazu werden Substantive, Verben und deren Zeitformen unterschieden, es werden Pronomen, Adjektive, Präpositionen und Adverbien gekennzeichnet.

Die folgenden Untersuchung sollten Sie bitte selbst vollständig durchführen! Dazu noch eine kleine Auffrischung zur Begrifflichkeit: Substantive – Nomen, Nennwort,

Dingwort usw. (Himmel ...); Pronomen – Fürwort (Wort, das ein Substantiv vertritt oder begleitet: sie [die Frau] liest); es gibt Personalpronomen (ich, du, er); Reflexivpronomen (das durch das Verb Ausgesprochene wird auf das Subjekt bezogen: Du suchst dich); Demonstrativpronomen (hinweisendes Fürwort: dieses); Interrogativpronomen (Fragefürwort: wer?); Indefinitpronomen (unbestimmtes Fürwort: jemand, etliche, viele); Relativpronomen (welcher, die). Adjektiv – Eigenschaftswort (der blaue Himmel); Adverb – Umstandswort (Orts-, Zeitumstände, die Art und Weise: bald, sofort, dort); Präpositionen – Verhältniswort, Vorwort (in, an, zu); Konjunktion – Bindewort (und, oder, weil).

Bitte listen Sie selbst auf:

	Substantive	*Verben*	*Präpositionen*	*Konjunktionen*
2,1	Kapernaum	hineingehend: Part. Aor.	nach	und
1b	Tage			
1c	Haus	es wurde gehört: Aor. Pass.	im	daß
usw.				

An dieser von Ihnen vollständig durchgeführten Auflistung wird unter anderem deutlich:

Substantive:
- Tage, Türe, Wort – das weist auf den Beginn dieser Episode hin. Diese Worte kommen sonst im Text nicht mehr vor; sie haben einen das eigentliche Geschehen vorbereitenden Charakter.
- Die Hauptakteure werden genannt: Jesus, Gelähmter.
- Der Teil (5c-10d) beginnt mit neuen Themen: Sündenvergebung; mit neuen Akteuren: Schriftgelehrte; und mit anderen Worten: Herz, Geist.
- Im letzten Teil wird, was für die Gattung Wunder wichtig werden wird, Gott deutlich hervorgehoben.

Verben:
Bei den Verben überwiegt als Zeitform das aoristische/historische Präsens – wohl um spannender zu erzählen. Aber nicht nur das! Durch die Darstellung wesentlicher Partien des Textes im Präsens werden sie auch den Hörern und Hörerinnen unmittelbarer gegenwärtig. Daß das Präsens Distanz aufhebt, ist daran erkennbar, daß in dem Satz, in dem die Schriftgelehrten genannt werden, das Imperfekt verwendet wird – also Distanz signalisiert wird. Imperative nehmen im Abschnitt 9d-11 zu. Einmal wird (syndetisch) formuliert: »Steh auf und nimm ...«; dann wird (asyndetisch) formuliert: »Ich sage dir: steh auf, nimm ...«. Der eigentliche Heilungsbefehl wird also schärfer ausgesprochen. Beherrscht wird der Text vom Indikativ. Erzählt wird also nicht ein Begehren, eine Erwartung, sondern eine tatsächliche Wirklichkeit.

Pronomen:
Statt Personen sofort einzuführen, werden sie durch Personalpronomen ersetzt (z.B.: *sie* kommen – es stellt sich die Frage: wer kommt? *Er* sagt das Wort – es stellt sich die Frage: wer sagt das Wort?); der Text formuliert also scheinbar sehr unsorgfältig. Im zweiten Teil häufen sich die Interrogativpronomen: 2x fragt Jesus, 2x »fragen« die Schriftgelehrten.

Konjunktionen:
Der Text wird von vielen »und« beherrscht. Wenn das »und« weggelassen wurde, dann wird es im Text spannend.

Adverbien:
»Sofort« begegnet im Zusammenhang eines »wunderhaften« Tuns Jesu: er erkennt *sofort*, was sie im Herzen denken; nachdem das Machtwort gesprochen wurde, steht der Geheilte *sofort* auf. Die Pharisäer sitzen »dort« – d.h. sie werden distanziert.

25.2 Semantische Analyse

In einem zweiten Schritt wird nach der Semantik gefragt: Was bedeuten die bedeutungstragenden Worte? Zunächst kann nach der allgemeinen Bedeutung gefragt werden. Da es in diesem Methodenschritt jedoch stärker um die synchrone als um die diachrone Untersuchung geht, sollte diese Untersuchung der Traditionsgeschichte vorbehalten bleiben. Hier geht es somit um die Untersuchung der Worte auf der synchronen Ebene, d.h. im Gebrauch durch Markus. Wo tauchen Oppositionen auf, wo Wiederholungen usw.? Wie sind die Worte zu gruppieren – lassen sie einen roten Faden erkennen?

Wortbedeutungen:
Die allgemeinen Wortbedeutungen werden mit Hilfe von Wörterbüchern erkannt. Speziellere Bedeutungen, also insbesondere die, die das Wort für den Autor hat, werden mit Hilfe der Konkordanz erarbeitet; z.B.: Wo wird innerhalb des Evangeliums dieses jeweilige Wort noch benutzt? In welchem Kontext/Wortfeld wird es eingebettet?

Die allgemeinere Bedeutung des Wortes »Herz« z.B. braucht hier nicht erschlossen zu werden. Was versteht aber speziell Markus unter Herz (καρδία)? Das Wort »Herz« kommt neben Mk 2,1-12 in folgenden Texten vor (bitte die Texte lesen!):

3,5:	Gattung: Wunder; verstocktes Herz der Gegner einer Sabbatheilung >Pharisäer;
6,52:	Schluß eines Wunders; verhärtetes Herz >Jünger;
7,6:	Alttestamentliches Zitat: ihr Herz ist fern von mir >gegen Gegner, die für Menschen negative Menschensatzungen dem für Menschen positiven Willen Gottes vorziehen.
8,17:	Zusammenhang ähnlich wie 6,52;
11,23:	Wer im Herzen nicht zweifelt, sondern glaubt, kann wunderhafte Taten vollbringen;
12,30.33:	Es gilt Gott und den Nächsten von ganzen Herzen zu lieben.

Es zeigt sich: Das Wort »Herz« ist in Mk 2,1-12 nicht im medizinischen Sinne zu verstehen, sondern wird sowohl durch die weitere Verwendung im Evangelium als auch aufgrund des Kontextes als »moralischer Ort« – als »religiöser Ort« erwiesen. Verstockung/Verhärtung bedeutet, daß Gott diesen Herzen fern ist. Wenn Gott diesen Herzen fern ist, dann sind sie nicht fähig, sich in Liebe Gott und den Nächsten/

Heilungssuchenden zuzuwenden. Menschliche Gebote führen dazu, Herzen zu verstocken.

Auf dieselbe Weise können Sie die Bedeutung des Wortes »Wort« in diesem Textabschnitt erheben: Vorkommen des Wortes »Wort« (λόγος) im Markusevangelium neben Mk 2,1-12 (bitte Texte lesen!): 4,33; (5,36); 7,13; (7,29); 8,32; 8,38; 9,10; 10,22.24; (11,29); (12,13); 13,31; (14,39).

Es ist deutlich, daß Mk 2,1-12 viele Worte nicht näher erläutert, also unbestimmt läßt: Was hat es mit dem Haus auf sich (wem gehört es usw.)? Was sagt Jesus den Menschen? Wer sind die vier? Wieviel Schriftgelehrte saßen dort? Was sind Schriftgelehrte? Was ist Sünde, was Vergebung? Was bedeutet: Dir sind die Sünden vergeben? Wir können an der Unbestimmtheit erkennen, daß es auf diese Worte (a) nicht weiter ankommt (z.B. spielen die vier Träger für das, was diese Episode erzählen will, keine Rolle), (b) zum Teil eine Definition bekannt war (z.B. war den Hörern des Markustextes klar, was unter Sünde zu verstehen ist) bzw. (c) sie in ihrer Allgemeinheit verständlich sind (z.B. Schriftgelehrte).

Verben
Verben des Gehens (5x; und zwar mit fünf verschiedenen Begriffen!) – Sitzens (1x) – Liegens (1x) – Aufstehens (3x) – Versammelns (1x).

Aufgabe
Weitere bitte selbst erarbeiten!

Substantive
Haus – Tür – Dach

Aufgabe
Weitere bitte selbst erarbeiten!

Wiederholungen

Aufgabe
Bitte selbst erarbeiten!

Oppositionen

Aufgabe
Bitte selbst erarbeiten!

Verknüpfungen:
Kind-Sündenvergebung; Tragen-Aufbrechen-Glaubenszuspruch; Schriftgelehrte sitzen-zweifeln usw. Die Aussage: »Was ist leichter zu sagen: dir sind deine Sünden vergeben oder nimm ...«, ist wohl unkonzentriert. Es geht ja nicht um das »Sagen« das leichter bzw. schwerer ist, sondern ob schwerer/leichter ist zu vergeben oder zu heilen. Es geht aber im Grunde der Geschichte auch nicht darum, sondern ob Jesus überhaupt Sünden vergeben darf.

Untersuchung und Gewichtung der verwendeten Sätze

Aufbauend auf die syntaktische Analyse kann inhaltlich weiter beobachtet werden: Im allgemeinen dominieren einfache Sätze. Der »so daß«-Satz (2b; mit dem Verneinungssatz) könnte wegfallen; ebenso der »nach«-Satz (1b) – worauf bezieht er sich? – »Nach einigen Tagen kam er nach Kapernaum« oder: »Nach einigen Tagen hörte man«? Ebenso sind die Sätze 3b wie 4c »überflüssig«, d.h. sie tragen zum Fortgang der Geschichte nichts bei. Das heißt allerdings nicht, daß diese Sätze als erzählerisches Moment überflüssig sind. Nachklappende Satzteile, Satzbrüche, »unkonzentrierte« Aussagen geben dem ganzen eine Spannung, die Wirklichkeit signalisiert. Der Satzbruch (Anakoluth) in V. 1a wird z.B. von der Handschrift W durch ein finites Verb ersetzt (also statt »hineingehend«: »er ging hinein«). Ebenso fehlt in 4a das Objekt: Es heißt dort: sie trugen zu ihm – es fehlt also: sie trugen *ihn* zu ihm; das ist von einigen Handschriften verändert worden, z.B. W.

25.3 Ergebnisse

Was können wir nun – hier nur in wenigen Strichen und nicht umfassend dargestellt – aus der syntaktischen und semantischen Analyse entnehmen? Es ist deutlich, daß Verben des Tragens (7 x) im Text dominieren, weil die Hauptperson eben ein Gelähmter ist. – Hier ist dann interessant, daß er als Gelähmter zu Beginn der Episode getragen wird, am Ende trägt er seine Trage selbst – bzw. anders gesagt: Sie kommen ihn auf einer Trage tragend – nun geht er selbst, die Trage tragend. 5 x werden Verben des Gehens angesprochen, womit die Spannung »Lähmung-Dynamik« entsteht.

Daß Verben des Sagens häufig vorkommen, läßt erkennen, daß es sich um einen Text handelt, der belehrt. Das Ziel der Lehre ist es zu verdeutlichen: Jesus kann wie Gott Sünden vergeben bzw. spricht die Sündenvergebung durch Gott zu – allerdings auf Erden –; das wird an seiner Fähigkeit zu heilen sichtbar.

Dennoch will der Text nicht allein belehren, sondern auch eine Situation vor Augen malen. Das ist erkennbar an den Worten des Sehens, aber auch an bestimmten Schilderungen: Es wird vor Augen gemalt, wie sie kommen, wie die Menge vor der Tür steht, wie die Tragenden keinen Weg durch die Menge finden, sondern auf das Dach steigen, es wird gesagt, daß die Pharisäer »dort« sitzen – und wir suchen vor unserem geistigen Auge unwillkürlich diesen Ort.

Daß dabei recht umfängliche Vorstellung entstehen können, wird an der Interpretation von Haenchen deutlich: »Der Raum innen, wo Jesus spricht, ist dicht gedrängt voll. Plötzlich hört man oben Schritte, es wird geklopft und gehämmert, dann beginnt es zu rieseln, Lehmstücke, kleinere und größere, fallen herunter, Balken werden weggeschoben, der Himmel wird sichtbar. Aber die Arbeit geht weiter: es braucht nicht wenig Raum, um auch nur eine schmale Bahre hinabzulassen! Und bei alledem redet

Jesus ruhig fort, die Menschen hören zu, ohne sich einen Augenblick ablenken zu lassen. Der Besitzer des Hauses denkt gar nicht daran, daß man ihm sein Haus demoliert; sie sind alle so fasziniert trotz Lehmbrocken usw., daß sie erst aufschauen, als die Bahre mit dem Gelähmten herunterschwebt« (Der Weg Jesu. Die Erklärung des Markus-Evangeliums und der kanonischen Parallelen, Berlin 1966, 100).

In der Analyse der Oppositionen des Textes wird deutlich: Die Menge hindert den Gelähmten daran, zum Ort und zur Person seiner Hilfe zu kommen. Am Ende der Geschichte macht ihm die Menge jedoch den Weg frei. Er ist also nicht allein geheilt, sondern die ersten Kontrahenten – die vielen Menschen – sind überwunden, und die Menge verhindert nicht mehr, sondern sie lobt Gott. Gotteslob läßt anderen Raum. Überwunden sind auch die zweiten Kontrahenten – die Schriftgelehrten. Zu all diesen Überwindungen hat Jesus verholfen: durch Heilung und durch Sündenvergebung. Von beeindruckender Intensität ist auch die Darstellung der Schriftgelehrten. Wie graue Eminenzen sitzen sie im Hintergrund, während alles andere in Bewegung ist. Ein gefährliches Schweigen geht von ihnen aus, das nur von Jesus in Worte gefaßt wird.

Der rote Faden ist deutlich: Es geht um den Gelähmten. Von Anfang bis Ende der Geschichte steht er im Mittelpunkt, gerät allerdings im Teil 5c-10d etwas aus dem Blick. Hier also ist der rote Faden für wenige Augenblicke durchschnitten. Hier sind nicht nur – wie an der Aufzählung in der syntaktischen Analyse sichtbar wurde – einzelne Worte neu in diesen Abschnitt hinzugekommen. Es wird auch deutlich, wie sich durch diesen Abschnitt der Inhalt der Geschichte verlagert: Die Heilung unterstreicht das Vermögen Jesu, Sünden vergeben zu können. Ohne diesen Abschnitt steht der Kranke und Jesu Fähigkeit zu heilen im Mittelpunkt. Das konkrete Motiv des Heilens wird durch die Einfügung verlagert auf das eher abstrakte Motiv der Sündenvergebung und des Verhältnisses Jesu zu Gott, d.h. zur Legitimation seines Auftretens.

Wichtiges scheint mir auch das »Haus« zu intendieren. Ein Haus im Orient ist ein dunkles Haus. Dieses dunkle Haus wird aufgebrochen, Licht tritt von oben herein. Aber: in dem dunklen Haus lebt Jesus – die Quelle der Heilung. Vom hellen Oben, dem Dach, wird der Kranke hinuntergelassen in das Dunkle des Raumes, das darüber hinaus noch von feindseligen Menschen beherrscht wird (Schriftgelehrte). Und dann ist dort der Menschensohn, der auf der Erde(!) Vollmacht hat, Sünden zu vergeben. Nach der Vergebung, der Heilung geht der Geheilte in sein Haus. Krank kam er aus diesem Haus. Als gesunder, neuer Mensch kehrt er dorthinein zurück. Die Bedeutung des Wortes »Wort« ist im Markusevangelium verschieden geprägt. Es wird gebraucht als das Wort im allgemeinen, also als das gesprochene Wort; dann steht es synonym für »Gottes Wort«, das Jesus den Men-

schen unter anderem durch Gleichnisse nahebringt. Wesentliches Umfeld des Wortes »Wort« ist darüber hinaus das Wort vom Leiden und Auferstehen Jesu. Für Mk 2,1-12 bedeuten diese Beobachtungen: Das, was Jesus hier nach Markus sagt, ist nicht eindeutig zu bestimmen. Es können Gleichnisse gewesen sein – nur weiß der Leser oder die Hörerin erst ab Kap. 4, daß Jesus Gleichnisse erzählte. Wenig wahrscheinlich ist auch, daß es sich um das Wort von Leiden und Auferstehen handelt, weil Markus deutlich macht, daß es erst mit der ersten Leidensankündigung ausgesprochen worden ist. Auf jeden Fall sagt Jesus etwas Bleibendes, etwas, das fesseln und bestürzen kann, etwas, dessen sich die Nachfolger(innen) nicht schämen sollen.
Diese etwas undeutlich bleibende Bestimmung des Inhaltes der Rede Jesu macht deutlich, daß es hier nicht allein genügt, das Bedeutungsfeld des Wortes »Wort« zu erheben, sondern auch die im Umfeld dieses Wortes stehenden Wörter in den Blick zu nehmen, wie z.B. das Wort »verkündigen«. Wenn dieses mit herangezogen wird, dann kann unser »Wort« von Mk 1,14f. her ein wenig stärker beleuchtet werden. Die zentrale Aussage der Verkündigung Jesu lautet: »Die Zeit ist erfüllt, und die Herrschaft Gottes ist herbeigekommen. Tut Buße und glaubt an das Evangelium«. Oder: Wenn auch das Wort »Lehre« mit berücksichtigt wird, dann wird noch deutlicher, daß das Wort »Entsetzen«/»Betroffenheit« hervorruft (Mk 1,21f.), weil es in Vollmacht gesprochenes Wort ist. Dieses in Vollmacht gesprochene Wort beinhaltet – wie Mk 2,1-12 zeigt –, daß Wort und Tat übereinstimmen. Jesus vergibt Sünden mit Worten – aber die Sündenvergebung ist nicht allein Wort, wie die Heilung beweist. Ein weiterer Aspekt ist am Wort »Wort« erkennbar. Das gehört jedoch schon zur pragmatischen Analyse: Wir wissen in Mk 2,1-12 noch nicht, was Jesus sagt, und warten nun gespannt darauf, wie dieser noch unbestimmte Hinweis, daß er das Wort redete, gefüllt wird. Andererseits wird die Gemeinde des Markus mit dem Hinweis auf das gepredigte Wort etwas anfangen können, da es wohl allgemeiner christlicher Missionssprache entnommen wurde.

25.4 Pragmatische Analyse

In dem dritten Schritt wird die Textpragmatik, die Art und Weise, wie der Text Wirkungen hervorruft, herausgearbeitet. Dies soll für unseren Text nicht im einzelnen vorgeführt, sondern nur anhand einiger Hinweise erläutert werden:
Es ist ein wesentlicher Unterschied, ob es heißt: »Was denkt ihr Schriftgelehrte in eurem Herzen« als »was denkt ihr ...«. Das *ihr* vermag jeden Hörer und jede Hörerin leichter mit in die Auseinandersetzung hineinzuneh-

men – so kann die Diskussion weniger leicht allein auf die Schriftgelehrten eingeschränkt werden. Wobei die Anrede der Schriftgelehrten die Schriftgelehrten zur Zeit des Markus herausfordernd ansprechen möchte.
Welch ein Unterschied in der Wirkung besteht zwischen dem Satz: »Kind, vergeben sind dir die Sünden« und dem Satz: »Deine Sünden sind dir vergeben, Kind!« Es macht schon einen Unterschied, ob eine Anrede formuliert wird oder ob keine Anrede ausgesprochen wird bzw. wenn wie bei Lukas die Anrede »Mensch« die Anrede »Kind« ersetzt.

Es besteht ein Unterschied in der Wirkung zwischen der *Frage*: »Was sagt dieser sowas? Er lästert Gott! Wer vermag Sünden vergeben außer Gott?« – oder der *Aussage*: »Er lästert Gott, wenn er so etwas sagt. Nur Gott vermag nämlich Sünden zu vergeben!« Die Frage: »Wer vermag Sünden vergeben außer Gott?« läßt für Glaubende mitschwingen: »Jesus!« Dies als Aussage gesprochen, intendiert diese Antwort weniger leicht. So ist also die pragmatische Funktion von Fragen eine andere als die von Aussagesätzen.

Wie eingängig klingt der Satz, der im Deutschen so nicht wiederzugeben ist:
ἔγειρε ἆρον τὸν κράβαττόν σου καὶ ὕπαγε εἰς τὸν οἶκόν σου ...
Der Satz klingt als Befehl in den Hörern und Hörerinnen nach: Schrille Anfänge laufen treibend aus in dunkle Vokale. Da kann niemand passiv bleiben. Wie anders der Satz von V. 9:
ἀφίενταί σου αἱ ἁμαρτίαι, ἢ εἰπεῖν· ἔγειρε καὶ ἆρον τὸν κράββατόν σου καὶ περιπάτει ...
Welche Wirkung hat es, wenn auf einmal Menschen genannt werden, die die Euphorie der Massen, den Glaubenszuspruch, die Sündenvergebung konterkarieren? Was bedeuten die Tempuswechsel, die Oppositionen usw.?

An dieser Stelle kann auch auf die in den vorangegangenen Paragraphen hingewiesene Unbestimmtheit angesprochen werden. Wenn nicht erklärt wird, was das »Wort« ist, das Jesus spricht, dann können Hörer und Hörerinnen selbst – neben dem im vorangegangenen Abschnitt Gesagten – dieses mit ihren eigenen Gedanken füllen. Die unbestimmten Hinweise: z.B. »Vier« – läßt eine gewisse Spannung offen: Wer sind diese? Wird das noch erklärt? Diese Spannungen werden ebenso von Satzbrüchen hervorgerufen.
In der pragmatischen Analyse unseres Textes sind also Anreden, Fragen, Satzmelodie und andere oben genannten Aspekte wesentlich.
Darüber hinaus ist auf emotionalisierende Adjektive oder appellative Imperative zu achten. Starke Kontraste, Worte mit eher positivem Hintergrund

oder Worte mit eher negativem Hintergrund hinterlassen unterschiedliche Wirkung. Ein großer Unterschied besteht z.B. zwischen Texten, die von Begriffen wie »Feinde, Wolf, Haß, zweideutig und tückisch« geprägt sind (Sophokles, El. 637-695); oder »in blinder Raserei, unsinnige Massen, abscheuliche Schändlichkeiten, zwar späte, aber gerechte und verdiente Strafe« (Cicero, Mil. 85); oder »da blüht ein Gehölz von leichten Apfelbäumen, kühle Wasser gehen gesangreich durch die Apfelzweige, Rosen beschatten alle Hänge, leise veratmet seinen Ruch das Aniskraut« (Sappho 5/6D).

Wie in Abschnitt 10.3 ausgesprochen wurde, gilt die Fragestellung zunächst in bezug auf die Erstrezipienten. Das ist in einer Proseminararbeit kaum zu bewerkstelligen, weil sehr gute Kenntnis antiker Texte vorliegen muß. Somit können hier nur Beobachtungen wiedergegeben werden, die den Text aus der genannten Perspektive für gegenwärtige Rezipienten und Rezipientinnen erhellen.

Aufgabe

Welche positiven/negativen Worte bestimmen Mk 2,1,12?

26. Formgeschichte

Bevor Sie dieses Kapitel bearbeiten, sollten Sie noch einmal Abschnitt 11 lesen!

Bevor wir uns nun der formgeschichtlichen Analyse unseres Textbeispiels zuwenden, gilt es, einige Begriffe zu klären: Im folgenden Abschnitt wird häufiger das Wort Gattung verwendet werden, so ist z.B. die Fülle von Wundererzählungen eben der Gattung »Wunder« zuzuordnen. Die einzelne Wundererzählung, die einzelne Gleichniserzählung usw. wird »Form« genannt. Eine Gattung besteht also aus vielen einzelnen Formen. Darüber hinaus finden wir in einer Gattung häufig Untergattungen. So gibt es zur Gattung Wunder z.B. die Untergattungen »Heilungswunder«, »Naturwunder«, »Exorzismus« usw.

Aufgabe

(1) Mk 4,30-32; Mt 13,44-46;
(2) Mt 6,9-15; Mt 11,25-27;
(3) Mk 10,46-52; Mk 7,24-30.
Bitte schreiben Sie die Texte ab und vergleichen Sie diese miteinander.

26.1 Warum gibt es Gattungen?

Wenn wir diese Texte (1)-(3) lesen und miteinander vergleichen, dann bemerken wir, daß sie nicht nur einen unterschiedlichen Inhalt haben, sondern auch einen unterschiedlichen Aufbau. Die Texte der ersten Gruppe beginnen mit einem Vergleich. Die Texte der zweiten Gruppe beginnen mit einer Anrede (Differenzierung s. unten). Texte der dritten Gruppe beginnen mit einer Ortsangabe. Auch sonst finden wir auffällige Unterschiede im Aufbau dieser Texte, die hier jedoch nicht weiter dargelegt werden sollen. Für uns ist zunächst nur wichtig, daß die Texte schon am Beginn wenige Elemente beinhalten, die dem Hörer oder der Leserin signalisieren, was im folgenden zu erwarten ist. Schon bevor der Text als ganzer erzählt oder gelesen worden ist, weiß der Hörer oder die Leserin aufgrund solcher Anfangssignale, um welche Gattung es sich handelt. Dieses »Vorherwissen« ist für den Rezipienten wichtig, weil er sich auf diese Weise innerlich und emotional auf den kommenden Text vorbereiten kann. Und das ist das Ziel der menschlichen Sprache, wenn sie Gattungen bildet: Es soll ein leichteres, schnelleres, eingängigeres Verstehen ermöglicht werden.

Exkurs: Mimikry

In der Tierwelt gibt es beispielsweise harmlose, nicht stechende Insekten, die sich im Laufe der Evolution das Aussehen von stechenden Insekten angelegt haben. So gibt es Fliegen, die aussehen wie Wespen. Mit Hilfe dieser »Mimikry« genannten Täuschung schützen sich harmlose Tierchen gegen die Nachstellungen ihrer Freßfeinde, indem sie signalisieren: Vorsicht, ich bin gefährlich!
Ähnliches finden wir in der Textwelt, wenn auch mit anderer Absicht. Menschen können Gattungen benutzen, die etwas ganz bestimmtes signalisieren – aber dann etwas ganz anderes sind. Erst am Schluß eines Textes bemerken Hörerin und Leser dann, daß sie reingelegt worden sind, daß es sich gar nicht um diese vorgespiegelte Gattung handelt, sondern um eine ganz andere. Wir finden dieses Phänomen z.B. in Satiren. Wenn Aristophanes, Lysistrate 927, eine Protagonistin beten läßt: »Großmächtiger Zeus, laß sie den Salbentopf ausschütten« – dann signalisiert die Anrede zunächst Ehrfurcht, doch die folgende Bitte ist im Verhältnis zu der Anrede lächerlich. Die Folge: Die Spannung, die sich durch Signal und tatsächlichem Inhalt aufbaut, entlädt sich in Gelächter. Oder: Lassen sich Biographien und Romane immer eindeutig unterscheiden?
Im Neuen Testament gibt es nun Wunderberichte, die von vielen Exegeten wie Gleichnisse behandelt werden. So wird z.B. Mk 4,35ff. das Wunder von der Sturmstillung erzählt. Dieses Wunder wird – wenn es als Gleichnis verstanden wird – so interpretiert, daß Jesus die gesellschaftlichen Stürme, in der die Gemeinde lebte, beruhigen kann. Auch die Verfolger der Gemeinde müssen ihm gehorsam sein. Ist eine solche Interpretation aber möglich? Muß nicht, wenn der Autor keine entsprechenden Hin-

weise gibt, die jeweilige Gattung anders zu verstehen, als er sie darlegt, diese so verstanden werden, wie alle Texte dieser Gattung? Also wird das Wunder der Sturmstillung auch als Wunder verstanden werden wollen.
Anders ist es mit der Verfluchung des Feigenbaumes Mk 11,12-14.20-25. Dieses Wunder gehört zu den sogenannten Strafwundern. Es ist von der Tradition, die Markus übernimmt, als Wunder verstanden worden: Jesus verflucht den Feigenbaum und schließt daran die Lehre an, daß alle, die glauben, ein entsprechendes und noch größeres Wunder tun können. Warum aber hat Markus dieses Wunder gerade an diese Stelle gestellt? Warum gerade nach dem Einzug in Jerusalem und vor die Tempelreinigung? Es folgen in den weiteren Kapiteln scharfe Auseinandersetzungen Jesu mit den Autoritäten seines Volkes. Signalisiert Markus damit, daß das Wunder als Gleichnis verstanden werden soll? Also: Wenn es heißt: »Nun esse niemand mehr eine Frucht von dir in Ewigkeit« (11,14) – heißt das, daß alles, was Israel in Zukunft tun wird, fruchtlos bleiben soll? Diese Interpretation scheint Exegeten sehr wahrscheinlich. Vor allem auch deshalb, weil Markus noch ein Wunder sinnbildlich einsetzt. Das in Abschnitt 26.2.2 genannte Wunder der Blindenheilung wird von Markus genau vor dem Einzug nach Jerusalem, dem Ort der Passion, plaziert. Dieses Wunder schließt mit dem Satz: »er folgte ihm nach auf dem Wege«. Markus legt viel Gewicht auf die Nachfolge, auch auf die Nachfolge im Leiden. Bartimäus wäre also – anders als die Jünger – ein prototypischer Vertreter gelingender Nachfolge. Erst wenn Jesus seinen Anhängern die Augen geöffnet hat, dann ist Nachfolge in das Leiden möglich. Wenn die Verfluchung des Feigenbaums ebenso als Gleichnis zu verstehen ist, dann darf jedoch nicht die Lehre der VV. 20ff. vergessen werden. Markus läßt sie nicht aus, sondern übernimmt sie. Das Wunder verbunden mit der Lehre bedeutet, daß Glaube, Gebet und Vergebung noch größere Wunder an Israel vollbringen können als die genannte Verfluchung zur Fruchtlosigkeit.

26.2 Aufbau des Wunders Mk 2,1-12

26.2.1 Elemente der Gattung Wunder

Texte einer bestimmten Gattung haben einen ähnlichen Aufbau. Für die Gattung Wunder lassen sich folgende Elemente unterscheiden:
(a) Der Wundertäter kommt/der Kranke kommt.
(b) Schilderung der Krankheit.
(c) Die Begegnung zwischen Wundertäter und Kranker ist erschwert.
(d) Der Kranke bittet.
(e) Der Wundertäter tut etwas Besonderes und/oder spricht ein Machtwort.
(f) Der Geheilte demonstriert seine Heilung.
(g) Die Zuschauer staunen.
Nicht jedes Wunder hat diesen Aufbau: In Mk 2,1-12 ist (a) vorhanden: Jesus kommt in die Stadt; (b) ebenso: Der Kranke ist ein Gelähmter. Die Erschwernis der Begegnung wird erzählt (c): Die Menge verhindert, daß der Gelähmte zu Jesus gebracht werden kann – es muß sogar das Dach aufge-

brochen werden. Der Punkt (d) ist nicht direkt ausgesprochen, wird aber wohl in der ganzen Aktion intendiert sein. Jesus spricht ein vollmächtiges Wort (e), der Geheilte demonstriert seine Heilung, indem er nun geht und die Trage, auf der er gelegen hat, trägt (f). Die Menge ist entsetzt (g).

Die oben aufgelisteten Elemente kennzeichnen die sogenannte »reine Form« der Gattung Wunder. »Reine Formen« werden aus dem Vergleich sämtlicher vorhandener ähnlicher Texte erhoben. Es handelt sich bei ihnen also um abgeleitete Modelle, und daß man sie bestimmen kann, bedeutet nicht, daß es faktisch jemals solch eine »reine Form« gegeben habe oder daß jede Form einer Gattung einmal in »reiner Form« vorgelegen hat. Man schafft sich mit der Vorstellung einer »reinen Form« lediglich eine Arbeitshypothese, mit der man die konkrete Gestalt und Bedeutung des in Frage stehenden Textes besser verstehen kann.

> **Aufgabe**
> Berger und Haacker wenden sich gegen die »reine Form«. Warum? Bitte in beide Werke selbst einsehen!

26.2.2 Mischgattungen und andere Gattungsänderungen

Im Wunder Mk 2,1-12 wird nun aber auch von einem Streit berichtet, der sonst in der Gattung Wunder eigentlich nichts zu suchen hat. Immer wieder kann man beobachten, daß, wenn eine Form nicht allen Teilen einer Gattung entspricht, das Gewicht der Erzählung genau auf dieser Abänderung liegt. Wenn z.B. die Bartimäusgeschichte Mk 10, 46-52 nicht mit einem Bericht vom Erstaunen der Zeugen endet, sondern mit dem Nachfolgebericht, dann liegt das Ziel dieser Wundererzählung nicht allein darin, eben ein Wunder zu berichten, sondern darin, verständlich zu machen, daß Jesus wahre Nachfolge durch das Öffnen der Augen ermöglicht. Oder in unserer Geschichte Mk 2,1-12: Wenn hier ein Streit über die Sündenvergebung eingefügt wird, heißt das, daß das Gewicht des Wunderberichts auf dem Aspekt der Sündenvergebung liegt: Jesus kann vollmächtig Sünden vergeben, und das wird erfahrbar daran, daß er auch heilen kann.

Wenn in die Gattung Wunder eine andere Gattung eingefügt wird, spricht man auch von einer Mischgattung. In Mk 2,1-12 wird in die Gattung Wunder ein Element aus der Gattung »Streit« eingefügt – es ist eine Mischgattung.

Hier ist von »Streit« zu sprechen, auch wenn die Schriftgelehrten nichts sagen. Die Schärfe der gedachten Anfragen sowie die Reaktion Jesu lassen einen Streit sichtbar werden. Daß die Gattung Streit auf diese Weise abgeändert wurde, läßt wiederum auf ein besonderes Interesse schließen: Jesus, der als der Vollmächtige Gottes auftritt, vermag die Gedanken zu lesen.

Während die Abänderung in Mk 2,1-12 auf eine Mischgattung schließen läßt, liegt der Fall in der Bartimäusgeschichte anders. Dort wird keine andere Gattung eingeschoben, sondern nur ein Gattungselement – das Staunen der Zeugen – verändert.

26.2.3 Untergattungen

Wir haben bisher die Gattung des Heilungswunders intensiver besprochen. Neben Heilungswundern gibt es in der Gattung Wunder die Untergattungen Strafwunder und Exorzismen. Bleiben wir bei den Exorzismen. Diese haben häufig einen etwas anderen Aufbau als das Heilungswunder. So ruft z.B. im Exorzismus in Mk 5 der Dämon im Besessenen: Was willst du von mir, Jesus, du Sohn Gottes, des Allerhöchsten? (5,7; vgl. 1,24) Dämonen wissen also, wer Jesus ist. Weil sie um seine Vollmacht wissen und selbstverständlich nicht aus den Besessenen ausfahren wollen – diese sind ja ihre Heimstatt geworden –, darum finden wir in den Exorzismen häufig die sogenannte Konzessionsbitte: Die Dämonen bitten, in irgendetwas anderes fahren zu dürfen. Eine Bitte, die oft gewährt wird. So fahren diese Dämonen in Mk 5 in die Schweineherde.

26.3 Der »Sitz im Leben« einer Gattung

26.3.1 Werbung für den Wundertempel

Als »Sitz im Leben« bezeichnen wir den Ort, an dem die jeweilige Form geprägt wurde. Es geht hier also nicht darum herauszufinden, wo der erzählte Inhalt geschehen ist, sondern es geht darum zu ermitteln, in welchem Zusammenhang Gruppen das Bedürfnis hatten, bestimmte Begebenheiten unter Benutzung der Gattung Wunder weiterzuerzählen. Von heidnischen Wunderberichten wissen wir z.B., daß sie im Bereich eines Tempels erzählt wurden, der – wie der Tempel von Epidauros – für Wunder berühmt war. Somit diente ein Wunderbericht auch dazu, für den jeweiligen Tempel zu werben.

Wunder Nr. 15 aus Epidauros: »Hermodikos aus Lampsakos, am Körper gelähmt. Diesen heilte er (sc. der Heilgott), als er im Heilraum schlief, und befahl ihm, wenn er herauskomme, einen Stein in das Heiligtum zu bringen, den größten, den er tragen könne. Da brachte er den, der (jetzt) vor dem Heiligtum liegt.« Einige der oben für biblische Wunderberichte genannten Elemente sind auch hier vorhanden: Schilderung der Krankheit, das Kommen wird intendiert, das Befehlwort ist vorhanden, die Demonstration wird berichtet. Erschwernisse fehlen weitgehend. Anders in der Wundergeschichte Nr. 2 aus Epidauros: Eine Frau bat darum, mit einem Mädchen schwanger zu werden. Der Heilgott fragte, ob sie ihn um noch etwas bitte. Sie verneinte. Dann wurde sie schwanger, blieb es jedoch jahrelang, weil sie nicht darum gebeten hatte, auch gebären zu dürfen. Dann bat sie den Heilgott um eine Geburt. Dieser war so gnädig, sie ihr zu gewähren. (R. Herzog, Die Wunderheilungen von Epidauros. Ein Beitrag zur Geschichte der Medizin in der Religion, Leipzig 1931 [Philologus Suppl. 22,3]; L.R. LiDonnici, The Epidaurean Miracle Inscriptions, Atlanta 1995). Weitere Gelähmtenheilungen: Nr. 35; 37f.; 57; 64; 70 (zum Teil erst durch Ergänzungen dieser Krankheit zugeordnet). Was auffällig ist, und an dieser Stelle nur vermerkt werden soll: Nie wurde diese Krankheit mit dem Wort, das für unseren Gelähmten verwendet wurde, gekennzeichnet.

26.3.2 Werbung für den Wundertäter?

Der Unterschied der Wunderberichte von Epidauros zu den Berichten über die Wunder Jesu liegt darin, daß es sich bei letzteren um die Taten eines Menschen handelt. Sollen diese Berichte also für den Menschen Jesus werben, so wie die Wunderberichte von Epidauros eben für den Tempel werben? Um diese Frage zu beantworten, müssen wir die Wunderberichte im alttestamentlichen und im heidnisch-antiken Umfeld des Christentums betrachten.

Wunder, die von Menschen getan werden, werden, soweit ich sehe, das erste Mal im Alten Testament berichtet. So sind die Propheten Elia und Elisa die wichtigsten Wundertäter. Das Ziel der Wunder Elias, die mit Gebet gewirkt werden, ist z.B. in dem Satz zusammengefaßt, den die Mutter eines vom Tode erweckten Kindes ausruft: »Jetzt weiß ich, daß du ein Mann Gottes bist und daß das Wort des Herrn wirklich in deinem Mund ist« (1 Könige 17,24; Einheitsübersetzung). Anders die Wunder, die von Elisa erzählt werden. Sie werden zum einen ohne Gebet gewirkt, zum anderen werden sie erzählt, ohne daß eine legitimierende Absicht damit verbunden wird. Die Wunderberichte erscheinen hier fast wie die Aneinanderreihung von Anekdoten: Er tat dies, dann tat er das usw.

Auch Berichte über heidnische Wundertäter aus der Zeit vor Jesus kennen wir. Allerdings wird fast alles, was von ihnen an Heilungswundern erzählt wird, erst in Schriften aus der Zeit um rund 200 Jahre nach Jesu Geburt berichtet. Es stellt sich darum die Frage, wie alt diese Wunderberichte tatsächlich sind. So werden von einem Zeitgenossen Jesu, von Apollonius von Thyana, eine Fülle an Wundern erzählt. Die vorliegende Niederschrift erfolgte jedoch erst durch einen Mann, Philostrat, der ca. 200 Jahre nach Christus gelebt hat. Die Wunderberichte des Apollonius sind wie die rabbinischen und nachneutestamentlichen christlichen Wunderberichte zum Teil von recht atemberaubendem Inhalt. Da ist von dämonischen Ungeheuern die Rede, von gegrillten Fischen, die auf einmal zu schwimmen beginnen usw. Die Ungeheuerlichkeit des Erzählten läßt auf eine Entstehungszeit der Wunderberichte im 2. Jahrhundert schließen. In diesem Zeitraum scheinen die Menschen süchtig nach solchen »Bildzeitungssensationen« – wie wir heute sagen würden – gewesen zu sein. Wie übrigens auch der Kritiker von Wundern, Lucian, in seinem Werk »Der Lügenfreund oder der Ungläubige« deutlich macht. Allerdings berichten nicht alle Wundererzählungen in diesem Sinne Ungeheuerliches, sondern die Autoren versuchen auch, das Erzählte rational zu erklären. So z.B. eine Totenerweckung: Ein Mädchen war am Tag ihrer Hochzeit gestorben. Apollonius begegnete dem Trauerzug und erweckte das Mädchen. Die Angehörigen wollten Apollonius mit Geschenken von großem Wert überhäufen. Der lehnte jedoch ab. Abgeschlossen wird dieser Bericht: »Ob er nun noch einen Lebensfunken an ihr wahrgenommen hatte, der den Ärzten verborgen geblieben war ..., oder ob er das erloschene Leben wieder zurückgerufen und angefacht hatte, dies vermag ich nicht zu ergründen, und auch die Anwesenden hätten es nicht ermitteln können.« (Ü.: V. Mumprecht) Ob nun eine Auferweckung stattgefunden hat oder nicht: Wichtig ist, daß dieser Bericht die Frömmigkeit, den gottvertrauenden Edelsinn des Apollonius aufweisen möchte.

Es geht in diesen Wunderberichten also nicht um die Werbung für Apollonius, sondern um die Schilderung der Frömmigkeit und der Folgen eines frommen Lebens. Das Ziel besteht darin, Leser dazuzubringen, diesem Manne in ihrer Frömmigkeit nachzueifern. Während also die Wunder von Epidauros für den Tempel werben, so sollen die Wunder des Apollonius im Werk des Philostrat nicht für Apollonius werben, sondern für das fromme Leben.

Die Wunder des Elia werden mitgeteilt, um seine Gottzugehörigkeit zu demonstrieren. Die Wunder des Elisa werden berichtet, um dessen herausragende Fähigkeiten zu schildern. Warum werden nun die Wunder Jesu weitererzählt?

Es gibt nicht nur eine Antwort auf diese Frage, vielmehr hat jedes Wunder seine eigene erzählerisch-legitimierende Absicht. In Mk 2,1-12 soll Jesu Vollmacht, Sünden zu vergeben, legitimiert werden. In anderen Wundern soll Jesu Vollmacht aufgezeigt werden, den Sabbat neu zu definieren (Mk 3,1ff.). Andere zeigen Jesu Macht (vor allem die Wunder zwischen Mk 4,35 und 6,52). In dem oben genannten Blindenheilungswunder ist – wie gesehen – das Ziel wiederum ein anderes gewesen. In dem Wunder von der Heilung der besessenen Tochter der Heidin (Mk 7,24ff.) geht es nicht um Überwindung eines nach Ansicht Jesu fehlgeleiteten Sabbatverständnisses, sondern um die Überwindung der Grenze zwischen Juden und Heiden.

Entsprechend ist auch das Interesse der Gemeinde daran, die Wunder weiterzuerzählen, ein unterschiedliches: Werbung für Jesus könnte das Motiv hinter den »Machtwundern« aus Mk 4ff. sein – sie können aber auch als Trostberichte für die Gemeinde gelesen werden. Auch können sie erzählt worden sein, um zu erklären, wo das neue Sabbatverständnis der christlichen Gemeinde ihren Ursprung hat usw. Der »Sitz im Leben« ist also in der Gemeinde zu lokalisieren, die den jeweiligen Wunderbericht missionarisch einsetzt, oder zur Tröstung im Gottesdienst, oder, wie unser Wunderbericht Mk 2,1-12, um in einem Streit zwischen der Gemeinde und ihren Gegnern zu argumentieren. Aus einer solchen Lokalisierung folgt nicht, daß die erzählten Wunder nicht geschehen sein können. Das ist aber auch nicht unsere Frage. Für uns gilt es nur zu klären: Wo wurden diese Wunder und mit welchem Ziel wurden sie weitererzählt. Und das sei noch angemerkt: Viele Wunder wollen dazu anreizen, dem Glauben der Protagonisten nachzueifern.

Aufgabe

In welchen Wundern begegnet das Wort »Glaube«, »glauben«? (s. Konkordanz!)

26.3.3 Wunder einmal anders erzählt

Die Relevanz dieses Aspektes der formgeschichtlichen Frage wird noch deutlicher, wenn wir unseren Wunderbericht aus Markus 2,1-12 spielerisch einmal anders erzählen:

(1) »Als Jesus in Kapernaum war, brachen vier Männer ein Dach auf, um einen Gelähmten herunterzulassen und vor Jesu Füße zu legen – damit er ihn heile. Anders wären sie vor lauter Menschen nicht zu ihm gekommen.« – Die Absicht eines solchen Berichtes könnte darin bestehen, aufzuzeigen, welch großen Zulauf an Fans Jesus hatte.

(2) »Jesus heilte einen Gelähmten, indem er sagte: Steh auf, nimm dein Bett und geh.« – Die Absicht dieses Berichtes könnte darin bestehen, dem Hörer oder der Leserin mitzuteilen: Du kannst einen Gelähmten nicht heilen, aber Jesus konnte es mit diesen Worten.

(3) »Einmal stritten Schriftgelehrte mit Jesus, weil er zu einem Gelähmten gesagt hatte: Deine Sünden sind dir vergeben. Sie meinten, er würde damit Gott lästern, da niemand Sünden vergeben könne außer Gott. Er aber sagte zu ihnen: Des Menschen Sohn hat Vollmacht, Sünden zu vergeben auf Erden.« – Die Absicht dieser Geschichte könnte darin liegen aufzuzeigen, daß Jesus Vollmacht hat, auch ohne Wundertaten Sünden zu vergeben.

Deutlich wird, wie unterschiedlich derselbe Inhalt eingesetzt werden kann, und daß die Absicht, die mit einer Geschichte verfolgt wird, unmittelbar auf die Art und Weise, wie sie erzählt wird, zurückwirkt. Im folgenden soll dies noch stärker verdeutlicht werden.

26.3.4 Der »Sitz im Leben« prägt Texte um

Wenn unser Wunderbericht nur aus dem Text Mk 2,1-5 und 11f. bestanden haben sollte, dann ginge es wirklich allein darum, Jesu Fähigkeiten darzustellen, Wunder zu tun. Der »Sitz im Leben« dieser Erzählung könnte in der Missionspredigt gelegen haben. Am Schluß heißt es: »Alle entsetzten sich und priesen Gott und sprachen: Wir haben so etwas noch nie gesehen!« Die Absicht dieses Ausrufberichtes wäre dann eine pragmatische: Die Hörer und Hörerinnen der Geschichte sollen mit in diesen Ruf einstimmen – und auf diese Weise für Jesus eingenommen werden.

Nun hat diese Geschichte jedoch einen Zusatz bekommen. In diesem wird ein Streitgespräch eingefügt, auf dem nun das Gewicht der Erzählung liegt: Diese Geschichte wird nun nicht allein deshalb erzählt, um Jesu Macht zu beweisen, sondern um zu betonen, daß er Vollmacht hat, Sünden zu vergeben. Der »Sitz im Leben« dieser Geschichte könnte jetzt in der Auseinandersetzung der Gemeinde mit den Schriftgelehrten ihrer Zeit liegen. Weniger wahrscheinlich ist ein innergemeindlicher Streit anzunehmen – wenn z.B. an das drohende »und dort saßen« gedacht wird. Wenn wir diesen »Sitz im Leben« annehmen, dann scheint der Text eine Situation im Blick zu haben, in der Schriftgelehrte und die christliche Gemeinde noch in gemeinsamen Räumen agierten, sie könnte also in einer judenchristlichen Gemeinde vor der Trennung von Kirche und Synagoge entstanden sein.

27. Überlieferungsgeschichte

Bevor Sie an dieser Stelle weiterarbeiten bitte Abschnitt 12 noch einmal durchlesen!

Die Analyse der Überlieferungsgeschichte eines Textes fragt danach, wieweit der vorliegende Text im Verlauf einer mündlichen Tradierung verändert worden ist. Letztendlich geht es in diesem Arbeitsschritt darum, die in der Analyse der Formgeschichte erworbenen Erkenntnisse zu vertiefen. Dort wurde die Gattung herausgearbeitet, die Veränderung der Gattung sowie der dieser Gattung bzw. dieser Veränderung zugrundeliegende unterschiedliche »Sitz im Leben«. In der überlieferungsgeschichtlichen Fragestellung geht es darum, die ursprüngliche Mündlichkeit des Textes zu erheben und Veränderungen im Rahmen mündlicher Überlieferung zu belegen. Dabei ist noch einmal festzuhalten, daß die Erhebung der mündlichen Tradition für das Neue Testament schwieriger und weniger ergiebig ist als für Texte des Alten Testaments.

Es ist an dieser Stelle nicht möglich, sämtliche Vorschläge für traditionellen oder redaktionellen Ursprung der jeweiligen Verse von Mk 2,1-12 und einzelner Worte, darzulegen. Dazu sei auf I. Maisch, Die Heilung des Gelähmten. Eine exegetisch-traditionsgeschichtliche Untersuchung zu Mk 2,1-12, Stuttgart 1971 (SBS 52); H.-J. Klauck, Die Frage nach der Sündenvergebung in der Perikope von der Heilung des Gelähmten (Mk 2,1-12 parr.), in: BZ 25, 1981, 223-248 sowie die Kommentare von Pesch und Gnilka verwiesen.

27.1 Das Verhältnis zwischen mündlichen und schriftlichen Texten

Aus unserer täglichen Erfahrung wissen wir alle, daß es eine Schriftsprache und eine Erzählsprache gibt. Die Schriftsprache verwendet andere Begriffe, ihr Satzbau ist komplizierter als in erzählten Texten, Inhalte werden in erzählter Sprache schlichter, in Schriftsprache komplexer und ausführlicher weitergegeben. Erzählsprache wird stärker von Satzbrüchen (Anakoluthen) bestimmt, die Sätze sind meist kürzer, Verben – je nach Text auch Adjektive – dominieren, die Sprache ist bildhafter, beim Hörer wird für ein Verständnis des Textes mehr vorausgesetzt, d.h. es muß nicht jeder Zusammenhang erklärt werden und Hörer und Hörerin assoziieren durch die gemeinsam erlebte Situation, durch die Gestik oder Mimik des Erzählers Sachverhalte, die im schriftlichen Text erläutert werden müßten. Auch können mündliche Texte in höherem Maße unlogische Elemente aufweisen, weil im Verlauf des Erzählens Brüche o.ä. von Hörern und Hörerinnen eher assoziativ bewältigt werden können. Unlogische Darstellungen treten in der Schriftsprache deutlicher hervor, was damit zusammenhängt, daß das Erzählen schneller vonstatten geht als das Lesen. Erzähltes wird – damit es verstanden werden kann – vom Rezipienten auf Wesentliches reduziert. Dagegen werden gelesene Texte langsamer aufgenommen, so daß Einzelheiten leichter gespeichert werden.

Die hier angedeuteten Unterschiede zwischen mündlicher und schriftlicher Sprache können uns bei der Ermittlung der mündlichen Traditionen hinter den biblischen Texten Hinweise geben. Wie das konkret aussehen kann, wollen wir nun anhand unseres Beispieltextes betrachten.

27.2 Die Frage nach der mündlichen Tradition hinter Markus 2,1-12

Um uns der mündlichen Tradition hinter Mk 2, 1-12 anzunähern, blicken wir zunächst am sinnvollsten noch einmal auf den synoptischen Vergleich (Abschnitt 24.1) zurück: Dort haben wir gesehen, daß Matthäus in der Übernahme von Mk 2,1-12 Spannungselemente wegläßt. Er erzählt nichts von der Menschenmenge um Jesus und berichtet auch nicht vom Durchbruch des Daches. Auf diese Weise befreit er seinen Bericht von »überflüssigen« Elementen und reduziert sie auf die ihm wichtigsten Aussagen. Umgekehrt sticht beim Vergleich des Markustextes mit dem Matthäustext die bildhafte um Dramatisierung bemühte Sprache bei Markus hervor. Wieder anders Lukas: Er führt die Gegner Jesu gleich zu Anfang ein, um eine logisch abgerundete Geschichte darbieten zu können – allerdings hebt er damit die Spannung auf, die bei Markus durch den Satz erreicht wird: »und dort saßen einige Schriftgelehrte«, weil die Leser und Leserinnen des Lukas schon von Beginn an wissen, daß einige dieser Gegner sich im Umfeld Jesu aufhalten.

Aus diesen Beobachtungen können wir ersehen: Den Evangelisten Matthäus und Lukas lag Mk 2,1-12 als schriftliche Quelle vor. Diese schriftliche Quelle haben sie mehr oder weniger deutlich der Spannungsmomente, die eher für gesprochene Sprache typisch sind, beraubt – d.h. sie haben den markinischen Text, der deutlicher Elemente der gesprochenen Sprache an sich trägt, der Schriftsprache angepaßt.

Nun stellt sich die Frage, ob Markus in seinem Text eine mündliche Tradition vollständig und unverändert übernommen hat oder ob er eine ihm vorliegende »Jesusgeschichte« schon hier und da im Blick auf seine erzählerische Zielsetzung der Schriftsprache angepaßt hat. Das ist natürlich kaum mehr zu erheben. Allerdings kann man den allgemeinen Stil der Perikope mit dem Stil von Markus vergleichen und so ermitteln, wo in unserem Text »typisch markinische« Elemente – beispielsweise bestimmte von ihm bevorzugte Worte o.ä. – auftreten. Wo diese vorliegen, dürfen wir redaktionelle Bearbeitung vermuten. Wir verzichten hier darauf, diesen Vergleich im einzelnen durchzuführen und verweisen dazu auf Joachim Gnilkas Markuskommentar (EKK 2,1).

Als Fazit kann festgehalten werden: Wir haben mit Mk 2,1-12 eine Geschichte vor uns, die eine Fülle erzählerischer Momente beibehält. Sie ist also weder am Schreibtisch entstanden noch ist in ihren erzählerischen Charakter stark eingegriffen worden. Die Entwicklung bis zur vorliegenden Fassung ist darum folgendermaßen zu kennzeichnen:

um 70: (schriftlich) Markusevangelium
davor: (schriftlich) Zusammenführung der Texte von 1,40-3,6 (Differenzierungen s. Abschnitt 32.3).
davor: (mündlich) Teile von Mk 2,1-12
davor: (mündlich) Teile von Mk 2,1-5(a).11(-12) (s. Abschnitt 27,3) und das sog. Wort vom Menschensohn.

Jeder dieser mündlichen Stationen ist ein unterschiedlicher »Sitz im Leben« zuzuordnen, was hier nicht mehr ausgeführt werden muß.

27.3 Die Wiege der erzählten Geschichte

In welchen Kreisen wurden nun die mündlichen Traditionen unserer Geschichte erzählt? Deutlich sind bestimmte Gruppeninteressen im Rahmen der Analyse der Formgeschichte hervorgetreten. Im Zentrum des Interesses derer, die das Streitgespräch einfügten, stand die Stellungnahme zu Auseinandersetzungen mit Gegnern. Denen, die das Wunder ohne Streitgespräch erzählten, liegt die Mission oder Verkündigung am Herzen. Mit beiden Aussagen haben wir also ein gewisses Gruppeninteresse vor uns. Genauere Angaben zu Gruppen innerhalb der Gemeinde, die im Hintergrund dieser Geschichte stehen, lassen sich zur Zeit an dieser Stelle nicht geben.

Stellen wir uns nun vor, Jesus hat einen Gelähmten geheilt. Dieses Ereignis ging von Mund zu Mund. Liegt in einem solchen Bericht schon ein missionarisches Interesse verborgen, so daß die Erzählung schon hier dem Jüngerkreis um Jesus zuzurechnen ist? Wenn heute von den wunderbaren Taten eines Menschen gesprochen wird, dann sind es kaum solche Interessen, die dahinter stehen, sondern einfach das Staunen derer, die das Unglaubliche weitersagen. Ist diese einfache Intention, die dazu trieb, die Geschichte weiterzuerzählen, noch hinter Mk 2,1-12 sichtbar? Wieweit lassen die Hinweise auf tatsächliche Begebenheiten rückschließen? Es ist deutlich, daß eine konkrete Situation ausgemalt wird. Es wird der gefüllte Raum sowie der gefüllte Platz vor der Tür geschildert, es wird die Sache mit dem Dach berichtet. Eine Heilungsgeschichte ließe sich auch, wie gesehen, ohne diese konkreten Hinweise erzählen. Aus den Konkretionen können zwei Schlußfolgerungen gezogen werden: (a) das Interesse, diese Heilung entweder in eine konkrete Situation hineinzuzeichnen oder (b) die Eigenart einer konkreten Situation mit aufzunehmen. Das heißt: Entweder ist die Konkretion sekundär (Dachaufbrechen usw.) oder traditionell.

Die Entscheidung für eine der beiden Alternativen hängt vom Weltbild des Exegeten oder der Exegetin ab. Also: Entweder liegt eine Skepsis gegen historische Begebenheiten in den Geschichten vor – dann werden diese Momente des Dachabtragens usw. als erzählerische Momente eingeordnet; oder es liegt ein gewisses Zutrauen zu dem Berichteten vor, dann wird ein historisches Moment dahinter gesehen.

28. Die Frage nach dem »Historischen Jesus«

Lesen Sie bitte noch einmal Abschnitt 13 bevor Sie hier weiterarbeiten!

28.1 Einleitung

In diesem Arbeitsschritt geht es darum herauszuarbeiten, ob die im jeweiligen Textabschnitt geschilderte Tat oder das berichtete Wort tatsächlich im Leben Jesu verankert werden kann. Wir haben diese Frage im Ansatz schon in Abschnitt 26 gestellt. Dort ging es allerdings darum festzustellen, ob ein Bericht Hinweise auf ein gewisses Alter enthält, also um die Frage, ob ein Bericht vor- oder nachösterlich ist. Hier geht es nicht um den Bericht, sondern um das faktische Ereignis, von dem berichtet wird. Es geht um die Frage, ob diese Tat tatsächlich durch Jesus gewirkt worden ist oder ob Jesus bestimmte Worte tatsächlich so gesagt haben kann.

28.2 Die Kriterien im Einzelnen an Mk 2,1-12 dargestellt

In Abschnitt 13 wurden unterschiedliche Kriterien genannt, mit deren Hilfe Taten und Worte, die in der Bibel Jesus zugeordnet werden, auf ihre Authentizität geprüft werden können. Im folgenden sollen diese Kriterien auf Mk 2,1-12 angewandt werden, soweit das sinnvoll erscheint.
Nach Mk 2,7 sagt Jesus: »Mein Sohn, deine Sünden sind dir vergeben.« Mk 2,8-11 sagt Jesus: »Was denkt ihr solches im Herzen? Was ist leichter, zu dem Gelähmten zu sagen: Dir sind deine Sünden vergeben, oder zu sagen: Steh auf, nimm dein Bett und geh umher? Damit ihr aber wißt, daß der Sohn des Menschen Vollmacht hat, Sünden zu vergeben auf Erden, sagt er ... Ich sage dir, steh auf, nimm dein Bett und geh heim.«
Hier wird deutlich, daß es unterschiedlich gelagerte Aussagen Jesu gibt. Einmal die, die in den Zusammenhang einer Heilung gehören. In den Wundern wird normalerweise ein Machtwort ausgesprochen. Solche Machtworte sind so allgemein, daß gar nicht danach gefragt werden muß, ob sie von Jesus stammen können oder nicht. Dann gibt es andere Worte, die nicht so allgemein sind. Dazu gehören: »Dir sind deine Sünden vergeben« und das Wort vom Sohn des Menschen. Dieses Wort wird sehr eng an das allgemeine Wort angehängt. Doch könnte es ein Wort Jesu gegeben haben, das lautete: »Der Sohn des Menschen hat Vollmacht, Sünden auf Erden zu vergeben«? (Wie z.B. Mk 2,28: »Der Sohn des Menschen ist Herr auch

über den Sabbat.«) Solch ein Wort Jesu, eingebettet in eine Geschichte, wird »Apophthegma« genannt.

(1) Das Kriterium der Sprache:
Der jüdische Stil der Rede in unserem Abschnitt spricht für aramäischen Ursprung. Es wird formuliert: Was ist leichter, zu sagen, dir sind deine Sünden vergeben oder zu sagen, steh auf ... Erkennbar ist hier die rabbinische Regel Qal wa-chomer (G. Stemberger, Einleitung in Talmud und Midrasch, München 1992$^{rev.8}$, 28), nach der das Leichtere zuerst, dann das Schwerere genannt wird. Jesus fomuliert hier nicht: Ich vergebe dir, sondern es wird passivisch formuliert: Deine Sünden sind vergeben. Dieses Passiv wird »Passivum Divinum« genannt. Weil der Name Gottes nicht ausgesprochen werden durfte, mußten im jüdischen Kontext Sätze, in denen Gott als Handelnder gedacht ist, indirekt formuliert werden. Allerdings verstehen die Schriftgelehrten der Geschichte die Vergebung als eine, die Jesus zuspricht. Außerdem wird in dem Menschensohn-Wort dem Menschensohn selbst die Vollmacht zugedacht, Sünden zu vergeben »auf Erden«. Das Wort »Menschensohn« ist dabei jüdischer Tradition entnommen. Ebenso spricht das Dach, das aufgebrochen wird, wohl für einen Ursprungsort der Geschichte im Vorderen Orient. Zu beachten ist zudem, daß die Frage der Sündenvergebung in der jüdischen Religion eine besondere Rolle spielte.

(2) Das Kriterium der Kohärenz und Konvergenz:
Die Sündenvergebung in Form eines Zuspruchs kommt in anderen Worten Jesu so nicht mehr vor. Lediglich Lk 7,57 ist von Sündenvergebung durch Jesus die Rede: Jesus vergibt der Sünderin, die ihm die Füße mit Tränen benetzt und gesalbt hatte. Dieser Bericht wird durch die Frage der Menschen abgeschlossen: Wer ist dieser, daß er Sünden vergibt?
Daß Jesus selbst Menschen von ihren Sünden befreit, ist also kaum überliefert. Im Umfeld der Verbreitung seiner Botschaft wird jedoch häufiger von Sündenvergebung gesprochen. So z.B. Mk 3,28: Alle Sünden und Lästerungen werden den Menschen vergeben – allerdings mit der Einschränkung: außer Sünden gegen den heiligen Geist. In Mk 11,25 wird jede Vergebung durch Gott an die Bedingung geknüpft, daß der Mensch den anderen auch vergeben soll. Entsprechend heißt es im Gebet Jesu (Lk 11,2ff.; Mt 6,9ff.): »vergib uns unsere Sünden; denn auch wir vergeben allen, die an uns schuldig geworden sind«. Ein zentrales Element der Botschaft Jesu ist die Verkündigung, daß Gott Sünden vergibt und nicht er selbst. Allerdings könnte die Sündenvergebung durch Jesus selbst darin intendiert sein, daß er mit Sündern Gemeinschaft hatte. Er wandte sich ihnen zu, er aß mit

ihnen, konnte sie als Beispiel nehmen, das den Gerechten vor Augen gehalten wurde (Lk 10,25ff.).
Wir kommen in der Frage aktiver Sündenvergebung durch Jesus also eher auf dem Hintergrund des Konvergenz- als auf der Basis des Kohärenzkriterium zu einem Ergebnis.
Wenn wir auch keine Stellen in den Synoptischen Evangelien kennen, in denen Jesus explizit Sünden vergibt, so gibt es doch Menschensohn-Worte. Oben wurde schon Mk 2,28 genannt. Aus der Quelle Q und Markus werden weitere Worte überliefert.

Aufgabe

Bitte nachschlagen: Mt 8,20 (par. Lk 8,58); Mt 11,18f. (par. Lk 7,33f.); Mk 9,31 (gekürzt: Lk 9,44); Mk 10,45. Späte Handschriften fügen an Mt 18,10 bzw. Lk 9,55f. an: »Des Menschen Sohn ist nicht gekommen zu zerstören, sondern zu retten« bzw. »Des Menschen Sohn ist gekommen das Verlorene zu retten«.

Daraus folgt, daß die Menschensohn-Worte als solche in der urchristlichen Tradition relativ verbreitet waren (nicht genannt wurden hier die Worte, die vom Menschensohn als zukünftig erwartete Figur sprechen). Während die genannten Worte die Niedrigkeit bzw. die Auseinandersetzung darstellen, wird in Mk 2,10 von Vollmacht gesprochen – ebenfalls jedoch in einem Zusammenhang, der Streit und Auseinandersetzung wiedergibt.
Der Streit um die Ursprünglichkeit solcher Menschensohn-Worte ist noch nicht geklärt und soll hier nicht im einzelnen dargestellt werden (vgl. Abschnitt 29.2.1.[7]).

(3) Das Kriterium der Differenz: Es ist kaum zu erheben, ob ein Wort der Sündenvergebung außer von Jesus auch von anderen Menschen gesprochen worden ist. Die Kennzeichnung eines solchen Redens Jesu als Gotteslästerung läßt es allerdings unwahrscheinlich erscheinen, daß auch andere sündenvergebend auftraten. Möglich wäre es, daß Priester am Tempel dem Sündenvergebung zusprachen, der im Tempel ein Opfer darbrachte. Allerdings ist das nicht nachzuweisen (vgl. H.-W. Kuhn, Ältere Sammlungen im Markusevangelium, Göttingen 1971, 56; O. Hofius, Vergebungszuspruch und Vollmachtsfrage. Mk 2,1-12 und das Problem priesterlicher Absolution im antiken Judentum, in: FS H.-J. Kraus, Wenn nicht jetzt, wann dann? Neukirchen-Vluyn 1983, 115-127). Die Johannestaufe ist offensichtlich mit einer Zusage der Sündenvergebung verbunden gewesen (Mk 1,4f.; vgl. Josephus, Jüdische Altertümer 18,5,2 [18,116ff.]). Evtl. könnte in Qumran das Reinigungsbad mit Sündenvergebung zu tun haben (1QS 3,4ff.). Das könnte bedeuten, daß Jesus das, was mit Johannes begonnen hatte –

Vergebung durch Taufe –, in veränderter Form weiterführte. (Vgl. Abschnitt 29.2.2.)

Daß die christliche Gemeinde vollmächtig Sünden vergeben hat – außer selbstverständlich, wenn einer dem anderen etwas zugefügt hat – ist kaum nachweisbar. Ein Indiz dafür könnte allerdings in Mt 18,18 vorliegen. Wenn von Vergebung der Sünden gesprochen wird, so ist weitgehend jedoch Gott derjenige, der vergibt (z.B. Röm 3).

(4) Das Kriterium der geschichtlichen Wirkung/Kriterium der Traditionskontinuität:

Wie konnte es dazu kommen, daß mit Jesu Tod die Sündenvergebung bzw. Rettung von Sünden verbunden wurde (Mt 26,28; Mt 1,21; Joh 1,29; Röm 5; Hebr 1,3)? Dieses Phänomen liegt wohl nicht allein im Kreuzestod als solchem begründet, denn der Kreuzestod mußte ja erst in diese Richtung verstanden werden. Nicht der Tod jedes Gekreuzigten wurde in den Zusammenhang der Sündenvergebung gestellt – sondern nur der Tod Jesu von Nazareth. Daß sein Kreuzestod so interpretiert werden konnte, liegt wohl einmal in der Tatsache, daß Jesus in zeitlicher Nähe zum Passafest hingerichtet worden war, verborgen (vgl. auch die sog. Einsetzungsworte Mk 14,22ff.): Wie das Volk vor dem Strafengel durch das Blut der Lämmer gerettet worden war (Ex 12f.), so die Gemeinde vor der Sündenstrafe durch das Blut Jesu. Daneben ist wohl besonders wichtig, daß für Jesus die Annahme der Sünder durch Gott von grundlegender Bedeutung war. Diese Vergebung gewährte Gott, wenn der Mensch um Sündenvergebung bat (vgl. Lk 15; 18,9ff.) und wenn er anderen die Sünden vergeben hatte. Darum konnte Jesus mit den Sündern speisen, konnte mit ihnen die Herrschaft Gottes erwarten.

Anders die Menschensohn-Worte. Sie spielten nur eine zeitlich begrenzte Rolle. Jesus wurde zwar als der kommende Menschensohn erwartet usw., doch hat dieses Wort in der heidenchristlichen Gemeinde an Bedeutung verloren. Im Neuen Testament kommt es nur in den Evangelien und in Apg 7,55 und der Apk Joh vor.

Wunder haben in der Gemeinde noch lange eine Rolle gespielt, wenn an 2 Kor 12,12 oder 1 Kor 12,9 an die Apostelgeschichte, die Evangelien selbst und die Gemeinde des 2./3.Jh. gedacht wird. Das spricht für Traditionskontinuität.

Aufgabe

Bitte die weiteren Kriterien selbst an Mk 2,1-12 anlegen (vgl. Methodenblatt VII).

28.3 Fazit

Einige Beobachtungen sprechen also dafür, daß uns in Mk 2,1-12 authentisches Material vorliegt, daß Jesus also die Sünden vergeben und das Menschensohn-Wort gesprochen hat. Dennoch: Könnte es nicht sein, daß das Sündenvergebungswort Folge der Wirkungsgeschichte ist? Das bedeutet: Weil Jesus Sünder annahm und Wert darauf gelegt hat, daß die Menschen einander vergeben – kann darum nicht die Gemeinde als Wiederspiegelung der Intention Jesu das Wort geprägt haben? Weil Jesus sich als Menschensohn gesehen hat – kann darum nicht auch durch die späte Gemeinde dieses Menschensohn-Wort als Lehre besonders einprägsam formuliert worden sein? Das Fazit mit dem skeptischen Ausblick weist darauf hin, wie sehr unser ausgeklügeltes System im Entscheidenden auf der Strecke bleibt.

Somit sind diese Kriterien nicht mehr als ein Versuch, der folgendermaßen charakterisiert werden kann: Es werden Mosaiksteinchen zusammengetragen, die historisches Geschehen belegen sollen. Viele Exegetinnen und Exegeten stehen auf der Mauer, die uns von der Vergangenheit trennt, und diskutieren das Gesehene. Die Diskussion ist notwendig: Das Auge kann täuschen, die Interpretation ist subjektiv. Das bedeutet nicht: Sie zogen los mit Schwertern und Stangen, um den historischen Jesus zu fangen (nach K. Barth, How my mind has changed, III), sondern es geht darum, den, den wir im Glauben kennen, besser als historische Person kennenzulernen – bzw. umgekehrt: Der auferstandene Jesus ist auch der vorösterliche Jesus.

29. Traditionsgeschichte

Bevor Sie an dieser Stelle weiterarbeiten, bitte Abschnitt 14 noch einmal durchlesen!

29.1 Einleitung

Die traditionsgeschichtliche Analyse geht den vom Text aufgenommenen Traditionen nach. Sie untersucht (a) einzelne Worte, (b) einzelne Begriffskombinationen und (c) einzelne Formeln. Sie fragt (d) nach der Herkunft der jeweiligen herangezogenen Gattung.
In Rahmen der Semantischen Analyse wurden schon einzelne Worte untersucht – allerdings auf der synchronen Ebene. Es wurde also danach ge-

fragt, wie Markus ein bestimmtes Wort verstanden hat. Dieses Verständnis wurde durch die Erhebung der jeweiligen Wortfelder im Markusevangelium gewonnen. In der traditionsgeschichtlichen Analyse wird auf der diachronen Ebene gearbeitet, d.h. es geht um das Verständnis einzelner Worte, Begriffskombinationen, Formeln oder der Gattung des Textes in der Umwelt. Dabei richtet sich der Blick nicht allein auf das Verständnis bei Juden und Heiden, sondern auch auf Beeinflussungen des Textes durch die christlichen Gemeinden. Beantwortet werden sollen mit dieser Analyse letztlich zwei Fragen: (a) Wie haben die heidnischen, jüdischen und christlichen Zeitgenossen die jeweiligen Sachverhalte verstehen können? Daraus folgt (b): Unterscheidet sich das Verständnis der christlichen Gruppe vom Verständnis, wie es in der Umwelt dieser Gruppe existierte – anders gefragt: Hat die christliche Gruppe hier eine Sondersprache entwickelt?

29.2 Die Bedeutung der Traditionsgeschichte für Mk 2,1-12

29.2.1 Wortuntersuchung

Wir untersuchen zunächst einige ausgewählte Worte auf ihre Bedeutung. Diese Auswahl ist subjektiv. Man sollte aber versuchen, eine gewisse Bandbreite der Analyse zu erreichen, um zu einem vertieften Verständnis des Textes zu gelangen. Unter den jeweiligen Themenblöcken wird im folgenden angegeben, mit welchen Hilfestellungen die Interpretationen erarbeitet werden können.

(1) »Gelähmter« (παραλυτικός):
Es wird schon am Kontext deutlich, daß es sich um einen Menschen handelt, der nicht gehen kann, so daß er getragen werden muß. Auch wenn das Wort »Gelähmter« einen weiten Bedeutungsumfang hat, so ist dieser in Mk 2,1-12 doch wohl nicht auf den Sachverhalt »Nicht-Gehen-Können« einzugrenzen. Abschnitt 26.3.1 wurde kurz darauf hingewiesen, daß in den Berichten von den Wundern am Heiligtum von Epidauros meistens von Teillähmungen (der Hand, des Knies) gesprochen wird – ohne daß der hier verwendete Begriff Anwendung findet. Hier könnte darum eine Ganzlähmung angesprochen sein.
Wodurch diese Lähmung hervorgerufen wurde, wird nicht gesagt. Es gibt Erzählungen, die Lähmung als Strafe einer Gottheit darstellen. Der Gelähmte weigert sich, einen Auftrag der Gottheit auszuführen. Nachdem er gelähmt worden ist, führt er den Befehl aus und wird geheilt (s. Livius, Römische Geschichte 2,36,5ff.). Es ist aber fraglich, ob diese Tradition hier hineingelesen werden darf, vor allem, weil von einem Auftrag und von der Ausführung des Auftrags keine Rede ist. Deutlich ist nur, daß Jesus durch die Anrede »Kind« (s.u.) und durch Sündenvergebung (selbstverständlich auch durch das wunderentsprechende Machtwort) diese Lähmung aufhebt.

(2) »Trage« (κράβ[β]ατ[τ]ος):
Es wird schon aus dem Kontext deutlich, daß es sich um etwas handeln muß, auf dem ein Mensch liegt, mit dem ein Mensch transportiert werden kann (vgl. Mk 6,55; Joh 5,8ff.). Laut Bauer/(Aland) bedeutet das Wort »das Bett des kleinen Mannes«. In der Konkordanz von Denis wird unter diesem Stichwort auf die antike Schrift »Testament Hiobs« verwiesen: 18,3; 25,8; 32,4. Aus diesen Stellen geht hervor, daß die Interpretation »Bett des kleinen Mannes« nicht unbedingt zutrifft. Auch der reiche Hiob besitzt ein »Krabaton«. Wie aus dem Kontext der genannten Stellen zu erheben ist, liegen die Menschen auf diesen Gegenständen, die vergoldet oder versilbert sein können, um Mahlzeiten einzunehmen. Aesop sagt, daß das Hündchen eines Schmieds seine Tage schlafend auf dem »Krabaton« verbringt (Fabeln 413 H) und Lucian berichtet, daß der von einer Schlange Gebissene auf dem »Krabaton« vom Feld getragen wird (Philops. 11).
Für unsere Stelle folgt aus diesen Beobachtungen, daß es sich bei einer »Trage« wohl um einen Gegenstand handelt, auf dem Menschen schliefen, Mahlzeiten einnahmen – aber auch herumgetragen werden konnten usw. Das Ergebnis ist insofern interessant, als es unsere Assoziation sofort verändert. Wir stellen uns nicht mehr eine »Rot-Kreuz-Trage«, sondern eher ein Tuch, eine Art Gebrauchs-Teppich vor. Unser Bild von der Geschichte wird »orientalischer«.

Zur Klärung dieses Wortes ist das Wörterbuch von Bauer/(Aland) und die Konkordanz von Denis herangezogen worden.

(3) »Glaube« (πίστις):
Was genau mit diesem Wort gemeint ist, ist aus dem Kontext nicht zu erheben. Es kommt allerdings in christlichen Texten häufiger vor – und zwar in der Verbindung mit dem Wort: geholfen/gerettet/bewahrt (σψζω) (Mk 5,34; 10,52; Lk 7,50, der Text [des Sondergutes?], der das Wunder der Sündenvergebung ausspricht). Auch wird das Wort der Angst gegenüber (Mk 5,36). In Mk 6,6 wird berichtet, daß Jesus sich über den Unglauben der Menschen wunderte, darum kaum Heilungen vollbringen konnte. Im Wunder Mk 9,14ff. fordert Jesus Glauben, doch kann der Bittsteller nicht glauben, sondern ruft aus: »Ich glaube, hilf meinem Unglauben«. Glauben und Unglauben müssen einander offenbar also nicht ausschließen. Jesus antwortet: »Alles kann, wer glaubt«.
In der Quelle Q wird das Wort »Glaube« Mt 8,10/Lk 7,9 auch im Zusammenhang eines Wunders gebraucht: Jesus ruft angesichts des Zutrauens eines Heiden aus, daß er solchen Glauben in Israel nicht gesehen habe.
Im Rahmen heidnischer Wunderberichte ist das Wort nach G. Theißen, Urchristliche Wundergeschichten, Gütersloh 1990[6], 133ff. nicht besonders häufig. Die Verbindung »Glaube« und »Rettung« findet sich im Alten Testament – und zwar in der Septuaginta – nur im 1. Makkabäerbuch 2,59. Dort wird an die Geschichte von den drei Männern im Feuerofen erinnert, die in Daniel 3 erzählt wird. Diese Männer wurden vom Herrscher in einen glühend heißen Ofen geworfen. Doch sangen sie ein Preislied zu Ehren Gottes und wurden vor dem Tod bewahrt. Dieses Vertrauen auf Gott wird an der genannten Stelle »Glauben« genannt, durch den die Männer aus der von Menschen verursachten Flammenhölle gerettet wurden.

Glaube ist in christlichen Wundertexten ein bevorzugtes Wort. Es kann dem christlichen Kult, der christlichen Missionspredigt kaum entnommen sein, da es in oben genannter Weise nur in Wundern vorkommt. »Glaube« in Verbindung mit »Rettung« wird selten auch außerhalb der Evangelien im Neuen Testament in einen Zusammenhang gebracht. In Röm 10,9; 1 Kor 1,21; Eph 2,8; Jak 5,15 beispielsweise hat das Wort »Rettung« einen ganz anderen Sinn bekommen als in den Wundern. Es bedeutet Rettung vor dem ewigen Tod zu einem ewigen Leben. Einzig der Text von Jakobus kommt dem Wunderverständnis der Evangelien nahe. Diese Wortkombination kommt also nicht häufig – und dann noch in variierendem Sinn – vor.

Was bedeutet nun das Wort »Glaube«? Es ist nicht der Glaube an den Wundertäter, an den Sohn Gottes usw., den Jesus hier Glauben nennt, sondern gemeint ist die Treue, die Gewissenhaftigkeit – vielleicht umschrieben mit: der Eifer, der Mut – Hindernisse, die auf dem Weg zu Jesus begegnen, zu überwinden – denn es wird dann häufig verwendet, wenn Menschen besondere Hindernisse auf dem Weg zu Jesus überwunden haben. (Gemeint ist also nicht allein das Kommen zu Jesus, sondern die Hartnäckigkeit, sich auf dem Weg zu ihm von Hindernissen nicht unterkriegen zu lassen.)

Selbstverständlich wird das Wort in der christlichen Tradition auch als »Glauben an ...« gebraucht. Dieses allgemeine Verständnis ist vermutlich in der Wundergeschichte Lk 17,19 zu erkennen. Denn hier ist von der Überwindung eines Hindernisses nicht die Rede (ebenso auch in der Veränderung von Mk 2,1-12 durch Matthäus). D.h., daß das Verständnis von »Glauben« in den Wundern älter zu sein scheint, als z.B. die Verwendung, die in den Paulusbriefen mit »Glauben an ...« gekennzeichnet werden kann. Liegt hier jesuanische Intention vor? (Hebr. und aram. bedeutet das Wort für Glaube auch Zuverlässigkeit, Treue, Festigkeit). Dieses Wort »Glaube« hat dann in der christlichen Religion eine besondere Bedeutung erlangt.

Das bedeutet für Mk 2,1-12: Der Hinweis auf den Glauben in einem Wunder – im genannten Sinn – war für die jüdischen und heidnischen Zeitgenossen neu. Die christliche Gemeinde späterer Zeit hat darunter eher den »Glauben an ...« Jesus verstanden, der als Sohn Gottes von Gott die Vollmacht bekommen hatte zu heilen. Das in der Umwelt wenig verwandte Wort »Glaube« konnte somit von der neu entstandenen christlichen Gruppe aufgenommen und neu interpretiert werden. Als solches hat es dann seine Karriere begonnen.

Das Ergebnis ist mit Hilfe von Konkordanzen (Schmoller; Hatch-Redpath), mit Hilfe von exegetischen Wörterbüchern (ThWNT) sowie Monographien zum Thema Wunder (Theißen) erarbeitet worden – eigene Überlegungen bilden das Zentrum.

(4) Anrede »Kind« (τέκνον):
Im Sondergut Mt 21,28 sowie im Sondergut Lk 15,31 spricht ein Vater seinen Sohn auf diese Weise an, Lk 2,48 spricht Maria ihren Sohn Jesus so an. Wir finden in diesen drei Beispielen den üblichen, ein Familienverhältnis ausdrückenden Gebrauch.
Abraham nennt im Gleichnis vom armen Lazarus und dem Reichen (Lk 16,25) den letztgenannten »Kind«. Lk 16,25 weist damit darauf hin, daß alle Juden Kinder Abrahams sind.

Paulus spricht die Galater mit »meine Kinder« an, was aus dem Kontext heraus metaphorisch zu verstehen ist: Er kann auch sagen, daß er die Galater erneut gebären müsse (4,19).
Wie das Wörterbuch von Bauer/Aland zeigt, kann ein Lehrer-Schüler-Verhältnis im Wort »Kind« seinen Ausdruck finden. Das ist im Alten Testament z.B. Ps 34,12 der Fall: Dort sagt der Weisheitslehrer: »Kommt, Kinder, hört mir zu ...« (vgl. auch Paraleipomena Jeremiou 5,30). Mk 10,24 werden die Jünger auf diese Weise von Jesus angeredet.
Mk 5,34 wird die geheilte Frau mit »Tochter« (im Zusammenhang Glauben wie in Mk 2) angeredet, Mk 5,41 wird das Machtwort an das Mädchen mit der Anrede »Mädchen« ausgesprochen.
Zugehörigkeit zur Stadt signalisiert Lk 23,28, wenn Jesus die angeredeten Frauen »Töchter Jerusalems« nennt.
Das Wort kann auch als vertrauliche Anrede herangezogen werden (vgl. Achilles Tatius 8,4,3).
All das bedeutet für das Verständnis unseres Textes: Soweit das Wort nicht direkt Kindschaft und Zugehörigkeit ausdrückt, spricht es entweder Schüler an oder spricht zu der angeredeten Person in vertraulichem Ton. Es wird in Mk 2,5 deutlich, daß hier eine besondere Zuwendung Jesu zu dem Kranken, dem die Sünden vergeben werden, signalisiert werden soll. Auf diese Weise dürften auch die Zeitgenossen derer, die den Text weitererzählten, den Text verstanden haben.

| Dieses Ergebnis wurde mit Hilfe des Wörterbuches von Bauer/Aland und mit Hilfe der Konkordanz (Schmoller) erarbeitet.

(5) »Schriftgelehrte« (γραμματεύς):
Die Bezeichnung Schriftgelehrte kennzeichnet im jüdischen Bereich eine Gruppe, die sich mit dem Gesetz beschäftigt. Die Aufgabe der Schriftgelehrten bestand darin, Kinder im Gesetz zu unterrichten, als juristisch gewandte Personen bei der Rechtsprechung mitzuwirken sowie die Gesetzesauslegung weiterzuführen. D.h. sie waren Lehrer in den Lehrhäusern.
Auch in Jerusalem bildeten die Schriftgelehrten im Synhedrium eine eigene Gruppe. Nach Markus waren sie bzw. ihre Kollegen aus Jerusalem zusammen mit dem Hohepriester die Hauptgegner Jesu.
Als »Schriftgelehrter« wird nach dem Wörterbuch von Bauer/Aland im heidnischen Bereich ein hoher ephesianischer Beamter bezeichnet. Allerdings kommt das Wort nach dem genannten Wörterbuch auch sonst seit Thukydides und Xenophon vor (ohne nähere Angaben). Genauere Angaben bietet der »Kleine Pauly«. Hier wird das Stichwort »Grammateis« unter Hinweis auf Verwaltungsspezialisten erläutert, die Schreiben konnten bzw. Sklaven besaßen, die schreiben konnten.
Für unsere Frage, wie die Zeitgenossen derer, die den Text weitererzählt haben, das Wort verstehen konnten, bedeutet dieser Befund, daß Juden – und wohl nicht nur Juden aus dem Gebiet des heutigen Israel, sondern auch aus der Diaspora – mit diesem Wort etwas Konkretes verbinden konnten. Anders Heidenchristen: Wenn diese nicht mit Juden in intensivem Kontakt standen, mußte ihnen das Wort in Verbindung mit einer religiösen Gruppe unbekannt sein. Wenn überhaupt kannten sie unter dem

Begriff »Grammateis« nur hohe, staatliche Beamte, und es mußte sie vielleicht erstaunen, daß sich diese mit solchen religiösen Fragen beschäftigten. Weil es sich mit Mk 2,1-12 um die erste Erwähnung dieser Gruppe im Markusevangelium handelt, konnten Heidenchristen nur verstehen, daß Schriftgelehrte Menschen sind, die gegen die Aussage Jesu (»dir sind deine Sünden vergeben«) opponierten. Diese Beobachtung weist darauf hin, daß die Entstehung dieses Textes im jüdischen Bereich lokalisiert werden muß.

Diese Angaben wurden aus dem Markus-Kommentar von Gnilka entnommen. Ebenso weisen Conzelmann-Lindemann und andere Werke, die das Judentum zur Zeit Jesu beschreiben, auf die unterschiedlichen Gruppen hin. Darüber hinaus wurde der »Kleine Pauly« herangezogen.

(6) »Blasphemie« (βλασφημέω):

Das Wort fand in der Antike nicht allein im religiösen Bereich Verwendung, sondern bedeutet allgemein: »Schmähsucht, Schmährede, üble Nachrede«; das Verb bedeutet: »verleumden, verunglimpfen« – sowohl von Menschen als auch von Gott. Das Wort wurde religiös und profan im jüdischen wie im heidnischen Bereich verwandt. Das Wörterbuch von Bauer/Aland nennt für den religiösen Bereich Beispiele:

Ps.-Plato, Alcibiades II p 149C: Götter verwerfen Opfer, die mit lästerlichen Gebeten dargebracht wurden; Diodorus Siculus 2,21,7: Jeder fürchtet den Herrscher wie eine Gottheit; weil sie ihn fürchteten, zeigten sie keine Respektlosigkeit durch Schmährede; Menander Frg 715 (Kock): Wer seinen Vater schmäht, schmäht die Gottheit; als jüdische Beispiele: Philo, spec.leg. 1,53: Gottheiten, die von anderen Städten verehrt werden, sollen nicht geschmäht werden; Philo, leg. ad Gai. 368: Caligula lästerte Gott; als alttestamentliche Beispiele: Ez 35,12: Eine Schmähung der Feinde Israels gegen Israel wird von Gott geahndet. 1Makk 2,6: Sabbat-, Opfer- und Tempelentweihung usw. wird Gotteslästerung genannt – darum führten diese zum Aufstand der Juden gegen die heidnischen Besatzer. 2Makk 8,4: Heidnische Gegner haben durch ihr Tun Gott gelästert – was Gott rächen möge (ähnlich 15,24); 10,35: Als zwanzig Männer die Lästerungen hörten, gerieten sie in Zorn und schlugen bei der Eroberung einer Stadt jeden nieder, der sich ihnen in den Weg stellte.

Gotteslästerung galt also sowohl im heidnischen als auch im jüdischen Bereich als schlimmes Vergehen, auf das entweder die Gottheiten/Gott selbst mit schlimmster Strafe reagierte/n oder das die Menschen an Stelle der Gottheiten/Gottes mit Sanktionen bis hin zur Hinrichtung bestraften. Interessant ist dabei vor allem, daß die christliche Gemeinde diesen scharfen Vorwurf überliefert hat. Wurde auch ihr dieser Vorwurf gemacht?

Dieses Ergebnis wurde mit Hilfe des Wörterbuches von Bauer/Aland erarbeitet.

(7) »Sohn des Menschen« (υἱὸς τοῦ ἀνθρώπου):
Vom Menschensohn ist in den Evangelien in dreifacher Weise die Rede: Gesprochen wird (a) vom Kommen des Menschensohnes; (b) vom Leiden des Menschensohnes und (c) vom Wirken des Menschensohnes. Im Munde Jesu ist vom Menschensohn immer nur in der 3. Person Singular die Rede. Jesus sagt nicht: »Ich bin der Menschensohn«, sondern, wie in unserem Text: »Der Menschensohn hat Vollmacht ...« Auch sagt niemand zu Jesus: »Du bist der Menschensohn«, und auch in den Briefen des Paulus wird nie von Jesus als dem Menschensohn gesprochen. Apg 7,56 wird der Auferstandene neben Gott als Menschensohn geschaut – als himmlischer Menschensohn auch in Apk Joh 1,13; 14,14. Hebr 2,6 wird Ps 8,5-7 auf Jesus übertragen. »Besondere Aufmerksamkeit erregte Lk 12,8: ›Wer mich bekennt vor den Menschen, den wird auch der Menschensohn bekennen vor den Engeln Gottes.‹ Denn hier treten das redende Ich Jesu und der Menschensohn auseinander, als handelte es sich um zwei verschiedene Personen« (Gnilka, Jesus von Nazaret, Freiburg u.a. 1993, 261).
In der Forschung ist umstritten, ob Jesus selbst vom Menschensohn gesprochen hat, wenn ja, ob er sich selbst meinte oder von jemandem anderen spricht, wieweit die Bezeichnung Menschensohn titular gebraucht worden ist oder einfach eine Umschreibung für das Wort »Mensch« darstellt. (Dazu s. V. Hampel, Menschensohn und historischer Jesus, Neukirchen-Vluyn 1990.) Entsprechend kann vorläufig festgehalten werden, daß die Zeitgenossen Jesu – wie wir heute – diese Rede vom Menschensohn kaum einordnen konnten.
Wo kommt das Wort vom Menschensohn noch vor? Auch hier weist das Wörterbuch von Bauer/Aland auf Texte der Umwelt hin. So wird es vor allem in apokalyptischen Texten gebraucht (zur Apokalyptik vgl. Abschnitt 30). Wie Daniel 7,13 oder der äthiopische Henoch (eine apokalyptische Schrift) 46-48 zeigen, bezeichnet es ein himmlisches Wesen, das in der Endzeit hervortreten und auf der Erde Gottes Willen durchsetzen wird. Ebenso auch 4. Esra 13,3; 51f.
Zeitgenossen konnten also dieses Wort vom Menschensohn möglicherweise unterschiedlich verstehen: (a) Jesus nennt sich »Mensch«; (b) Jesus meint mit diesen Worten: »Ich«; (c) Jesus versteht darunter sich als der verheißene Mensch, der Gottes Willen durchsetzt; (d) er meint jemand anderes. Ich denke, daß es an dieser Stelle nicht wichtig ist, sich zu einer Entscheidung durchzuringen bzw. umgekehrt: Ich denke, daß jede einseitige Interpretation den Texten nicht gerecht wird. Wenn dieses Wort denn von Jesus selbst gesprochen worden ist, dann hat er dieses »Rätselwort« nicht umsonst gebraucht. Er sagt damit, wer er ist, und sagt es zugleich wiederum nicht. Allerdings wird in unserem Text (a) auszuschließen sein, weil es hier eben nicht darum geht, daß jeder Mensch Sünden vergeben kann.

> Dieses Ergebnis wurde neben der Berücksichtigung eigener Beobachtungen mit Hilfe von allgemeiner Sekundärliteratur (Gnilka) und spezieller Monographie (Hampel) sowie mit Hilfe des Wörterbuches von Bauer/Aland erarbeitet.

(8) »Außer-sich-sein« (ἐξίστημι):
Dieses Wort bedeutet: »verändern, in einen anderen Zustand versetzen, von Sinnen sein; aus der Fassung bringen, verwirren, um den Verstand kommen, außer sich geraten«. In Euripides, Bacchen 850 (worauf das Wörterbuch von Bauer/Aland verweist)

wird die Gottheit von den Bacchen (Anhängerinnen des Dionysoskultes) gebeten, daß einem Mann, der religiös abgeirrt ist, der Verstand verwirrt werden solle. Xenophon, Erinnerung an Sokrates 1,3,12 spricht von dem Spinnenstich, der Menschen den Sinn verwirrt. Das Wort wird jedoch auch in anderem Sinne verwandt: Wenn Menschen über irgendetwas, das ihnen rätselhaft vorkommt, erstaunen, geraten sie außer sich. Die Brüder des Joseph wundern sich, daß sie in der Reihenfolge ihres Alters entsprechend an den Tisch gesetzt werden – denn woher sollte jemand im fremden Ägypten ihr Alter kennen (Gen 43,33)? In Ruth 3,8 ist der erwachende Boas darüber erstaunt, daß zu seinen Füßen eine Frau liegt. Mit denselben Worten, wie sie in Mk 2,1-12 gebraucht werden, gerät der blinde Isaak außer sich, als er merkt, daß ihn sein zweitgeborener Sohn überlistet hat (Gen 27,33).

Was bedeutet dieser Befund für unsere Stelle? Das »Außer-sich-sein« ist nicht mit einem festen Wortfeld oder Ereignis verbunden. Immer, wenn Menschen überrascht werden, sind sie erstaunt. Häufig findet sich dieses »Außer-sich-sein« in negativer Bedeutung.

| Dieses Ergebnis wurde mit Hilfe des Wörterbuches von Bauer/Aland erarbeitet.

29.2.2 Untersuchung von Begriffskombinationen

Folgende Kombination soll untersucht werden: »Vergebung der Sünden«.

Mit Hilfe der Konkordanz von Denis ist zu erkennen, daß die Wortverbindung »Vergebung der Sünden« in verschiedenen außeralttestamentlichen jüdischen Schriften vorkommt. Zunächst ist das Testament Hiobs (1.Jh.v.-2.Jh.n.Chr.?) zu nennen. Dort heißt es 42,8, daß ein Opfer dargebracht worden sei und der Herr dieses Opfer angenommen und die Sünde vergeben habe. Die Apokalypse des Sedrach (2.-5.Jh.n.) weiß um Sündenvergebung durch Gott nach Tagen der Buße. Im Testament Abrahams (90-120n.Chr.) wird dem Abraham die Sünde vergeben, die darin bestand, daß er so penetrant um Rettung der Stadt gebeten hatte, die Gott vernichten wollte (1,14,14). In der Schrift Joseph und Aseneth weiß Aseneth als Heidin, daß Gott ihr die Sünden vergeben, wenn sie bittend zu ihm kommt. Im Wörterbuch von Bauer/Aland wird noch auf Philo, Mos. 2,147 hingewiesen: Nach weihevoller Ausführung dieser Handlung befiehlt er (sc. Mose) ein Kalb und einen Widder zu bringen, jenes, um es zur Vergebung der Sünden zu opfern, womit er andeutet, dass jedem Geborenen, auch wenn er tugendhaft ist, dadurch daß er zur Geburt gekommen, das Sündigen angeboren ist, wofür man die Gottheit durch Gebete und Opfer gnädig stimmen müsse, damit sie nicht zürnend strafe (Übersetzung s. Ausgabe Cohn u.a.); spec.leg. 1,215.237: Versöhnung mit den Menschen und dann Bitte zu Gott, das Vergehen zu vergeben. Beide Stellen weisen auf den Tempel als Ort der Vergebung; Josephus, bell. 1,481: Herodes sicherte seinen Söhnen Vergebung der zuvor begangenen Sünden zu (vgl. Röm 3), wenn sie sich in Zukunft bessern würden.

In alttestamentlichen Schriften wird das, was wir »vergeben« nennen, unterschiedlich ausgedrückt. Zu nennen sind: Sünden »fern sein lassen«, nicht mehr der Sünden gedenken; sühnen, wegwischen, von Sünden reinigen und sie aufheben.

Wie die Apostelgeschichte des Lukas zeigt, wurde in der christlichen Gemeinde die Sündenvergebung mit der Taufe verbunden (Apg 2,38). Jesu Tod wird als Grund für die Sündenvergebung angesehen (Apg 5,31). Interessant ist noch Apg 10,43, weil hier die Verbindung zum Glauben hergestellt wird: »Von diesem (sc. Jesus) bezeugen alle Propheten, daß durch seinen Namen alle, die an ihn glauben, Vergebung der Sünden empfangen sollen« (vgl. auch 13,38). In Apg 26,18 wird Umkehr als Bedingung zur Sündenvergebung genannt. Der Brief an die Kolosser hält fest, daß wir in Christus die Erlösung haben, weil die Sünden vergeben worden sind usw.
Vergebung durch Menschen findet sich, nach dem Wörterbuch von Bauer/Aland schon bei Herodot 6,30 u.a.. Weil dieser Gebrauch häufig ist, sollen nicht weitere Stellen zitiert werden.

Für Mk 2,1-12 folgt aus diesem Befund: Jesu Vergebung der Sünden könnte zunächst als die Vergebung verstanden werden, die ein Mensch dem anderen gewähren kann. Allerdings ist dieses Verständnis in zweifacher Hinsicht auszuschließen: Einmal scheint Jesus den Gelähmten nicht zu kennen, zum anderen verbinden die Schriftgelehrten die Sündenvergebung – auch durch das Passivum Divinum angezeigt – sofort mit Gott. Wie an den genannten Stellen aus jüdischen Schriften sichtbar geworden ist, konnte ein kultischer Akt zur Vergebung der Sünden führen, war jedoch nicht unbedingt notwendig, um Sündenvergebung zu erlangen. Gerade in der Diaspora bzw. in der Zeit nach der Zerstörung des Tempels genügte auch das Bußgebet (s. Joseph und Aseneth). Weil Mk 2,1-12 jedoch kaum in der Diaspora entstanden ist, wie wir schon sahen, könnte die hier beschriebene Form zusprechender Vergebung ohne kultischen Akt darauf verweisen, daß Galiläa – die Grenze zwischen heidnischem und jüdischem Gebiet – der Ursprungsort der Geschichte ist. Kapernaum ist dann aber nah genug an Jerusalem gelegen, so daß sich der Gelähmte hätte dorthin tragen lassen können. Darum ist wohl die Empörung der Schriftgelehrten unseres Textes so groß: Sie erwarten, daß das religiöse Gesetz eingehalten werde. Fromme haben also diese Empörung nachvollziehen können. Die Gemeinde hat gesehen, daß der, der zur Sündenvergebung am Kreuz starb, daß der, in dessen Namen die Glaubenden getauft wurden, wodurch ihre Sünden vergeben wurden, auch als Mensch »auf Erden die Vollmacht hatte, Sünden zu vergeben«.

― *Aufgabe* ―――――――――――――――――――――――
Welche Intention vertritt das »Theologische Wörterbuch zum Neuen Testament« in dem Art. ἀφίημι κτλ. auf den Seiten 506f.?

30. Religionsgeschichte

Bevor sie hier weiterlesen, bitte noch einmal Abschnitt 15 anschauen!

30.1 Einleitung

Während die traditionsgeschichtliche Analyse z.B. einzelne Worte eines Textes untersuchte und damit die Bedeutung seines Inhalts für die Zeitgenossen derer, die den Text formulierten, erwogen hatte, untersucht die religionsgeschichtliche Analyse den Hintergrund des Textes über den reinen Textbestand hinaus. Es geht hier um die Bestimmung der religiösen Gruppen, die hinter Traditionen eines Textes stehen können. Wie die Überlieferungskritik und die Frage nach dem historischen Jesus über den Text hinaus den Ursprung des Textes in den Blick bekamen, so geht auch die Religionsgeschichte über den Text hinaus und möchte die religiösen Verflechtungen der jeweiligen Gruppe, in der ein Text entstand, mit anderen Gruppen erarbeiten. Autoren neutestamentlicher Texte stehen vor allem in jüdischer Tradition, dennoch ist auch die heidnische Tradition nicht zu vernachlässigen, weil sie in deren geistesgeschichtlichem Horizont lebten und ihre Texte auch aus diesem Horizont heraus rezipierten. Abgesehen davon lebte ihre jüdische Tradition zum großen Teil in diesem Horizont. Die folgende Skizze nennt ausgewählte neutestamentliche Texte, die einen Anklang an die jeweils vorgestellte Religion bzw. religiöse Strömung aufweisen; sie bietet darüber hinaus den ein oder anderen Hinweis auf Quellentexte wie auch auf Sekundärliteratur.

| Zur Vertiefung heidnischer/paganer Religion sei besonders auf die zwei Bände von H.-J. Klauck, Die religiöse Umwelt des Urchristentums, Stuttgart u.a. 1995/1996 (Studienbücher Theologie 9) hingewiesen.

30.2 Die religionsgeschichtliche Frage im Zusammenhang von Mk 2,1-12

Im Rahmen der traditionsgeschichtlichen Untersuchung wurden schon einzelne Worte und ihre Bedeutung untersucht. Dieselben Begriffe können auch bei der Bearbeitung der religionsgeschichtlichen Fragestellung wieder in den Mittelpunkt gestellt werden, wobei hier jedoch nicht nur nach der Bedeutung des jeweiligen Begriffes gefragt, sondern der gesamte Hintergrund beleuchtet wird. Im einzelnen bedeutet dies z.B. für Mk 2,1-12:

(1) Hier wird nicht nur nach der Bedeutung des Wortes »Sünde« gefragt, sondern danach wie insgesamt mit dem Phänomen »Sünde« im historisch-kulturellen Raum des Textes umgegangen wurde. Dazu wird nicht allein das Wort »Sünde« untersucht, sondern auch damit zusammenhängende Worte wie »Vergehen«, »Schuld« und man fragt vor allem danach, in welchen Religionen oder religiösen Strömungen dieses Phänomen eine besondere Rolle spielte und wie Menschen dieser Religionen damit umgegangen sind.

(2) Hier wird nicht allein nach der Bedeutung des Wortes »Menschensohn« gefragt, sondern auch danach, in welcher religiösen Strömung es verwendet wurde.

(3) Es wird hier nicht allein die Gattung »Wunder« untersucht, sondern auch die Frage gestellt: Gab es Religionen, religiöse Strömungen, in denen Wundererzählungen von besonderer Bedeutung waren? Gab es religiöse Strömungen, in denen Wundertätern ein besonderes Gewicht zugemessen wurde?

Bevor diese Aspekte vertieft werden, sollen Religionen aus der Umwelt des frühen Christentums in aller Kürze vorgestellt werden.

30.3 Religionen und religiöse Strömungen

Es ist an dieser Stelle selbstverständlich nicht möglich, antike Religionen und religiöse Strömungen in aller Ausführlichkeit darzustellen. Ich beschränke mich auf einen Kurzüberblick.

30.3.1 Religionen griechisch-römischer Kultur

30.3.1.1 Allgemeine Religiosität

Die heidnische Religiosität des griechisch-römischen Raumes war geprägt von Vielfalt. Verehrt wurden zum einen die großen Gottheiten (z.B. Zeus), sodann gab es die jeweiligen Lokalgottheiten, die von einzelnen Dörfern, Städten, von Landschaften usw., verehrt wurden. In neutestamentlicher Zeit war die persönliche Bindung an eine bestimmte Gottheit nicht mehr unbedingt mit der Herkunft aus einer bestimmten Stadt verknüpft. Vielmehr kamen Menschen auf Reisen oder während der Feldzüge in Kontakt mit den Gottheiten anderer Städte und Länder und wählten sich mal den einen, mal den anderen (ortsgebundenen) Lieblingskult.

Auch wurden bestimmten Gottheiten bestimmte Zuständigkeitsbereiche zugeordnet, die allerdings je nach Herkunftsregion und Frömmigkeit des einzelnen Menschen variieren konnte. Apoll galt so z.B. als Gott der Musiker. Und Zeus war nicht überall derselbe Zeus: Der Zeus des einen Landstrichs galt als freundlich, der in einem anderen Landstrich verehrte als weniger freundlich.

Die Menschen verehrten auch nicht nur eine Gottheit allein, sondern – ähnlich wie heute noch beim Phänomen der Heiligenverehrung – wandten sich je nach Lage des Lebens einmal an diesen, einmal an einen anderen Gott. So konnte z.B. auch ein Apollverehrer in den Tempel einer anderen Gottheit gehen, in der Hoffnung, dort geheilt zu werden.

Nicht allein Kulte »hoher Gottheiten« waren verbreitet, sondern auch Kulte von Fruchtbarkeitsgottheiten, die Übel abwehrten, Gutes brachten, so die Felder säumenden Hermen (Pfeiler mit Kopf, Oberkörper, Phallus), eine Frömmigkeit, in der ausgelassener Spaß und Ernst verbunden waren. Apostelgeschichte 14,8-18 schildert die Begegnung des Paulus mit Heiden – die, aufgrund eines Wunders, Paulus als Hermes und dessen Begleiter als Zeus verehren wollen. Auch wenn der Text uns heute eher amüsiert, und auch aus der Perspektive des Lukas amüsierend geschildert scheint, weil Lukas eben von der Kenntnis des wahren Gottes herkommt, so zeigt die Geschichte doch, daß die Menschen in der neutestamentlichen Zeit nicht weniger fromm waren als zu allen Zeiten.

Daß jede Gottheit ihren eigenen Kult verlangte, schildert Pausanias (Reisen in Griechenland). Aristophanes kritisiert in seiner Komödie »Die Vögel« (Reclam Universalbibliothek 1379) die Frömmigkeit seiner Zeit.

30.3.1.2 Mysterienreligionen

Mit dem Begriff »Mysterien« werden antike Geheimkulte bezeichnet. Viel wissen wir über solche Geheimkulte nicht – eben, weil sie geheim waren. Was wir an Informationen haben, kommt von Christen, die solchen Kulten angehört haben, oder läßt sich aus archäologischen Funden erschließen. Während letztere selbstverständlich interpretationsbedürftig und damit immer mit Vorsicht heranzuziehen sind, sind die erstgenannten Aussagen ebenso vorsichtig heranzuziehen, weil sie durch eine bestimmte Blickrichtung geprägt sind – eben vom christlichen Glauben.

Es gab unterschiedliche Mysterienreligionen. Wir wissen vom Isiskult, vom Mithraskult, vom Kult der Großen Mutter Kybele, vom Dionysoskult aber auch von ortsgebundenen Mysterien, also von Kulten, die nur in bestimmten Gegenden ausgeübt wurden.

Am Beispiel des Isiskultes wird darüber hinaus deutlich, daß es *einheitliche* Isismysterien nicht gab. Die Isisfrömmigkeit kam von Ägypten. Dort war sie eine »normale« Religion. Bei ihrem Übergang nach Griechenland wurde sie hellenisiert und zur Geheimlehre umgedeutet. Noch einmal erfuhr sie Veränderung auf dem Weg nach Rom. Selbst ein und dieselbe Mysterienreligion konnte also örtlich unterschiedlichste Ausprägungen entfalten. Ähnlich verhält es sich bei den Mithrasmysterien. Wir kennen ihr Gesicht aus den Jahrhunderten nach Christus in groben Zügen, und insbesondere bei dieser Mysterienreligion stellt sich die Frage, inwiefern sie das Christentum beeinflußt hat und umgekehrt, inwieweit das Christentum die Mithrasmysterien beeinflußt hat. Möglicherweise haben sogar bestimmte Bräuche beider Religionen gemeinsame Wurzeln.

Diese Mysterienkulte hatten zeitweise eine hohe Anziehungskraft. Die, die sie leiteten, waren psychologisch sehr geschickt. Es gab Weihungen, große, feierliche und pompöse Feste und Prozessionen; andere Kulte, wie der eben erwähnte Mithraskult, kannten einen ausgeklügelten Blutritus.

All diesen Kulten war wohl gemeinsam, daß sie die Individualität der einzelnen Person aufwerteten. D.h. nicht alle feierten als Gruppe – als Dorfgemeinschaft (wie unter 30.3.1.1) – vor Zeus, sondern das Individuum erlebte eine Initiation, das Individuum empfand seine Bindung an eine bestimmte Gottheit. Eine Bindung, die auch als über den Tod hinausgehend gedacht wurde. Insofern spiegeln die Kulte auch die soziale Situation der Antike wider: Menschen lebten nicht mehr in festen sozialen Beziehungen der kleinen Städte, sondern kamen als Kaufleute, Sklaven, Arbeitssuchende, als Abenteurer und Geldhungrige in die großen Städte Rom, Alexandria, Ephesus, Korinth usw. Und hier suchten sie als Individuen ihre Gottheiten, ihre religiöse Verankerung. Allerdings war es nicht so, daß eine Person ausschließlich an nur eine Mysteriengottheit gebunden sein konnte. Menschen konnten auch in verschiedenen Mysterien initiiert worden sein. Darüber hinaus kannten die jeweiligen Kulte vermutlich auch Initiations-Stufen. Eine erste Stufe stellte beispielsweise die bloße Zugehörigkeit zur Isis dar, eine höhere Stufe erklomm der, der nach der Weihung in die Isisfrömmigkeit, die Osirisweihe bekam usw.

Für die Arbeit mit dem Neuen Testament sind manche Aspekte interessant, die mit Hilfe der Mysterienüberlieferungen erklärt werden können, wenn nicht die Interpretationsunsicherheit bestünde. Diskutiert wird z.B. die Nähe der Taufe (Röm 6) und Auferstehungsvorstellungen zu den Mysterienreligionen.

Zu den Isismysterien s. Apuleius, Metamorphosen 11 – allerdings muß beachtet werden, daß es sich mit den Metamorphosen um eine Satire, einen Abenteuerroman usw. handelt. Aufgrund der unterschiedlichen Gattungszuordnung ist umstritten wieweit diese Darstellung der Mysterien ernst zu nehmen ist oder nicht.

30.3.1.3 Astrologie und Magie

Astrologie war weit verbreitet, wohl weil sie aufgrund von Berechnungen und Messungen dem Bedürfnis nach Wissenschaftlichkeit nachkam. Ein weiterer Grund mag darin gelegen haben, daß auch diese Kräfte nicht lokal gebunden waren. Zeus war als (Planet) »Jupiter« überall sichtbar. Mit der Astrologie war auch Zwang verbunden: Menschen sind abhängig von Gestirnkonstellationen. (Was übrigens durch Zuordnung der Gestirne zu Gottheiten abgeschwächt werden konnte: Gottheiten sind ansprechbar und können Gestirne beeinflussen, während unpersönliche Gestirne unbeeinflussbar Macht ausüben.) Anders die Magie. In ihr hatte der Mensch Macht – auch über Gottheiten. Zauberisch-magische Praktiken (als Abwehr-, Schadens-, Liebes- und Offenbarungszauber; s. Klauck 170 [Lit.!]) waren in der Antike weit verbreitet. Während jedoch die oben schon genannten religiösen Formen (ausgenommen die Astrologie) immer einen gemeinschaftlichen Aspekt kannten, traten Magier und Magierinnen als einsame Gestalten auf. Während die oben genannten Religionen zum überwiegenden Teil eine lichtvolle und fröhliche Ausstrahlung hatten, galten Magierinnen und Magier als finstere Gestalten. Die Menschen hatten Angst vor ihren Zaubertechniken, die verfluchen und Gottheiten wie Menschen zu Handlungen zwingen konnten. Tote konnten heraufgeholt werden. Es gab wohl auch Magier, die mit ihren Fähigkeiten die Massen in Bann zogen. Aus dem Neuen Testament ist Simon Magus bekannt (Apg. 8,9ff.), der die christliche Literatur nachneutestamentlicher Zeit prägte, weil er als wundertätiger Konkurrent manche Gemeinden in Bedrängnis bringen konnte, wie an der »Apostelgeschichte des Petrus« erkannt werden kann.

»Die NN bringt dir, Göttin, ein schreckliches Rauchopfer: einer bunten Ziege Talg und Blut und Unflat, Blutwasser einer toten Jungfrau und das Herz eines frühverstorbenen Kindes und Zauberstoff von einem toten Hund und eines Weibes Embryo [5] und feinschuppigen Bodensatz von Duftöl und Essig-Spülicht, Salz, Talg einer toten

Hirschkuh, Meerzwiebel und Myrrhe und dunklen Lorbeer, Gerstenmehl und Scheren vom Krebs, gelben Salbei, eine Rose und einen Obstkern und eine Knoblauchzwiebel ohne Nebenschößlinge und eine Zwiebel, Feigenmehl, Paviansmist [10] und das Ei eines jungen Ibis, das legte sie (welcher Frevel!) auf deinen Altar, und Blätter von Amaranth warf sie in die Feuerflammen, und sie schlachtet dir einen Seesperber, einen Geier und eine Spitzmaus, dein größtes Geheimnis, Göttin. ... Du aber, Aktiophi, Herrscherin, Alleinherrin, schnelleilendes Schicksal der Götter und Dämonen – nebutosualeth, io_; danach sage (?) auf Syrisch: etaronkon, bythu pnusan, kathinberao, estocheth, orentha, amelcheribiuth, sphnuthi – quäle mit bitteren Strafen die gottlose NN, die ich wiederum als dir feindlich abgewandt überführen werde(?). [25] Ich rufe dich, dreigesichtige Göttin, Mene, ersehntes Licht, Hermes und Hekate zugleich, mannweiblichen Sproß!« (zitiert nach: Die griechische Literatur in Text und Darstellung, Bd. 5, hg. von H. Görgemanns, 64ff. [Reclam; Universal Bibliothek 8065])

Für die Arbeit mit dem Neuen Testament ist die Magie insofern von Interesse, als man auch fragen kann, ob Jesus als Magier verstanden werden kann. Die Beantwortung dieser Frage hängt davon ab, wie »Magie« definiert wird.

Philo, Wanderung Abrahams 179 schreibt über die Unfreiheit des Menschen, der sich von Gestirnen abhängig sieht; Apuleius schildert in seinen Metamorphosen 11,25 Isis als Beherrscherin der Gestirne; dagegen ist Tiberius, so wie ihn Sueton in seinen Kaiserviten vorstellt, von der Astrologie so sehr eingenommen, daß er andere Gottheiten ablehnt, gleichzeitig aber aufgrund seines Aberglaubens ein von Angst beherrschter Mensch ist (69).

30.3.1.4 Philosophische Frömmigkeit

Philosophie war ein Versuch, Lebenswelt zu erklären – und zur Lebenswelt gehörte die Religion. Zur neutestamentlichen Zeit war besonders wirksam die Philosophie (a) der Stoiker, (b) des Epikur, (c) der Neupythagoreer, die im folgenden genannt werden sollen.

(a) Die Stoa (der Namen ist von der »bunten Halle« herzuleiten, in der der Gründer der Schule, Zenon, um 300 v.Chr. lehrte) hat wie alle Gruppen Wandlungen in ihren Ansichten erfahren. Ihre großen Denker (Kleanthes [3. Jh.v.Chr.]; Panaitios [2. Jh.v.Chr.], Poseidonios [2./1. Jh.v.Chr.]) haben die Philosophie des Zenon weitergeführt und dadurch neu geformt. Im wesentlichen lehrten Stoiker jedoch, daß die Gottheit (der Logos, das Pneuma, das Feuer) die Welt durchdringt, von daher ihre Ordnung setzt und erhält. Es gibt für Stoiker also keine jenseitigen Gottheiten, die Gottheit ist der Welt immanent. (Allerdings verwenden Stoiker für diese alles durchwirkende Gottheit den Namen Zeus; das scheint Gottheiten zu personalisieren ist aber wohl eher eine Sprach- und Verständigungshilfe.) Will der Mensch ein gelungenes Leben leben, muß er sich dieser Ordnung, der Gesetzmäßigkeit, der Natur anpassen – und er kann sich ihr anpassen, denn er hat den Verstand, durch den der Logos Erkenntnis vermittelt, so auch die Erkenntnis des richtigen Verhaltens. Von Kleanthes wird ein Satz überliefert, der diese Anpassung besonders deutlich ausspricht: »Führe, o Vater und Herrscher des hohen Himmels, wohin immer du willst: ich zögere nicht zu gehorchen; da bin ich, unverdrossen. Gesetzt, ich wollte nicht – folgen werde ich dir unter Stöhnen und widerwillig erdulden, was mir freistünde im Guten. Es führt einen das Schicksal, wenn man zustimmt, wenn man sich verweigert, schleppt es einen fort.« Die Überlieferung stammt von Seneca (epist. 107,10; Ü.: Rosenbach) einen der zwei bekanntesten Stoiker des ersten Jahrhunderts nach Christus. Daneben ist Epiktet zu nennen, der diesen Satz ebenfalls in seinem »Handbüchlein der Ethik« (52) mitteilt. Als eschatologische Vorstellung ist die vom »Weltenbrand« bezeugt – was vielleicht mit den paulinischen Worten interpretiert werden kann: Gott wird sein alles in allem (1 Kor 15,28), da ja nach Vorstellung der Stoiker die Gottheit auch als Feuer die Welt durchwirkt.

Vor allem Kirchenväter stehen in der Tradition der Stoa. Neutestamentliche Vorstellungen sind umstritten, weil Anklänge vorhanden sind, aber zugleich mit anderen religiösen Strömungen verbunden werden können, wie zum Beispiel an 1 Kor 7,29f. deutlich wird: Neben stoischen Anklängen finden wir hier apokalyptische Tradition (s.u.).

M. Pohlenz, Stoa und Stoiker. Die Gründer, Panaitios, Poseidonios, Zürich/Stuttgart 1950.

(b) Auch andere Philosophien waren im ersten Jahrhundert wirksam. Genannt sei zunächst die des Epikur. Epikur (4./3. Jh.v.Chr) kritisiert die Gottesvorstellung seiner Zeitgenossen, die Göttern alle möglichen Worte und Taten zuordnen; allerdings ist kaum mehr herauszuarbeiten, welcher Vorstellung er selbst im Detail anhing. Wichtig war ihm, daß die Frömmigkeit keine Angst machen sollte – und so soll auch aus der Perspektive der Religion der Mensch im Verborgenen ein Leben mit anderen Freunden führen, das zu seiner seelischen Ausgeglichenheit führt. Geradeso leben nach Epikur die Gottheiten vom Menschen gänzlich isoliert ein glückliches Leben. Allerdings ist der Mensch im Gegensatz zu diesen vom Tod bedroht. Auch hier begegnet Epikur der Angst, indem er betont, daß der Tod Empfindungslosigkeit des Menschen mit sich bringt, insofern nicht von Interesse sei. Diese Vermeidung der Angst hat ihre Grundlage in der Ansicht, daß der Mensch immer höheren Lustgewinn erstreben solle – das bedeutet ein Leben, das nicht dem Schmerz ausgeliefert ist. Und jedes Erstreben von Lust ohne Erkenntnis führt zu Schmerz, so daß die Vorstellung vom Lustgewinn für Epikur nicht asketischem Lebem entgegenstehen muß. Allerdings konnte Epikur mißverstanden werden, so daß Lustgewinn an erster Stelle gestellt werden konnte, statt die Vermeidung von Schmerz. Und solcher Tradition wird ein Teil der korinthischen Gemeinde zugeordnet. In 1 Kor 6 richtet sich Paulus gegen einen, der mit dem Argument zur Prostituierten geht: Alles ist mir erlaubt (1 Kor 6,12), oder das rücksichtslose Verhalten beim Mahl 1 Kor 11,17ff. kann mit dem Satz von Horaz verstanden werden: Mich findest du rund und behäbig, in wohlgepflegter Leiblichkeit, ein richtiges Schweinchen aus der Herde Epikurs (epist. I 4,15f.). Oder die Aussage, daß Götzenopferfleisch nichts gilt (1 Kor 8) wird ebenso dieser epikureischen Tradition zugeordnet. Paulus dreht in gewisser Weise das Argument um: Es geht nicht um Vermeidung des eigenen Schmerzes, sondern um den des anderen, wenn zum Beispiel durch mein Verhalten dessen Gewissen verletzt wird (1 Kor 8,12; 10,28). Gleichzeitig kann er immer wieder auf den durch Fehlverhalten hervorgerufenen eigenen Schmerz eingehen (1 Kor 6,18; 11,27ff.; indirekt: 8,12).

Titus Lucretius Carus, De rerum natura/Welt aus Atomen, übersetzt und hg.v. K. Büchner, Stuttgart repr. 1986, Buch 1 (Reclam Universal Bibliothek 4257).

(c) Pythagoras (6./5. Jh.v.Chr.) gründete eine Gemeinschaft, die religiös-philosophische Ziele vertrat. Er vertrat eine Seelenwanderungslehre, verband religiöse Überlegungen mit mathematischen Berechnungen (Zahlenmystik), verbot das Essen von Fleisch und Bohnen, wurde als Wundertäter bekannt. Seine Schule wirkte nicht lange, wurde jedoch im 1.Jh.v.Chr. von den sogenannten Neupythagoreern wieder neubelebt. In dieser Schule wurden magische Elemente aufgenommen, asketische Verhaltensweisen, Dämonenfrömmigkeit, wundertätiges Wirken usw. Bekanntestes Beispiel ist der asketisch lebende Wanderphilosoph Apollonius von Tyana (1. Jh.n.Chr.), dessen Biographie Philostrat im 2./3. Jh. geschrieben hat. An dieser Stelle soll nicht die Frömmigkeit näher beschrieben werden, die z.B. von Platon (5./4. Jh.v.Chr.) Aspekte aufgegriffen hat. Der Philosoph Hierokles (5. Jh.n.Chr.) spielte Apollonius gegen Jesus Christus aus, was möglicherweise auch in der Intention des Philostrat lag: Ein heidnisches Pendant zu Jesus von Nazareth zu schaffen, und Apollonius' Leben als Werbung für ein neupythagoreisch orientiertes Leben zu gestalten: Apollonius, der durch Askese göttliche Erkenntnis besaß und mit göttlichen Kräften wirkte, befreite einen Jungen von einem Dämon. Abgeschlossen wird dieser Exorzismus mit dem Hinweis: Der Befreite »vertauschte die feinen Kleider mit rauhen, verzichtete auf Geld und auf sein früheres üppiges Leben, legte den Philosophenmantel an und folgte dem Apollonius« (4,30; Ü.: Mumprecht).

Philostratos, Das Leben des Apollonius von Tyana. Hg. v. übersetzt und erläutert von V. Mumprecht, München/Zürich 1983 (Sammlung Tusculum).

30.3.2 Jüdische Religion

30.3.2.1 Allgemeine Frömmigkeit

Das uns überlieferte Bild heidnischer Religion ist sehr fragmentarisch. Ebenso fragmentarisch überliefert ist die jüdische Frömmigkeit aus neutestamentlicher Zeit. Wir verfügen über nur wenige Schriften aus dieser Zeit und die Schriften, die auf uns gekommen sind, sind interpretationsbedürftig.
Graduell zu unterscheiden ist wohl die Frömmigkeit der Menschen in dem Gebiet des heutigen Israel von der Frömmigkeit der Juden, die in der Diaspora (z.B. in Ägypten, in Griechenland, in Rom) lebten. Dabei bildete sowohl die Frömmigkeit der Menschen in Israel wie die der Menschen in der Diaspora keine Einheit, sondern war regional recht vielfältig. Allerdings empfängt sie – im Vergleich zu heidnischer Frömmigkeit – eine gewisse Einheit dadurch, daß sie auf Schriften des Alten Testaments begründet war. Quellen zur Erhebung der Frömmigkeit sind z.B. die sogenannten *Apokryphen* und *Pseudepigraphen*. Als Apokryphen werden die Schriften bezeichnet, die nicht im hebräischen Alten Testament, dem sogenannten »Masoretischen Text«, zu finden sind, sondern nur in der griechischen Bibel, der sogenannten »Septuaginta«. Dazu gehören z.B. das Buch der Weisheit Salomos, die Makkabäerbücher und das Buch Judith. Als Pseudepigraphen des Alten Testaments werden eine Anzahl jüdischer Schriften aus der Zeit von 250 v. bis 200 n.Chr. bezeichnet die ebenfalls nicht im Bibelkanon zu finden sind. Pseudepigraphen werden sie deshalb genannt, weil viele von ihnen einer alttestamentlichen Person zugeschrieben wurden (z.B.: äthiopisches *Henoch*buch, syrische *Baruch*-Apokalypse, viertes Buch *Esra* usw.).

Die Schriften sind unterschiedlichen Gattungen zuzuordnen: Wir finden sogenannte Testamente (Worte von sterbenden Patriarchen: z.B. Testamente der zwölf Patriarchen, Testament Abrahams, Testament des Mose usw.), Apokalypsen (s.u.), historische und legendarische Erzählungen, Unterweisungen, poetische Schriften (Psalmen Salomos) usw. Ethische Unterweisung, verbunden mit Theologie, prägt den Inhalt der Texte, so daß wir hier Einsichten in die jüdische Frömmigkeit der Antike erhalten. Die Zeit Jesu sowie die Zeit neutestamentlicher Autoren wird also durch diese Schriften etwas erhellt: Die Lebenswelt der Zeit, die Hoffnungen, Stimmungen, die Frömmigkeiten usw. treten deutlicher hervor.

30.3.2.2 Apokalyptik

Einige der oben genannten Schriften sind der sogenannten *Apokalyptik* zuzuordnen. Hierbei handelt es sich um ein religiös-kulturelles Phänomen, das durch folgende Merkmale gekennzeichnet ist: Entstanden sind jüdisch-apokalyptische Strömungen in der Regel in Zeiten großer historischer Umbrüche in Palästina, die für das jüdische Volk mit der Erfahrung politischer, gesellschaftlicher und militärischer Unterlegenheit verbunden waren. In dieser Situation des Leidens interpretierten Apokalyptiker ihre Gegenwart als Endzeit, in der die Leiden der Gerechten nur das Vorspiel für das unmittelbar bevorstehende Gericht Gottes vor allem über die Ungerechten (Heiden) und den Anbruch seiner Herrschaft darstellten. Ihren Niederschlag fanden diese Vorstellungen in apokalyptischen Visionsberichten, in denen in der Regel einem Schauenden der zukünftige Geschichtsverlauf in Form von Bildern und Symbolen offenbart wird und ein Deuter (Bote/Engel) ihm die Bilder erklärt. Als Schauende wurden dabei häufig bekannte alttestamentliche Figuren vorgestellt (z.B. Henoch, Esra oder Baruch), um auf diese Weise die Richtigkeit und Plausibilität der vorgelegten Geschichtsdeutung zu stützen: So wie es jetzt ist, hat schon Baruch es kommen sehen!

Ziel der apokalytischen Schriften war es, die leidenden Menschen ihrer Zeit zum Durchhalten zu ermutigen und das Ausbleiben des rettenden Handelns Gottes an seinem auserwählten Volk zu erklären. So wird z.B. im vierten Buch Esra – nach der Zerstörung des Tempels durch die Römer – dieses unfaßbare Geschehen als eines dargestellt, das Esra als Zukunft vorausgesehen hatte; somit gehört es also zum Geschichtshandeln Jahwes und ist nicht der Beweis der Ohnmacht des Gottes, von dem Israel sein Heil erwartet. Das Ziel des Textes besteht darin, angesichts dieses schlimmen Geschehens zu trösten – aber auch alle Gerechten dazu anzuhalten, weiterhin dem Gesetz treu zu bleiben.

Apokalyptische Strömungen werden auch schon im Alten Testament sichtbar, so vor allem in Teilen des Buches des Propheten Daniel. Hier werden in geheimnisvollen Bildern der kommende Geschichtsverlauf und die Nöte des Volkes geschildert. Hier ist die Rede vom Kommen des Menschensohnes, der uns in Mk 2,1-12 beschäftigt.

Für die Exegese des Neuen Testaments spielt die Apokalyptik keine geringe Rolle. Einzelne Texte stehen eindeutig in ihrer Tradition, wie z.B. Mk 13 oder die Offenbarung des Johannes. Jesus ist in diesen Zusammenhang schwierig einzuordnen: War er Apokalyptiker, stand er in der Tradition der Apokalyptik, wenn er das Wort »Menschensohn« verwendet? Wieweit ist seine Verkündigung der kommenden Herrschaft Gottes im Sinne der apokalyptischen Schriften zu verstehen? Die scheinbare Nähe wird schon undeutlicher, wenn man die Sprache und die Bildwelt Jesu mit der der Apokalyptik vergleicht: So spricht Daniel 7-12 in vollkommen anderer Weise vom Rettungshandeln Gottes als z.B. das Gleichnis vom wachsenden Senfkorn (Mk 4,30-32) vom Werden des Reiches Gottes spricht.

Ähnlich verhält es sich mit der Haltung der ersten christlichen Gemeinden: Diese verstanden sich, wie besonders bei Paulus deutlich wird, als in der Endzeit lebend und erwarteten unmittelbar die Wiederkunft Jesu. Dennoch kann man nicht davon sprechen, daß die frühe Kirche von apokalyptischen Gruppen durchdrungen war. Offenbar waren einzelne apokalyptische Motive im Umlauf, die auch von Christen aufgegriffen werden konnten, um das Ereignis, das mit Jesus geschehen war, verstehen und weitersagen zu können. Ebenso hat offensichtlich auch Jesus apokalyptische Traditionen aufgegriffen, sie neu interpretiert und in neue Kontexte hineingestellt.

| Bitte Daniel 7,13ff. und 4. Esra lesen!

30.3.2.3 Pharisäer, Sadduzäer, Rabbinen

In diesem Abschnitt sollen einige Gruppen knapp vorgestellt werden, die zur Zeit Jesu die geistige Welt des Judentums mitprägten und mit denen sich Jesus nach dem Zeugnis der Evangelien in der ein oder anderen Weise auseinandersetzte.

Zunächst zu nennen ist die Gruppe der *Pharisäer*. Dieses Wort heißt übersetzt soviel wie die »Abgesonderten«. Gekennzeichnet wurde im Judentum mit diesem Begriff eine Bewegung frommer Laien, die sich zum Ziel gesetzt hatte, die Tora-Observanz, die für Tempelbedienstete vorgeschrieben war, auch im Alltag zu praktizieren. Ihr religiöses Programm bestand weniger in der Verschärfung der religiösen Gesetze, vielmehr in der Forderung einer besonderen Treue zur Tora: Durch die Bewahrung und Beobachtung der ganzen Tora durch das gesamte Volk – nicht nur durch die Priester am Jerusalemer Tempel – sollte eben das ganze Volk »geheiligt« werden. Organisiert waren die Pharisäer vermutlich in Genossenschaften, wobei aber nicht bekannt ist, ob diese insgesamt organisatorisch verbunden waren oder nur einzelne, untereinander unverbundene Gruppen bestanden. Anders als die Qumran-Essener (vgl. 30.3.2.4) sonderten sich die Pharisäer jedoch nicht räumlich von ihren Zeitgenossen ab. Wie die Qumran-Essener kannten die Pharisäer wohl eine Art Probezeit; d.h., es konnte nicht jeder sofort einer pharisäischen Genossenschaft beitreten, sondern er mußte erst seine Eignung unter Beweis stellen und wurde in dieser Probezeit belehrt und ausgebildet.

Die pharisäische Bewegung war auch offen für bestimmte religiöse Aussagen, die im Alten Testament so deutlich sonst nicht hervortraten, z.B. nahmen sie den Gedanken einer Auferstehung der Toten in ihre Lehre auf. Ihre Bedeutung für das Neue Testament ist insofern immens, als auch Paulus nach eigenen Aussagen Pharisäer war.

Mit der Zerstörung des Tempels im Jahre 70 n.Chr. kommt es zu einer grundlegenden Veränderung in der Gruppenstruktur des frühen Judentums: Die Tempelaristokratie ist vernichtet und von den Gruppen im Judentum sind es einzig die Pharisäer, die nach der Katastrophe der Tempelzerstörung als Partei nicht untergegangen sind. Ihnen kommt nun für die Restrukturierung des religiösen Lebens und damit für den Erhalt der jüdischen Identität als Volk eine entscheidende Bedeutung zu. Da die Pharisäer den Gedanken der Verwirklichung der Tora im Alltag kannten, konnten sie produktiv mit dem Verlust des Tempels umgehen: Den Tempelkult konnten sie durch den Eifer für die Tora ersetzen, statt des Tempels kannten sie die Synagoge, statt des Priestertums entwickelte sich aus dem Pharisäismus das rabbinische Judentum.

Dieses hinterließ die Tosephta, die Mischna und den Palästinischen/Jerusalemer wie den Babylonischen Talmud. Die Endredaktion der Mischna als frühere Schriftsammlung wird Ende des 2. Jh.n. vermutet – was aber nicht bedeutet, daß sie danach nicht noch weiteren Änderungen unterzogen wurde. Diese Zeitangabe läßt vermuten, daß sie für die Arbeit am Neuen Testament keine große Bedeutung hat. Dennoch ist diese Annahme nur eingeschränkt richtig. Der Grund dafür besteht darin, daß die in den Schriften gesammelten Aussagen der Rabbinen schon eine lange mündliche Überlieferungstradition hinter sich haben können. D.h. der Satz des Rabbi X kann jahrelang mündlich von seinen Schülern und anderen weitergegeben worden sein, bis er schriftlich fixiert wurde. Die Schwierigkeit, die die

Heranziehung dieser Schriften für die Arbeit am Neuen Testament mit sich bringt, ist also die, daß wir nicht wissen, wie alt die dort fixierten Worte tatsächlich sind. Es fehlt noch eine Fülle an Detailarbeit, die eine eindeutige Relevanz dieser Schriften für die Arbeit mit dem Neuen Testament belegen muß.

Einige Hinweise zu den oben genannten Schriften: Die *Mischna* umfaßt:
- Auslegung des Bibeltextes, *Midrash* genannt.
- Von der Schrift unabhängige Satzungen, *Halakhot* genannt.
- Alles, was nicht den Halakhot zugeordnet wird, wird den *Haggadot* zugewiesen.

Die Mischna ist in 6 Ordnungen aufgeteilt. Eine Ordnung wird *Seder* genannt. Eine Ordnung wird wiederum in Traktate aufgeteilt, diese in Kapitel und diese in Lehrsätze. Ein Lehrsatz wird Mischna genannt.
Die Zitierweise einer Stelle, z.B. MSchab III,1:
M/T = Mischna/Tosephta
Schab = der Traktat, Sabbat
III = Kapitel
1 = Paragraph
Der palästinische/jerusalemische Talmud wird als Kommentar zur Mischna aus dem 5. Jh. angesehen, der babylonische Talmud als Kommentar aus dem 8.Jh.

Die Zitierweise, z.B. j/p Ber. 2,5d,10 bzw.
j/p = palästinischer/jerusalemer Talmud;
Berakhot = Traktat;
2 = Kapitel 5 = Seite;
d = linke Spalte
10 = Zeile 10

bMeila 17b.
b = babylonischer Talmud
Meila = Traktat
17 = Seite
b = Rückseite

Einige Rabbinen, von denen in den rabbinischen Schriften die Rede ist, werden gegenwärtig als Charismatiker dargestellt. Die Charismatiker hatten eine besonders enge Beziehung zu Gott und soweit erkennbar, nicht selten ein eigenwilliges Verhältnis zum alttestamentlichen Gesetz. Auch Wundertaten sollen ihnen nicht fremd gewesen sein – so vor allem Regenwunder. Einer solchen Gruppe, die nicht fest bestanden hat, sondern eher eine Geisteshaltung bezeichnet, soll auch Jesus angehört haben. Wieweit diese Thesen berechtigt sind, muß noch intensiver erforscht werden.
Eine weitere für die Zeit Jesu bedeutsame Gruppe im Judentum sind die Sadduzäer, von denen wir nur sehr wenig wissen. Der Name dieser Gruppe leitet sich vom zur Zeit Davids lebenden Priester Zadok her. Es handelt sich bei den Sadduzäern um eine Gruppe konservativer, wohl vornehmlich

der Jerusalemer Priesteraristokratie zugehöriger Juden. In ihrer religiösen Lehre erkannten sie wohl nur die schriftliche Tora als maßgeblich an und lehnten – im Gegensatz zu den Pharisäern – jede mündliche Tradition ab. Zentrum ihrer religiös-gesellschaftspolitischen Bemühungen war der Tempel. Ihr Ziel bestand darin, Israel als Kultgemeinde um diesen zu scharen. Mit der Zertörung des Tempels ging diese Gruppe im Judentum unter.

Beispieltexte s. C.K. Barrett/C.-J. Thornton (Hg.), Texte zur Umwelt des Neuen Testaments, Tübingen 1991², Kap.VIII (UTB 1591).

30.3.2.4 Qumran

In den Jahren 1947 bis 1956 wurden in Höhlen bei Khirbet Qumran westlich des Toten Meeres Reste von nahezu 1.000 vor allem hebräischen und aramäischen Handschriften gefunden. In dieser Gegend lebte vom 2. Jh.v. bis ca. 70 n.Chr. eine Gruppe, die als »Qumran-Essener« bezeichnet wird. Bei den Essenern handelt es sich, wie wir von Philo (s.u.) und Josephus (s.u.) wissen, um eine ordensähnliche, asketische Gruppe im Judentum. Die Gruppe von Qumran dürfte aus der essenischen Tradition des Judentums erwachsen sein und hatte sich aber – wohl aufgrund einer Auseinandersetzung mit dem Hohenpriester vom Jerusalemer Tempel – zurückgezogen und einen eigenen spezifischen Charakter entwickelt.
Die in Qumran gefundenen Schriften werden von den meisten Forschern dieser Gruppe zugeordnet. Zum Teil sind sie von Angehörigen dieser Gruppe selbst verfaßt worden, zum Teil handelt es sich um Schriften, die nur abgeschrieben und gesammelt wurden. Die Texte, die der Gruppe selbst zugeordnet werden, geben einen Einblick in das Leben der Qumran-Essener über einen Zeitraum von rund 200 Jahren. Dennoch entsteht kein eindeutiges Bild, denn die Länge des Zeitraums, in dem die Schriften entstanden sind, macht es schwierig, Entwicklungen, die die Qumran-Essener durchgemacht haben, historisch eindeutig zu erfassen und so z.B. festzustellen, welche Gestalt die Gruppe zu welchem Zeitpunkt der Geschichte hatte.
Sicher wissen wir, daß diese Gruppe zurückgezogen lebte und daß ihre Zurückgezogenheit aus religiösen Gründen bestand. Sie wollte nicht mit denen zusammenkommen, die nach ihrer Auffassung zu den Unreinen gehörten, zu denen, die die Gesetze übertraten. Abgeschieden von der Gesellschaft strebten sie nach einem Leben in kultischer Reinheit.
Entsprechend war die religiöse Praxis der Qumran-Essener gestaltet: Zahlreiche Waschungsrituale sollten die kultische Reinheit der wohl ehelos le-

benden Männergemeinschaft gewährleisten, dem Studium der Tora galt die geistige Aufmerksamkeit der Essener, was zu einer Fülle von Schriftinterpretationen und –abschriften führte, eine ausgeprägte »Hymnen-Frömmigkeit« – in den Texten finden sich eine Fülle von Liedern und Gebeten – ersetzten den Tempelkult, von dem sich die Qumran-Essener zeitlich begrenzt gelöst hatten.

Die Schriften aus Qumran werden nach folgender Systematik gekennzeichnet: Ein »Q« gibt an, daß die Handschrift aus Qumran stammt, die davor stehende Zahl steht für die Höhle, in der die Schrift gefunden wurde. 1Q ist also eine Schrift aus Höhle 1. Buchstaben oder Zahlen, die auf das Q folgen geben eine nähere Charakterisierung der Handschrift. In der Bezeichnung 1QM steht so z.B. das »M« für »Milchama«, was Krieg heißt; die Schrift ist die sogenannte Kriegsrolle. In 1QS steht »S« für »Sephär Serech« – die Gemeinschaftsregel. Häufiger steht nach dem Q eine Zahl, mit der die zahlreichen Handschriften und Fragmente gekennzeichnet werden. Weiter folgende Zahlen geben dann die genaue »Textstelle« an. 1Q403,1,II,4 heißt dann: Vierte Zeile in Kolumne II von Fragment 1 aus der Schrift (Fragmentengruppe) 403 aus Höhle 1 von Qumran. Wir müssen uns dabei vorstellen, daß der Text auf einer Rolle in Spalten nebeneinander geschrieben wurde. Die Spalten werden als Kolumnen bezeichnet.

Die Bedeutung der Qumran-Essener oder ihrer Schriften für das Neue Testament wird noch diskutiert. Eindeutig ist, daß sie – wie die Apokryphen – interessanten Einblick in die Zeit geben, in der Jesus und die neutestamentlichen Autoren lebten. Einzelne Texte und Traditionen könnten sogar auf einen intensiveren Kontakt zwischen Qumran und der Jesusgruppe schließen lassen. So könnte das Gemeinschaftsleben, wie es in der Apostelgeschichte geschildert wird, Anklänge an das Gemeinschaftsmodell der Qumran-Essener haben.

Immer wieder ins Spiel gebracht wird eine direkte Abhängigkeit von einigen Autoren und Personen des Neuen Testaments von den Qumran-Essenern. Diese Verbindungen sind denkbar, aber nicht belegbar. So ist möglich, daß Johannes der Täufer, der in der Nähe von Qumran taufte, diese Gruppe auch kannte und vielleicht von ihr beeinflußt war. Doch unterscheidet sich die Taufe des Johannes – soweit wir von ihr wissen – deutlich von den Waschungsritualen der Qumrangruppe – soweit wir sie kennen.

Daß Jesus selbst dieser Gruppe zugerechnet werden kann, ist unwahrscheinlich. Die Essener waren sehr auf die Einhaltung des Gesetzes und auf kultische Reinheit fixiert – was von Jesus so nicht gesagt werden kann.

Die Gemeinderegel von Qumran (1QS) bietet eine gute Einführung in die Theologie und in die Gemeinschaft der Gruppe.

30.3.2.5 Josephus

Josephus ist für die Betrachtung des religionsgeschichtlichen Hintergrundes des Neuen Testamentes insofern interessant, als wir in seinen Werken Einblick in die Bräuche und Sitten und in die Landschaften und Städte Palästinas zur Zeit der Entstehung des Neuen Testamentes erhalten. Auch einzelne Personen und insbesondere die Gruppen des Judentums begegnen uns bei Josephus in zum Teil detaillierter Darstellung.

Josephus war ein jüdischer Historiker der um 38 n.Chr. in Jerusalem geboren wurde und ca. 100 n.Chr. wohl in Rom starb. Er wuchs im Gebiet des heutigen Israel auf, wurde im Gesetz unterwiesen, wie es damals üblich war, kannte aber nach eigenen Angaben die unterschiedlichsten Gruppen und Frömmigkeitsrichtungen des Judentums aus eigener Anschauung. So berichtet er uns z.B. von der Gruppe der Sadduzäer, der Pharisäer, der Essener.

Am jüdisch-römischen Krieg nahm Josephus als Anführer einer Widerstandsgruppe gegen die Römer teil und war Befehlshaber in Galiläa. Der römische Befehlshaber Vespasian nahm in gefangen. Weil Josephus dem Vespasian die Caesarenwürde vorhergesagt hatte, wurde er nicht verurteilt, sondern – weil die Vorhersage eintraf – freundschaftlich mit nach Rom genommen.

Josephus wichtigsten Werke sind »Der jüdische Krieg« und »Jüdische Altertümer«. Im »jüdischen Krieg« schildert er die Vorgänge, die zur jüdisch-römischen Auseinandersetzung der Jahre 66-73 (Eroberung Massadas) n.Chr. führten. Josephus beschreibt die Kämpfe und den Partisanenkrieg. Wir bekommen Einblick in die politischen Verhältnisse und Intrigen der Zeit, lernen die Herrscher und politisch Aktiven kennen. Aber auch in die Landschaften, die Bräuche und Ideologien und nicht zuletzt in das Leiden der Menschen führt uns dieses Werk ein. In »Jüdische Altertümer« erzählt Josephus die Geschichte des Judentums von seinen Anfängen bis in die Zeit Neros nach, um auf diese Weise seinen Lesern ein Verständnis des Judentums zu ermöglichen. Wir erhalten hier wertvolle Einblicke darin, wie altestamentliche Geschichte zur Zeit des Josephus interpretiert wurde.

Josephus, Der jüdische Krieg, 2,513-652 (2,19-22), ist ein Beispiel dafür, wie Josephus die Lage schildert – gleichzeitig seine Person einbringt.

30.3.2.6 Philo

Ein anderer Zeuge jüdischer Religion zur Zeit der Entstehung des Neuen Testamentes ist Philo von Alexandrien. Er wurde vermutlich in der Zeit zwischen 15 und 10 v.Chr. geboren, in einer Familie, die großen politischen Einfluß in der jüdischen Gemeinde Alexandriens hatte. Er selbst nahm eine hervorragende Rolle in dieser jüdischen Gemeinde ein. So reiste er an der Spitze einer jüdischen Delegation nach Rom, um beim römischen Herrscher gegen Übergriffe gegen Juden durch die Alexandriner zu protestieren. Philo starb wahrscheinlich um das Jahr 40 n.Chr.

Zahlreiche Werke Philos sind überliefert. Es handelt sich bei ihnen in erster Linie um Auslegungen des Alten Testamentes, die unter anderem das Ziel hatten, wohl auch den heidnischen Gebildeten seiner Zeit biblische Texte, jüdische Frömmigkeit und jüdische Ethik nahezubringen. In seiner Auslegung geht Philo dabei allegorisch vor. D.h. er versucht den vorliegenden biblischen Text als bildhaft zu sehen und diesen bildhaften Sinn für den Leser zu erschließen. So ist nach seiner Auffassung beispielsweise Sarah nicht in erster Linie als Frau Adams zu betrachten, sondern als Sinnbild für die Tugend.

Die Bedeutung Philos für die Exegese des Neuen Testaments besteht darin, daß er uns in seinen Werken guten Einblick in die Gedankenwelt und die Frömmigkeit seiner Zeit bietet. So werden einige sonderbare Darlegungen des Alten Testaments bei Paulus (z.B. in Galater 4 oder in 1 Korinther 10) auf dem Hintergrund der Texte Philos verständlich. Auch erhalten wir Einblick in die Weise, in der zur Zeit der Entstehung des Neuen Testaments im jüdischen Horizont Bibelauslegung betrieben wurde.

Philo, Über Belohnungen und Strafen; dieser Text zeigt wesentliche Aspekte der Textauslegung, zeigt aber auch das, was den Menschen Philo von Bedeutung ist.

30.3.3 Gnosis

Gnosis wird eine geistesgeschichtliche Richtung genannt, die in den ersten Jahrhunderten nach Christus ihre besondere Kraft entfaltete. Die Grundstruktur gnostischen Denkens ist stets gleich: Die Welt wird als böse vorausgesetzt, als unerlöst und unerlösbar. Was für die Welt gilt, gilt ebenso für die Leiblichkeit des Menschen. Das Göttliche im Menschen in der Gestalt der Seele ist vom Leib, der vom bösen Schöpfergott gemacht wurde, eingeschlossen. Diese kann nur befreit werden, wenn sich der Mensch

der jeweiligen Lehre oder dem jeweiligen System der Gnostiker verschreibt, um auf diese Weise an der Erkenntnis teilzuhaben, die zur Befreiung des Göttlichen aus dem Bösen der Materie führt.
Eine Variante dieser Grundstruktur bietet die christliche Gnosis, in der Jesus als der Gottessohn, der die böse Materie in Form eines menschlichen Leibes nur angelegt hat, der erste aus dem Gefängnis der Materie Befreite ist. Nachfolge Jesu bedeutet in diesem System Befreiung zum göttlichen Licht. Schriften solch christlicher gnostischer Gruppen wurden 1945/46 in Ägypten bei Nag Hammadi gefunden. Bekannt ist auch die Auseinandersetzung der Kirchenväter mit den Gnostikern. Inwiefern nun gnostische Strömungen relevant sind für die Entstehung des Neuen Testamentes ist umstritten. Insbesondere ist ungeklärt, inwiefern es eine vorchristlich heidnisch/jüdische Gnosis gab, oder inwieweit Gnosis erst mit der christlichen Verkündigung eine deutlichere Ausbildung erfahren hat. Häufig wird das Johannesevangelium in die Nähe der Gnosis gerückt, weil Johannes Jesus als ein Wesen schildert, das in der Welt fremd erscheint. Entsprechend betont Johannes die besondere Nähe Jesu zu Gott, verwendet eine häufig geheimnisvoll anmutende Sprache und formuliert seine Theologie häufig in dualistischen Begriffspaaren wie z.B. in der Gegenüberstellung von Licht und Finsternis. Wir können heute jedoch nicht sicher feststellen, ob die johanneische Gruppe den Grundstein für eine spätere gnostische Strömung legte oder selbst einer solchen angehörte.

Beispieltexte s. C.K. Barrett/C.-J. Thornton (Hg.), Texte zur Umwelt des Neuen Testaments, Tübingen 1991², Kap. V. (UTB 1591).

30.4 Religionsgeschichtliche Betrachtung von Mk 2,1-12

Oben wurde das Ziel der religionsgeschichtlichen Fragestellung kurz skizziert und daran anschließend wurden die religiösen Strömungen, die zur Zeit der Entstehung des Neuen Testamentes relevant waren, sowie das geistige Umfeld zur Zeit des Neuen Testamentes in Grundzügen dargestellt. Hier soll nun gefragt werden, inwiefern einzelne Aspekte von Markus 2,1-12 diesen Strömungen zuzuordnen sind.

(1) Sünde, Schuld
Ein Nachdenken über die Sünde und die Schuld des Menschen gab es vor allem in der jüdischen Religion. In der paganen Welt war das Bewußtsein

für die Sünd- und Schuldhaftigkeit des Menschen bei weitem nicht so ausgeprägt.
Deutlich wird dies schon daran, daß es in der hebräischen Sprache je nach Abgrenzung 20 bzw. sogar 38 Worte für das Phänomen Sünde gibt. Die Septuaginta reduziert ihre Begrifflichkeit für dieses Phänomen dem gegenüber auf nur 2 griechische Worte.
Die deutliche Betonung des Sündenthemas rückt unsere Perikope von vornherein in ein jüdisches Umfeld. Dieser Eindruck wird noch verstärkt durch zwei weitere Momente. Zum einen muß der Sünder, um Vergebung zu erlangen, keine Bußleistung erbringen. Dadurch unterscheidet sich das hier vorgestellt Sündenverständnis z.B. auch deutlich vom paganen Sündenverständnis (z.B. von dem der Isismysterien).

(2) Menschensohn
Schon häufig haben wir gesehen, daß die Menschensohn-Terminologie mit der jüdischen Apokalyptik zusammenhängt. Ob das auch hier der Fall ist, wurde im Abschnitt 29,2.1.(7) offen gelassen, weil »Menschensohn« auch andere Bedeutungen haben kann. Wenn die Verwendung des Wortes »Menschensohn« von der Apokalyptik her angestoßen sein sollte, so ging sie doch über diese Tradition hinaus. Es ist nicht der, der in Gottes Macht kämpfend (die Gottlosen richtend) auftritt, sondern er ist der, der leiden muß, er ist der, der Sünder sucht. So wird das Wort von der Gemeinde verstanden worden sein: Der Menschensohn ist der Kommende, der schon einmal als Jesus von Nazareth da war, er ist der im umfassenden Sinn Heilende.

(3) Wunder
Das Wunder spielte im heidnischen Bereich vor allem in Bezug auf Heilgottheiten eine Rolle. So warb, wie wir oben schon sahen, die Priesterschaft des Asklepiostempels mit der Erzählung von Wundern um kranke Menschen. Heilungswunder durch Menschen werden kaum berichtet, wenn, dann aus späterer Zeit (Ende 1. bis 3.Jh). Auch im Alten Testament gab es Wunder – wie oben ebenso besprochen wurde. Es wird jedoch nicht deutlich, in welchem religionsgeschichtlichen Zusammenhang die christlichen Wunder stehen. Die Art und Weise, in der Wunder im Neuen Testament erzählt werden, ähnelt den Wunderberichten um Elia. Gemeinsam mit den Wundern des Elisa haben die neutestamentlichen Wunder, daß Jesus nicht gebetet hat. Wenn Ärzte damaliger Zeit besondere Heilfähigkeiten hatten, so ist denkbar, daß Menschen »auf sie schworen«. Diese Fähigkeit Jesu und religiöse Erwartungen liefen in Jesus Christus zusammen. Somit ist die Bedeutung, die die Wunder für die christliche Gemeinde hatten, in Jesus von Nazareth und die durch ihn geweckten Erwartungen zu suchen.

31. Soziologie/Sozialgeschichte

Bevor Sie hier weiterarbeiten, bitte Abschnitt 17 nochmals lesen!

Im ersten Hauptteil haben wir gesehen, daß sich die sozialgeschichtliche Fragestellung mit der Beleuchtung der gesellschaftlichen Bedingungszusammenhänge eines Textes beschäftigt. Welche soziale Wirklichkeit spricht ein Text an? Welche Bilder und Assoziationen weckte ein Text, wenn er in einem bestimmten Rezipientenkreises gehört oder gelesen wurde?
Im Folgenden wollen wir diesen Fragen für unseren Markus-Text nachgehen. Wir werden dabei unter Einbeziehung der schon in den vorangegangenen Arbeitsschritten gefundenen Ergebnisse eine Fülle von Vermutungen äußern müssen. Das ist jedoch nicht schlimm: Schon der Versuch, den gesellschaftlichen Hintergrund unseres Textes deutlicher zu zeichnen, wird ihn plastischer werden lassen und uns so ein besseres Verständnis ermöglichen. Selbstverständlich sollten wir die von uns am Text erhobenen Befunde in das einarbeiten, was wir an Gesamtdarstellungen bereits vorfinden!

(1) Fixierte Normen/Gruppenzwang
Aus alttestamentlichen und neutestamentlichen Texten wissen wir um die Diskriminierung, die Krankheit im antiken Israel für den Betroffenen häufig bedeutete. Insbesondere das Phänomen des Aussatzes ist uns auch aus dem Zusammenhang des Auftretens Jesu (Mk 1,40-45) gut bekannt.
In unserem Markus-Text können wir allerdings von dieser Diskriminierung, die ihren Hintergrund in den fixierten Reinheitsnormen und im Bedürfnis nach Schutz vor Ansteckung hat, nichts entdecken. Daß man den Gelähmten nicht zu Jesus läßt, ist nicht das Ergebnis eines bewußten Wollens, sondern schlicht die Folge des Massenandranges um das Haus. Insofern ist dann das Durchbrechen des Daches auch nicht zu verstehen als eine bewußte Opposition gegen bestehende Normen.
Etwas unterschieden davon ist die Gewichtung in den Versen Markus 2,5-10: Hier mißt die Gruppe der Schriftgelehrten Jesu Verhalten sozusagen am Common Sense der religiösen Normen. Sündenvergeben, das kann nur Gott. Sichtbar wird hier, daß das religiöse Establishment Jesu Verhalten als eines ansehen muß, das gegen es gerichtet ist.

(2) Geographische Lage
Kapernaum liegt nördlich des Sees Genezareth in der Nähe des Jordan. Das Land ist hügelig, im Sommer ist es hier heiß, im Winter mild. Im

Sommer beherrschen die Farben gelbbraun bis schwarz die Landschaft, verdorrt sind die Pflanzen, es dominiert die nackte Erde und das schwarze Gestein. Im Frühjahr ist das Land grün. Es wachsen hier viele Pflanzen, die uns auch aus dem europäischen Raum bekannt sind, z.B. Disteln, Mohn usw. Es ist heiß und stickig, die Atmosphäre ist auch wegen der Menge der Menschen drückend. Der Raum, in dem Jesus sich aufhält, hat wohl kaum Fensterluken und wenn, dann sind diese von Neugierigen besetzt. Es ist dämmerig, erst als das Dach aufgebrochen wird, wird es hell.

Wirtschaftlich bestimmt ist Kapernaum wohl hauptsächlich vom Fischfang und – nach dem Artikel von Rainer Riesner (Art. Kapernaum, in: Das Große Bibellexikon, Bd 1, S. 765) – durch die Produktion von Glaswaren. Kapernaum ist Grenzstadt zwischen den Gebieten des Herodes Antipas und des Philippus. Daß in Markus 3,1f. von »Zöllnern« die Rede ist, mag hierin seinen Grund haben, wobei wir aber unter Zöllnern auch einfach Pachteintreiber verstehen können. In Kapernaum gibt es eine römische Garnison, was vielleicht auch Lukas 7,1ff. und Matthäus 8,5ff. im Hintergrund steht: Dort bittet ein Centurio Jesus, er möge seinen Knecht heilen. In der Menge, die sich um Jesus schart, dürfen wir auch Zöllner annehmen und Soldaten, darüber hinaus Hirten, Frauen, Tagelöhner und natürlich Kinder.

(3) Mann/Frau
In unserer Geschichte dominieren wie in den meisten biblischen Texten die Männer. Frauen treten hier nicht profiliert hervor. Wir dürfen vermuten, daß sie zur Menge gehören, die Jesus umlagert. Die Männer, die in dieser Geschichte auftreten, sind unterschiedlich charakterisiert: da ist der Gelähmte, der eine Schuld mit sich herumträgt und mit seiner Krankheit bei dem bekannten Heiler Hilfe sucht. Dann sind da die vier, die den Gelähmten tragen. Es können seine Freunde sein, es können Diener sein, die ihren Herrn tragen, Kinder, die ihren Vater bringen oder Brüder, die in Sorge um ihren kranken Bruder handeln. In den Versen 5-10 werden die Frommen genannt, denen das Gesetz, die Sitte und die Ordnung am Herzen liegen, und zwar so sehr, daß dahinter selbst Krankheit und Schicksal des Menschen zurückfallen. Dann ist da Jesus, der dem Kranken vor dem Gesetz und der Sitte den Vorrang gibt.

(4) Alte/Junge
Über das Alter, der an unserer Geschichte Beteiligten, können wir nur wenig sagen. Hat Jesus in relativ jungem Alter seine Wirksamkeit aufgenommen? Denn nach Markus 3,13 suchen ihn seine Mutter und seine Geschwi-

ster. Es ist zu vermuten, daß er im Alter von vielleicht 35 Jahren hingerichtet wurde. Die Anrede Kind in unserem Abschnitt könnte Indiz für ein relativ junges Alter des Gelähmten sein. Jedoch hatten wir oben in der Bearbeitung der traditionsgeschichtlichen Frage schon festgestellt, daß diese Anrede möglicherweise auch einen vertraulichen Ton signalisieren soll, mit dem Jesus einen Bezug zum Gelähmten herstellt.
Über die Altersstruktur derjenigen, die an dieser Geschichte beteiligt sind, läßt sich also nur sehr wenig sagen.

(5) Institution
Die institutionalisierten Elemente der Gesellschaft finden wir in Markus 2,5-10 in der Gestalt der Schriftgelehrten vor. Sie sind es, die die Ordnung im Land bewahren, die Auskunft darüber geben können, was ist und was sein soll. Jesus setzt sich in seinem Verhalten und in seinem Reden als Individuum über die von den Schriftgelehrten gesetzte Ordnung hinweg.

(6) Reiche/Arme
Über die soziale Situation derjenigen, die an dieser Geschichte beteiligt sind, können wir nur spekulieren. War der Gelähmte, der zu Jesus gebracht wird, ein armer Mensch, oder war er reich? Wir haben oben gesehen, daß das Wort, das hier für Bett/Trage benutzt wird, auch mit »Bett des kleinen Mannes« übersetzt werden kann. Vermutlich handelt es sich um eine Art Teppich. Allerdings: Ist nicht eher zu vermuten, daß nur ein Reicher den Mut aufbringt, ein fremdes Dach aufzubrechen, weil er um seine Möglichkeiten weiß, die Reparatur zu bezahlen? Dagegen steht dann wieder: Vielleicht war die Verzweiflung des Gelähmten und sein Wunsch nach Heilung aber auch so groß, daß er ohne jede Rücksichtnahme bereit war, zu Jesus durchzudringen. Gewisser Reichtum wäre auch anzunehmen, wenn es sich mit den Tragenden um Diener handeln sollte (vgl. [3]).
Dann Jesus: ist er schon hier der arme wandernde Lehrer, der das Wort sagen kann: »Die Füchse haben Gruben und die Vögel unter dem Himmel haben Nester, aber der Menschensohn hat nichts, wo er sein Haupt hinlegen kann« (Matthäus 8,20, Lukas 9,58)? Oder ist er hier am Beginn seiner Wirksamkeit noch ausgestattet mit Beruf und eigenem Haus? Mußte er dieses vielleicht erst verlassen, als die Auseinandersetzungen mit seinen Gegnern immer schärfer wurden? Oder hat er es schon verlassen und ist nun bereits im Haus der Schwiegermutter des Petrus oder des Petrus selbst?

(7) Hierarchien
Oben hatten wir schon gesehen, daß mit den Schriftgelehrten das religiöse Establishment der Zeit Jesu in diesem Text repräsentiert ist. Die Schriftgelehrten bilden die hierarchische Spitze. Sie sind die legale bzw. traditionelle Hierarchie. Herausgefordert werden Sie von einer charismatischen Autorität – eine Herausforderung, die letzten Endes nicht gutgehen kann, wie das Markusevangelium verdeutlicht.
Eingebettet ist dieses sein Verhalten in eine Zeit, in der insgesamt die traditionellen Hierarchien und Autoritäten in Palästina unter Druck geraten sind. Die römische Besatzungsmacht hat die jüdische Autorität verdrängt. Widerstandskämpfer gegen die römische Besatzungsmacht, Zeloten und Sikarier, stellen sich gegen die neuen Herren und richten sich zugleich gegen die alten Autoritäten, indem sie Kämpfer aus den traditionellen Beziehungen herauslösen. Gewachsene soziale Strukturen brechen auseinander. Es gibt Landflucht.

Aufgabe

Bitte selbst die weiteren Aspekte beantworten: Was wird über Familie/Außenwelt, Freunde/Gegner, Sklaven/Freie, Beruf/Bildung, Kranke/Gesunde bzw. Behinderte/Nichtbehinderte gesagt? Wie ist nun die hier erarbeitete Gestalt Jesu in die damalige Zeit einzuordnen? Welche Positionen vertrat Jesus in bezug auf die Stellung von Armen, Frauen, Hierarchien usw.? Bitte lesen: G. Theißen, Der Schatten des Galiläers, 13. Aufl., München 1993.

31.1 Soziolinguistik

Bevor Sie hier weiterarbeiten lesen Sie bitte noch einmal Kapitel 17.2.

31.1.1 *Die Sprache des Neuen Testaments: Das Koine-Griechisch*

Entgegen der Betonung von A. Deißmann (Licht vom Osten, Tübingen 1923[4], Kap. 2; 337f.), daß es sich beim neutestamentlich Griechisch um eine Sprache unterer Schichten handelt, geht man heute stärker davon aus, daß in den neutestamentlichen Schriften die allgemeine Umgangssprache der Antike des hellenistischen Raumes ihren Niederschlag gefunden hat. Die Sprache der neutestamentlichen Schriften gehört damit der sogenannten Koine an. Als Koine wird die Verbindung des attischen (klassischen) Griechisch mit unterschiedlichen Dialekten bezeichnet. Die Sprache verbreitete sich vor allem mit den Feldzügen des Alexander des Großen in den Osten. Sie ist weder »die vornehme attizistische Literatursprache, noch die einfache, ungebildete Umgangssprache.« »Das neutestamentlich Griechisch ist als nicht literarische und nicht klassizistische Fachprosa mit den unliterarischen Papyri und mit Schriftstellern wie etwa Epiktet ... zu vergleichen« (Blass/Debrunner/Rehkopf, Grammatik des ntl. Griechisch, Göttingen 1979[15], § 3).

Weil neutestamentliche Schriften in jüdischer Tradition stehen, bzw. von Judenchristen geschrieben wurden, beinhalten sie darüber hinaus sogenannte Semitismen, d.h. Anklänge an aramäische Grammatik, Ausdrucksformen oder einzelne Worte.

Unabhängig davon, daß es sich beim neutestamentlichen Griechisch also um eine umgangssprachliche Form des Griechischen handelt, läßt sich fragen, ob man anhand der verwendeten Sprache auf die Gruppe oder die Person zurückschließen kann, die diese benutzte. So können wir z.B. feststellen, daß sowohl Paulus als auch Lukas ein gehobeneres Griechisch verwenden als andere neutestamentliche Autoren, so daß wir erkennen, daß auch die neutestamentlichen Schriften nicht einheitlich sind. Wo also ist Markus einzuordnen? Schreibt er für die, die des Lesens und Schreibens nicht kundig sind, oder wendet er sich an ein literarisches Publikum? Benutzt er eine geschliffene Prosa, oder formuliert er eher in Anlehnung an die gesprochene Sprache?

31.1.2 Gruppenspezifische Sprache

Wir hatten oben in Abschnitt 17 schon festgestellt, daß unterschiedliche Altersgruppen, Geschlechter und soziale Schichten sich auch in ihrer Sprache unterscheiden. Wir könnten nun für Markus 2,1-12 festzustellen versuchen, welche Indizien für die Zugehörigkeit der Sprache zu einer bestimmten sozialen Schicht und Gruppe zu finden sind. Um das zu leisten, benötigten wir jedoch einen umfassenden Vergleich unseres Textes mit anderen Texten des Neuen Testamentes und mit weiteren nichtbiblischen antiken Schriften. Das kann hier selbstverständlich nicht geleistet werden.

Aufmerksam gemacht werden soll aber auf einen anderen Zusammenhang, der für die Interpretation biblischer Texte nicht unerheblich ist: Wir finden auch in Markus 2,1-12 Worte vor, die als spezifische Worte der Gruppe der Christen zuzuordnen sind. Im Hintergrund steht hier, daß auch religiöse Gruppen ihre eigene Sprache und Begrifflichkeit ausbilden. So ist z.B. das Wort Messias bzw. Christus für Juden ein bekannter Begriff. In einer christlichen Gruppe wird eben dieses Wort nun in einer ganz eigenen Bedeutung verwendet: der Messias ist nicht mehr die erhoffte künftige Gestalt, sondern eine historische Person, die schon im Menschen Jesus von Nazareth da war. Wenn nun ein Juden-Christ mit einem Juden sprach und das

Wort »Christus« verwendete, dann konnte es durchaus zu Mißverständnissen kommen, wenn das jüdische Gegenüber nicht über die Bedeutung, in der der Christ dieses Wort verwendete, aufgeklärt war. Entsprechend gibt es auch in Markus 2,1-12 einige Worte, die die frühe christliche Gemeinde in einem anderen Sinn verstand, als das jüdisch-griechische Umfeld.

Der Name »Jesus« – abgeleitet von Jeschua bzw. Jehoschua – war im antiken Palästina weit verbreitet. Wenn nun in einer christlichen Gemeinde von einem Jesus gesprochen wurde, dann war dort sofort deutlich, wer gemeint war. So auch in unserer Geschichte. Wird sie aber isoliert betrachtet und erzählt, muß für den Außenstehenden unklar bleiben, um wen es eigentlich geht. Anders im Kontext des Evangeliums: Es beginnt mit den Worten »Der Anfang des Evangeliums von Jesus Christus (des Sohnes Gottes)«.

Ein weiteres Wort, das im christlichen Sprachzusammenhang eine neue Bedeutung gewonnen hat, ist das Wort Glaube. Wir haben im Rahmen der Behandlung der traditionsgeschichtlichen Fragestellung schon darauf hingewiesen.

Auch das Wort »Vollmacht« bekommt im Zusammenhang des Markus einen spezifisch christlichen Klang. Es bedeutet nicht allein »Freiheit, das Recht zu handeln, bestimmen, verfügen wie man will« oder die Fähigkeit zu handeln, das Vermögen, die Gewalt« oder »die Autorität, die Machtvollkommenheit, die Vollmacht, die Befugnis« (nach Bauer/Aland), sondern es meint mehr: Jesus kann nicht nur handeln, kann nicht nur sprechen, sondern sein Handeln und sein Sprechen bewirkt, was es will. Es ist – um es zu paraphrasieren – voller Macht.

32. Redaktionskritik/Kompositionskritik

Bevor an dieser Stelle weitergearbeitet wird, bitte Abschnitt 19 lesen!

32.1 Überblick

Im Abschnitt 19 hatten wir bereits kurz die Funktion der Redaktionskritik im Rahmen der historisch-kritischen Analyse eines biblischen Textes angedeutet. Es stellt sich uns hier die Frage: Warum hat der Autor den Text gerade so geschrieben und aus ihm vorliegenden Material zusammenge-

stellt? – das gilt sowohl für diesen Text als kleine Einheit, als auch für diesen Text im Gesamtkontext seines Evangeliums. Das bedeutet also, daß wir die Einzelelemente des Textes betrachten und in ihrem Gesamtzusammenhang zu interpretieren versuchen.
Des näheren können wir in diesem Abschnitt folgende Fragen stellen:
1. Welche Sachverhalte des vorliegenden Textes sind erst aus dem Kontext heraus verständlich? Welche Konsequenzen ergeben sich durch den Kontext für die Interpretation des Textes?
2. Wenn der Endredaktor bzw. die Endredaktoren Texte aus der Tradition übernommen haben, stellen sich die Fragen: Welche Eingriffe sind im Text erkennbar? Wie hat der Redaktor die ihm vorliegende Tradition überarbeitet?
3. Wenn der Endredaktor einen Text aus der Tradition aufgenommen hat, hat er ihn möglicherweise nicht nur bearbeitet, sondern ihn auch in seine eigene Komposition eingefügt. Warum hat er den Text oder die Textsammlung gerade da eingeordnet, wo sie nun steht? Sichtbar wird, daß wir uns die Fragen nach dem Ziel der Gesamtkomposition des Redaktors stellen müssen.
4. Die Frage nach der Großgattung kann unsere kompositionskritischen Arbeiten abschließen.

Das Ziel der gesamten kompositionskritischen Untersuchung besteht also darin, den historischen und theologischen Standort des Redaktors/Autors zu ermitteln. Auf diese Weise wird der Redaktor auch als Rezipient traditioneller Überlieferung sichtbar, und weiterhin können wiederum Rückschlüsse auf die Textrezeption seiner Zeitgenossen gezogen werden.

32.2 Welche Sachverhalte des vorliegenden Textes sind erst aus dem Kontext heraus verstehbar?

Wir haben oben gesehen, daß die Aufgabe der Literarkritik u.a. darin bestand, den Text, den wir bearbeiten möchten, von seinem unmittelbaren Kontext abzugrenzen, um einen zusammenhängenden in sich abgeschlossenen Text erheben zu können. Dieser abgegrenzte Textbereich diente dann als Arbeitsgrundlage. Schon bei diesem Arbeitsschritt haben wir erkannt, daß der Markus 2,1-12 vorangehende wie auch der nachfolgende Text in sich geschlossene Einheiten bildeten. Sowohl der vorausgehende wie auch der nachfolgende Text sind aber mit Markus 2,1-12 in einem Kontext eingebunden:
So ist in Markus 2,1-12 das Auftreten einer Menschenmenge von großer Bedeutung. Warum diese Menge zusammenkam, wird aus Markus 1,40ff.

deutlich. Die Menge suchte Jesus, weil er einen Aussätzigen geheilt hatte. Nur aus der vorangegangenen Perikope wird deutlich, um wen es sich bei dem »Er«, der nach Kapernaum ging, handelte. In unserer Perikope wird Jesus nämlich erst in Vers 5 mit seinem Namen genannt.
Aber es ist nicht nur die vorangehende Perikope Grundlage für ein Verstehen unseres Textes. Das Wort »er ging wieder nach Kapernaum« weist auf einen anderen der Leserin oder dem Zuhörer bereits bekannten Zusammenhang hin und macht deutlich, daß Jesus schon einmal in Kapernaum war und daß es mit diesem Ort irgendeine Besonderheit auf sich hat. Kapernaum wird zuerst in Markus 1,21 im Markusevangelium erwähnt. Jesus hatte am See Genezareth Jünger berufen und die Botschaft von der Nähe des Reiches Gottes in Galiläa verkündigt. Auf seiner Wanderung war er nach Kapernaum gekommen, war an einem Sabbat in die Synagoge gegangen und hatte dort gelehrt sowie einen Dämon ausgetrieben. In Markus 1,29ff. erfahren wir, daß in Kapernaum das Haus zweier seiner Jünger stand, daß er dort die Schwiegermutter des einen geheilt hatte und daß viele Menschen zu ihm gekommen waren, um sich von Krankheit und Besessenheit befreien zu lassen. Schon hier sind uns also Gründe dafür angedeutet, daß sich eine Menschenmenge vor dem Haus, in dem Jesus sich aufhielt, versammele.
Wer die Hauptperson unserer Perikope ist, warum sich eine Menschenmenge versammelt, was es mit der Stadt und dem Haus, in dem die Hauptperson sich aufhält, auf sich hat und warum ein Gelähmter zur Hauptperson gebracht wird, schließlich auch der Inhalt dessen, was die Hauptperson zu sagen hat, all das erschließt sich uns somit aus dem Kontext, der unserer Perikope vorausgeht. Hätten wir diesen Kontext nicht, wäre Markus 2,1-12 zum Teil nicht zu verstehen. Aber nicht nur ein grundsätzliches Verstehen unserer Stelle wird durch den Kontext überhaupt erst möglich, das Erzählte bekommt auch durch das bereits Vorangegangene ein besonderes Gewicht: Würde nämlich in Markus 2,1-12 nur ein Wunder erzählt und nur von einem Streitgespräch berichtet, dann wäre dies eben ein Wunder und ein Streitgespräch. Da dieses eine Wunder jedoch in einer Kette von Wundern eingeordnet ist, wird sichtbar: Hier handelt es sich nicht um einen Zufall, hier wird ein wesentliches Merkmal des Auftretens Jesu berichtet. Zum anderen wird in unserer Perikope das erste Streitgespräch einer Reihe anderer Streitgespräche berichtet, so daß dadurch schon jetzt besonders deutlich wird, mit wem Jesus solche Auseinandersetzungen zu führen hatte. Natürlich können auf diese Weise auch die Apophthegmata, d.h. die sich um Worte Jesu rankenden Erzählungen, besonders pointiert werden.

32.3 Welche Eingriffe durch den Redaktor/die Redaktoren sind im Text erkennbar?

Der Text wird also in seinen Kontext eingepackt – und darum sind die Veränderungen durch einen Redaktor in erster Linie am Anfang und am Ende einer Perikope zu vermuten. Im Rahmen des synoptischen Vergleichs wurde das besonders schön bei Matthäus sichtbar: Er hat die Geschichte von der Heilung des Gelähmten in eine vollständig andere Situation eingebettet und mußte darum massiv in den Text eingreifen. So mußte er z.B. den Bericht von der Menschenmenge, den er in seiner Markusvorlage gefunden hatte, weglassen.

Können wir nun solche Eingriffe durch Markus oder die Redaktoren vor ihm auch in unserem Text erkennen? Eine Frage, die nicht leicht zu beantworten ist und der man sich am ehesten nähert, indem man nach sogenannten Vorzugs- bzw. Lieblingsworten des jeweiligen Autors sucht. Ein solches Wort wäre im Mattäusevangelium z.B. »Himmelreich/Reich der Himmel«, das dieser Autor gerne anstelle des Wortes »Königsherrschaft/ Reich Gottes« verwendet (vgl. z.B. Matthäus 4,17). Hier und manchmal auch im Satzbau und in anderen sprachlichen Elementen des jeweiligen Autors drückt sich ein ganz individueller Stil aus. Wie dieser bei Markus aussieht, können Sie am besten in einem einschlägigen Kommentar (z.B. Gnilka, EKK II) nachlesen.

Fraglich ist nun, ob Markus selbst unsere Geschichte an die vorangehende angebunden hat oder ob er hier bereits eine Tradition vorfindet. Als Möglichkeit wird diskutiert, daß Markus hier eine schriftliche Vorlage übernommen hat, wobei man allerdings über den Umfang dieser Vorlage streitet: Manche sehen sie von Markus 2,1-28 reichen, andere von Markus 2,15 – 3,6. Allerdings gibt es auch Exegeten, die die Annahmen einer schriftlichen Vorlage hinter unseren Versen ablehnen. Manche erkennen hier in der Gesamtkomposition zweimal zwei dreigliedrige Streitgespräche (2,15-17 und 2,18-22; 2,23-28 und 3,1-6), andere hingegen schließen Markus 3,1ff. aus, weil ein christologisches Logion fehlt: weil nur im Anhang Vers 6 Gegner genannnt werden, weil ein vielgliedriges Apophthegma vorliegt usw. Oder es wird 1,40ff. ausgeschlossen, weil es sich dann mit dieser Perikope bei der Komposition um eine Novelle handelt und nicht um ein Paradigma mit Apophthegma. Man sieht: der Hypothesen sind viele. Sehr sicher scheint nur, daß der Text zunächst nicht für Heidenchristen geschrieben wurde, denn dann wäre die Zusammenstellung unserer Komposition eigenartig, weil im heidenchristlichen Kontext die Auseinandersetzungen, von denen in unseren Textabschnitten die Rede ist, wohl kaum relevant gewesen sein dürften – höchstens um eine Erklärung für die Verurteilung Jesu zu bieten. Wenn Markus mit unserer Gesamtkomposition bis 3,6 eine traditionelle Zusammenstellung aufgegriffen haben sollte, können wir etwas über den Sitz im Leben der Sammlung sagen. Die Gemeinde hatte diese Geschichten zusammengefügt, um Orientierung und Hilfestellung in der Auseinandersetzung mit Gegnern der Gemeinde zu finden.

> Daß Markus traditionell vorliegende Zusammenstellungen aufgegriffen hat, ist möglicherweise aus der Passionsgeschichte ersichtlich sowie aus Mk 10 (dazu s. H.-W. Kuhn, Neuere Wege in der Synoptiker-Exegese am Beispiel des Markusevangeliums, in: Bilanz und Perspektiven gegenwärtiger Auslegung des Neuen Testaments. Symposion zum 65. Geburtstag von G. Strecker, Hg. v. F.W. Horn, Berlin; New York 1995, 60-90 [BZNW 75]). Bekannt ist aber auch, daß Markus Zusammenstellungen auflösen konnte. Das ist z.B. an Mk 7,31-37 (Heilung eines Taubstummen) und 8,22-26 (Heilung eines Blinden) der Fall. Beide Geschichten haben einen gemeinsamen Aufbau.
>
> Aus diesem parallelen Aufbau, vor allem aber auch daraus, daß die Akklamation im zweiten Wunder fehlt, ist zu erkennen, daß beide zusammengehörten und daß das zweite Wunder dem ersten vorgeschaltet gewesen sein wird. Übrigens: Weil die Leute in der Blindenheilungsgeschichte gehört/gesehen haben, daß Jesus die Hände auflegt, darum bitten sie in der zweiten Geschichte, daß Jesus die Hände auflegen möge. Der Erzähler hat also logische Reihenfolgen beachtet. Auch ist dieses magische Element (um es etwas pauschal zu sagen) in diesen Wundern singulär.

In diesem Zusammenhang sei noch einmal darauf hingewiesen, daß die Sündenvergebungsgeschichte (Mk 2,1-12) wohl kaum von Markus zu dem Wunder hinzugefügt worden ist, sondern von ihm schon mit der möglichen Erweiterung übernommen wurde. Die Begründung für diese Aussage ist darin zu sehen, daß Markus (bzw. seine Tradition) die Gelähmtenheilungsgeschichte nur in den Zusammenhang mit Streitgesprächgeschichten einfügen konnte, weil sie diesen Ansatz eines Streites schon beinhaltete. Es ist nicht ersichtlich, warum er gerade in die Gelähmtenheilungsgeschichte dieses Thema hätte einfügen sollen. Warum hat die Tradition es hier einfügen sollen? Weil es ein bestimmter »Sitz im Leben« vorgegeben hatte. Ein weiteres Argument liegt darin, daß – wie im Rahmen der Formgeschichte gesehen – viele christliche Wunder ein lehrhaftes Element beinhalten. Diese Elemente sind kaum von Markus eingefügt worden, sondern haben insgesamt schon im Laufe der Überlieferung in diese Wunder Eingang gefunden.

32.4 Die Frage nach der Stellung des Textes in dieser Großgattung

Weil wir erst unten näher auf die Großgattung Evangelium eingehen wollen, kann hier nur ein grober Abriß über die Stellung unseres Textes im Ganzen des Evangelium gegeben werden: Markus 2,1-12 befindet sich am Beginn des Evangeliums und führt deutlicher als Markus 1,40ff. in die Auseinandersetzung Jesu mit zeitgenössischen Autoritäten ein, denn dort könnte die Aufforderung Jesu an den Geheilten, sich dem Priester zu zeigen und das Reinigungsopfer darzubringen, noch aussagen wollen, daß die Opposition Jesu nicht grundsätzlicher Natur ist, er also den Tempel als solchen nicht ablehnt.

Seben haben wir erkannt, daß unsere Geschichte ursprünglich ihren Ort in einer Sammlung hatte, die die christliche Gemeinde in Auseinandersetzungen mit ihren Gegnern stützen sollte. Durch den neuen Kontext im Markusevangelium wird sie Teil der Jesusbiographie, womit sich die Intention der Geschichte verschoben hat.

Aufgabe

Wie wäre die Geschichte zu interpretieren, wenn Markus sie im Kap. 10 eingeordnet hätte? Das Kap. 10 hat innergemeindliche Themen in den Mittelpunkt gestellt. Dort würde also Mk 2,1-12 zur innergemeindlichen Diskussion einen Beitrag bieten. Wieder anders wäre die Geschichte zu interpretieren, wenn sie im Rahmen der Passion oder im Rahmen der Jerusalemer Auseinandersetzungen eingeordnet worden wäre. Im erstgenannten Fall würde sie zu Jesu Verurteilung beigetragen haben, im zweiten Fall würde Jesus eindeutig gegen den Tempel und seinen Kult eintreten. Doch diese Intentionen vermeidet Markus.

32.5 Die Frage nach dem Aufbau, der Struktur des Markusevangeliums: Kompositionskritik

Es geht an dieser Stelle nicht um die »Gattung« Evangelium, sondern um die Frage nach der Komposition. Wie hat Markus sein Evangelium aufgebaut, welche Intentionen verbinden sich mit diesem Aufbau?

Bisher ist jeder Versuch, eine unumstrittene Struktur zu erkennen, fehlgeschlagen. Insofern gibt es so viele Vorschläge, den Aufbau des Markusevangeliums zu verstehen, wie Exegeten, die sich damit befassen. Im folgenden Abschnitt sei – nach den einleitenden Worten – mein eigener Vorschlag dargestellt.

Zu der unten folgenden Darstellung seien noch einige Hinweise gegeben: Den *Hauptteilen*, in die das Markusevangelium unterteilt wird, werden Inhaltsangaben zugeordnet, darüber hinaus ist von »Plots« sowie »Isotopienketten« die Rede. »*Plots*« bedeuten

»Ereignisbündelungen«, d.h. es wird hier mit einem Wort dargestellt, welche Situation gegeben ist (Auseinandersetzung, Belehrung usw.). Solche Bündelungen dienen nicht allein der Kommunikation, sondern haben auch eine kognitive Dimension, d.h. sie erleichtern das Bewahren im Gedächtnis. Die einzelnen Plots werden von »*Isotopienketten*« geprägt. So ist z.B. der Hauptteil VI von dem Wort »Sohn des Menschen« bestimmt sowie vom Wort »Leiden« und den dazugehörigen Paradigmen (Tod, ausgeliefert werden usw.). Anders ist der Hauptteil IV von der Fragestellung »Wer ist dieser?« bestimmt. Darüber hinaus ist immer wieder eine *Ringkomposition* zu erkennen: Seesturm – Seewandel (Hauptteil IV); Pharisäer – Pharisäer (Hauptteil V); Leidensweissagung – Leidensweissagung (Hauptteil VI) usw. Gerade dieses letztgenannte Beispiel bietet sich an, darauf hinzuweisen, daß das Evangelium selbstverständlich von *roten Fäden* durchzogen wird, die die einzelnen Plots zusammenhalten: z.B. der Hinweis auf den Menschensohn schon im Hauptteil I und nicht erst in VI; Leiden in Hauptteil I, V u.a.; der Weg nach Jerusalem (ab Hauptteil V) usw. Und so ist die 3. *Leidens- und Auferstehungsweissagung* – im Gegensatz zur 1. und 2. Leidens- und Auferstehungsweissagung – kein Teilungsmerkmal. Anders die drei (vier) *Summarien* (Zusammenfassung von Jesu Heiltätigkeit). Diese teilen die Abschnitte ein. Allerdings werden Hauptteil II/III sowie III/IV nicht durch Summarien getrennt. Der Grund dafür liegt darin, daß es in II/III nicht um Wunder geht, sondern um lehrhafte Darlegungen. Warum finden wir ab dem Hauptteil V keine Summarien mehr? Das hängt damit zusammen, daß Markus nur in den Hauptteilen I-IV darlegen wollte, wie sehr Jesus die Massen anzieht. Hauptteil V beginnt mit der härtesten Auseinandersetzung – und die Massen verlassen ihn. Er muß sie zu sich rufen – sie kommen nicht mehr freiwillig. An zwei Stellen kommen sie nach Markus wieder, und zwar auf seinem Weg nach Jerusalem (10,1 und 46) und darüber hinaus beim Einzug nach Jerusalem. (Wobei sich mir im Zusammenhang des Einzuges jedoch die Frage stellt, ob es sich hier um Volksmassen handelt, die ihn begrüßen, oder nur um mitziehende Jünger.) Mit Hauptteil V beginnt auch etwas anderes: Jesus muß ins Exil, muß sich in heidnisches Gebiet zurückziehen. Einmal kommt er noch inkognito nach Galiläa, macht sich dann aber auf den Weg nach Jerusalem. Und das ist ein sehr interessanter Punkt: Nachdem Markus Jesus im heidnischen Gebiet (Tyros, Sidon, Dekapolis) gezeigt hat, geht Jesus nach Betsaida – also nicht in das Gebiet des Herodes Agrippa, nicht in den Machtbereich der Schriftgelehrten. Von da aus wendet er sich wieder in den Norden nach Caesarea Philippi – lebt also weiter im Exil. In Caesarea Philippi wird von Petrus das Bekenntnis ausgesprochen. Ab diesem Zeitpunkt ist Jesus deutlich, daß er leiden muß – er kehrt um, besucht zum Abschied kurz Galiläa und wendet sich dann nach Jerusalem.

Neben den genannten Aufteilungsmöglichkeiten ist das Evangelium auch *geographisch* zu untergliedern: Wirken in Galiläa, im Heidenland, Weg nach Jerusalem, Jerusalem. Weitere Strukturen auf der Oberfläche: Das *Verzögerungsmoment.* Der Vater des kranken Mädchens kommt zu Jesus. Er bittet Jesus, mit ihm zu kommen, damit er das Mädchen heile. Jesus geht mit. Doch dann wird dieser Gang durch eine kranke Frau verzögert. Diese wird zuerst geheilt. In der Zwischenzeit ist das Mädchen gestorben. Diese Verzögerung hat jedoch nicht allein die Funktion, das Mädchen literarisch sterben zu lassen, sondern auch die, den Glauben herauszustreichen: Obwohl das Mädchen gestorben ist, soll der Vater – wie er es ja gerade an der kranken Frau gesehen hat – glauben. Oder: Jesus sendet die Jünger aus, damit sie missionieren. Sie sind weg und er beginnt eine lange Rede über Johannes den Täufer. Als Jesus diese beendet hat, kehren die Jünger wieder zurück. Diese Verzögerungsmomente wie auch der parallele Aufbau wurden in der Gesamtdarstellung unten hervorgehoben.

An dieser Stelle sei noch einmal am Rande auf das Wort »Menschensohn« hingewiesen. Es ist auffällig, daß schon im Hauptteil I dieses Wort genannt ist – auch wenn noch lange nicht erklärt wird, was es mit diesem Wort eigentlich auf sich hat. Die Auflösung dieses Rätsels wird erst in 8,27-9,32 geleistet. Somit ist auch ersichtlich, daß auf diese Weise Spannungsmomente aufgebaut werden. Die Aussage, daß Jesus der Sohn Gottes ist, findet sich selten, aber an wichtigen Stellen im Evangelium: So möglicherweise – je nach textkritischer Entscheidung – schon in 1,1; dann wird Jesus im Zusammenhang der Taufe von Gott »mein geliebter Sohn« (1,11) genannt. Ebenfalls spricht die Himmelsstimme in der Perikope von der Verklärung Jesu von Jesus als »mein lieber Sohn« (9,7). Zuletzt erkennt der Heide unter dem Kreuz, daß der gestorbene Jesus Gottes Sohn gewesen ist (15,39).

Eine weitere Möglichkeit ist es, den *narrativen Faden* zu verfolgen, der auch andere Geschichten durchzieht: Es gibt Verbote – der Held (Jesus) übertritt die Verbote – es kommt zu Auseinandersetzungen – der Held verläßt seine Heimatstadt – der Held kehrt wieder zurück.

Dazu vgl. Propp nach Gülich-Raible, Linguistische Textmodelle, München 1977.

Auch ist das Schema: *Mißerfolg – Versuch, den Mißerfolg zu beheben – Erfolg* in den einzelnen Geschichten erkennbar – nicht jedoch so deutlich im Gesamtevangelium. Interessant ist hier zu sehen, daß der Held kaum Versuche macht, dem Mißerfolg zu begegnen. Allerdings wird auf einer anderen Ebene vom Erfolg gesprochen: mit der Auffindung des leeren Grabes und der Rückkehr des Auferstandenen nach Galiläa wird sein Erfolg über die Gegner ausgesprochen. Weiteres Indiz für seinen Erfolg ist das Markusevangelium selbst. Und so gehört auch Mk 2,1-12 in diese (für Menschen eigenartige) Erfolgsstory hinein: Der Hingerichtete ist dessen, dessen Wort in der Gegenwart des Markus noch gilt, an seinem Wort orientiert sich die Gemeinde. Wie Jesus läßt sie sich nicht von »dort sitzenden Gegnern« einschüchtern. So haben diese Texte auch eine Art *»symbolische Tiefendimension«*. Es geht Markus ja nicht darum, allein die Vergangenheit darzustellen, sondern sie für seine Gegenwart zu formulieren. Somit haben alle Texte auch für die *Rezipienten* eine Bedeutung. Diese Bedeutung kann noch intensiver herausgearbeitet werden. Es werden immer wieder Gesten genannt. So reicht Jesus die Hand, er blickt auch auf die, die herumsitzen (Mk 3,34) usw. – was doch wohl den Blick des Erzählers auf die um ihn herumsitzende Gemeinde einbeziehen läßt. Damit ist die besondere Beziehung zu dem Erzählten und der eigenen Situation hergestellt worden.

Auch kann auf der figurativen Ebene eine Struktur erarbeitet werden, das bedeutet, daß Aktanten und Ant-Aktanten (Jesus und Gegner) untersucht werden. So ist z.B. auffällig, daß im Hauptteil I die Schriftgelehrten zugunsten der Pharisäer zurückgedrängt werden, aber im Hauptteil VIII wieder mit anderen die wesentlichen Ant-Aktanten bilden.

Weitere Möglichkeiten s. Breytenbach in: F. Hahn (Hg.), Der Erzähler des Evangeliums. Methodische Neuansätze in der Markusforschung, Stuttgart 1985 (SBS 118/119).

Es gibt also verschiedene Ebenen (generative Parcours), die eine Struktur erkennen lassen. Ringkompositionen, Plots, Isotopienketten, geographische Intention. Die *theologische Intention* soll noch skizziert werden:
- Markus geht es darum, darzulegen, daß Jesus als der Christus nur im Zusammenhang des Kreuzes erkennbar ist.
- Die zweite theologische Intention liegt in der Betonung der Nachfolge – und zwar der richtigen Nachfolge. Das wird an der eigenartigen Aufteilung der beiden Wunder von Mk 7,31ff. und 8,22ff. sichtbar sowie an der zweiten Blindenheilungsgeschichte von Mk 10,46ff. Diese Blindenheilungsgeschichten sollen wohl darauf hinweisen, daß die Augen der Menschen von Jesus selbst geöffnet werden müssen, damit sie die Wunder erkennen (8,14-21) – zum anderen könnte dieses Wunder auch auf Mk 8,27ff., dem Petrusbekenntnis, hinweisen: Jesus muß die Augen öffnen, damit auch seine Nachfolger erkennen, wer er eigentlich ist. (Das zweistufige Heilungsgeschehen könnte zeigen, daß die Jünger ja schon irgendetwas erkannt haben, sonst wären sie nicht bei Jesus – aber es fehlt ihnen noch das richtige Sehen.) Die zweite Blindenheilungsgeschichte soll ebenso den vorangegangenen Satz erläutern: »Der Menschensohn ist nicht gekommen, daß er sich dienen lasse, sondern daß er diene und sein Leben gebe als Lösegeld für viele«; stärker soll er jedoch auf die kommenden Ereignisse hinweisen: »Und sogleich wurde er sehend und folgte ihm nach auf dem Wege«. Welcher Weg ist gemeint? Der Weg der Passion. Der Weg der Nachfolge ist Leidensweg, wie der Hauptteil VI schon deutlich machte.
- Die dritte Intention sehe ich in der Hinwendung zu den Heiden, aber eben nicht gegen die Juden – Jesus lebt ja im Exil. Daß er sich nach Markus nicht gegen Juden wendet, ist meines Erachtens daran erkennbar, daß nach der Verfluchung des Feigenbaums der Hinweis kommt: Glaube und Gebet vermag noch mehr – eben scheinbar Unmögliches, wie im Rahmen der Formgeschichte gesehen. Weiterhin wird gezeigt, daß die Auseinandersetzung mit den Oberen des Volkes geführt wird, und nicht mit dem Volk selbst. Sogar einer der Schriftgelehrten wird gelobt. Nun mag eingewandt werden, daß das Volk die Freilassung des Barabbas forderte statt die Freilassung Jesu. Doch wird deutlich gemacht, daß das Volk durch die Hohenpriester dazu aufgewiegelt wurde. Nicht allein das Volk verläßt Jesus, sondern auch seine Jünger. Das theologische Ziel dieser Darstellung wird im Ruf Jesu ausgesprochen: »Mein Gott, mein Gott, warum hast du mich verlassen?« Alle haben Jesus verlassen. Alle. Darum kann das Volk nicht hinter Jesus stehen – es wäre standhafter als die Jünger.

Einleitung (Exposition)
1,1-6			Johannes
1,7-8			Messiasrede
1,9-11			Taufe (Jesus, der Sohn Gottes, mit Gottes Geist begabt)
1,12f.			Wüste (Versuchung – den Satan besiegt; Engel dienten)
	1,14f.		Antrittspredigt (Motto: Herrschaft Gottes)
		1,16-20	Jüngerberufung (Thema des Evangeliums: Jünger + Nachfolge)
	1,21f.		Predigt in Kapernaum
1,23-28			Wunder: Sabbatexorzismus

1,29-31		Heilungswunder: Schwiegermutter
1,32-34		Summarium: Die ganze Stadt kommt
1,35-38		Auch dahin muß ich gehen

Hauptteil I Jesus ist Herr über …; er tut, was Gegner nicht tun … (Auseinandersetzungsplot 1)
(Isotopienkette [IK]: Sünde; Sünde/Essen; Fasten; Essen/Sabbat; Sabbat)

1,39-45			Wunder: Aussätziger (Tempel – Priester)
2,1-12			Wunder: Gelähmter (Schriftgelehrte)
	2,13-17		Berufung: Levi + Mahl (Schriftgelehrte + Pharisäer)
		2,18-22	Fasten (Johannesjünger + Pharisäer)
2,23-28			Wunder: Sabbatspeisung (Pharisäer)
3,1-6			Wunder: Sabbatheilung + Todesbeschluß (Pharisäer + Herodianer)
3,7-12			Summarium: Von überall her kommen sie

Hauptteil II Vorwürfe: Er ist von Sinnen; im Dienst Beelzebuls; neue Verwandte … (Auseinandersetzungsplot 2)
(IK: die mit ihm; die bei ihm/außer sich sein; Dämon [= unreiner Geist]/heiliger Geist; Mutter/Brüder)

3,13-19			Jüngerberufung
3,20f.			Verwandte
	3,22-27		Böser Geist (Schriftgelehrte)
	3,28-30		Beleidigung des Geistes Gottes
3,31f.			Verwandte
3,33-35			Jünger + neue Verwandte

Hauptteil III Erklärung: Erfolg – Erfolglosigkeit; Qualifizierung des Tuns Jesu + der neuen Verwandten … (Belehrungsplot [Begründung für I+II])
(IK: Fruchttragen; Hören; Sehen; Hören; Frucht; Sehen; Fruchttragen; Samen)

4,1-2			Einleitung zu den Gleichnissen
	4,3-9		Gleichnis: Sämann
	4,10-20		Gleichnis-Auslegung
		4,21-23	Bildwort: Licht
		4,25-26	Bildwort: Maß
	4,26-29		Gleichnis: Schlafender Landmann
	4,30-32		Gleichnis: Samenkorn
4,33f.			Ausleitung der Gleichnisrede

Hauptteil IV Wer ist der? (Identifikationsplot)
(IK: Apostel [Zwölf]; Essen [Brot]; (Un-)Glaube; Meer; wer ist der [Sohn Gottes; Herr; Zimmermann; kein Feldherr]; Macht; Furcht)

4,35-41		Sturmstillung: Thema: Glaube
	5,1-20	Wunder: Gerasener (Mit Hinweis auf die Seinen + Dekapolis)
	5,21-24	Wunder: Jairus-Auferweckung (Glaube)

		5,25-34	Wunder: Blutflüssige (Glaube)
	5,35-43		Jairus
	6,1-6		Wunder + Heimatstadt + Unglaube
	6,7-13		Jüngeraussendung: 12
		6,14-29	Herodes: Wer ist der? + Hinrichtung Johannes des Täufers.
	6,30f.		Jüngerrückkehr
	6,32-44		Wunder: Speisung: 12 Körbe
6,45-52			Seewandel
			| 6,45-8,26 nicht bei Lk

6,53-56 Summarium: Wohin er auch kommt

Hauptteil V Auseinandersetzung und Hinwendung zu Heiden (Auseinandersetzungsplot mit Fluchtfolge) (Der kursiv gedruckte Übergang von Teil V+VI bildet den Höhepunkt des Markusevangeliums außerhalb Jerusalems.)

7,1-13		Reinheit/Unreinheit (Pharisäer + Schriftgelehrte) (Genezareth)
7,14-17		Volkbelehrung (Genezareth)
7,18-23		Jüngerbelehrung (Genezareth)
	7,24-30	Wunder: Exorzismus Syrophönizierin (Heidengebiet)
	7,31-37	Wunder: Taubstummer (Heidengebiet)
	8,1-9	Wunder: Speisung (Heidengebiet: 7)
8,11-13		Wunderforderung der Pharisäer (Heidengebiet)
8,14-21		*Rede gegen Pharisäer + Herodes + Blindheit der Jünger*
8,22-26		*Wunder: Blinder (Bethsaida)*

Hauptteil VI Menschensohn, Tod, Leid, Herrlichkeit; Qualifizierung des Tuns (Auseinandersetzungsplot mit Todesfolge – Einbezug der Jünger)
(IK: Elia; Leiden [Kreuz, Tod]; Auferstehen [Herrlichkeit; strahlend weiß]; Menschensohn [mein Sohn; Christus])

8,27-30		*Petrusbekenntnis (Caesarea Philippi)*
8,31-33		*1. Leidensweissagung: Tod und Auferstehung*
8,34-9,1		Kreuz auf sich nehmen + Einige werden nicht sterben
	9,2-8	Verklärung + Abstieg
	9,9f.	Tod + Auferstehung
	9,11-13	Elias + Leiden
9,14-27		Wunder: Epileptischer Junge (Glaube)
9,27-29		Wunderbelehrung: zu Hause (Beten)
9,30-32		2. Leidensweissagung: Tod und Auferstehung (Galiläa)

Hauptteil VII Nachfolge; Familie (Belehrungsplot)
(IK: Nachfolge; Herrschaft; Leben; Name; Menschensohn)

9,33-37	Belehrung: Diener sein (Kapernaum)
9,38-40	Belehrung: fremder Wundertäter (Diener)

9,41-49			Becher Wasser – Kleine (Diener) – Ärgernis-Worte
	10,1-9		Pharisäer: Ehescheidung (Weg nach Judäa)
	10,10-12		Belehrung: zu Hause über die Ehe
	10,13-16		Segnung der Kinder
	10,17-22		Frage nach ewigem Leben + Reichtum
	10,23-27		Belehrung der Jünger (Reichtum)
	10,28-31		Besitz + Familie verlassen
10,32-34			3. Leidensweissagung: Tod + Auferstehung (Weg nach Jerusalem)
10,35-40			Frage nach Herrschen im Reich Gottes
10,41-45			Erboste Jünger: Dienen
10,46-52			Wunder: Blindenheilung

Letzter Hauptteil (VIII) vor der Passion: Reden im Tempel über Jesus + Gott; Reden über den Tempel + letzte Zeit (Auseinandersetzungsplot + Belehrungsplot)

11,1-11			Aussendung + Vorbereitung (Esel) + Einzug
	11,12-14		Verdammung des Baumes
		11,15-17	Tempelaustreibung
		11,18	Todesbeschluß (Hohepriester + Schriftgelehrte)
	11,19-25		Feigenbaum (Glaube + Gebet)
		11,27-33	Frage nach Vollmacht + Johannes des Täufers (Hohepriester + Schriftgelehrte + Älteste)
	12,1-12		Weinbergpächter (Hohepriester + Schriftgelehrte + Älteste)
	12,13-17		Frage nach Steuer (Pharisäer und Herodianer)
	12,18-27		Frage nach Auferstehung (Sadduzäer)
	12,28-34		Frage nach oberstem Gebot (Schriftgelehrte)
	12,35-37		Frage Jesu (Schriftgelehrte)
	12,38-40		Über Schriftgelehrte
	12,41-44		Witwe + Münze (Tempel)
	13,1-2		Über den Tempel
	13,3-13		Jeder gegen jeden (Eschatologische Rede)
	13,14-20		Endzeit 1: Greuel + Flucht + Gebet (Eschatologische Rede)
	13,21-23		Endzeit 2: Kommen der Pseudochristusse (Eschatologische Rede)
	13,24-27		Endzeit 3: Kommen des Menschensohns (Eschatologische Rede)
	13,28-31		Feigenbaum
		13,32	Nicht vergehen (des [vollmächtigen] Wortes)
	13,33-37		Wachet (= Aufforderung zum Gebet?)
		14,1f.	Todesbeschluß (Akteure = 11,15ff)
		14,3-9	Salbung zum Tod
	14,10f.		Verrat (Judas geht zu Hohepriester)
14,12-17			Aussendung + Vorbereitung (Mahl) + Einzug

Es folgt die eigentliche Passionsgeschichte.

32.6 Die Frage nach der Großgattung

An dieser Stelle wollen wir nun einige Aspekte der Großgattung Evangelium beleuchten. Das Wort »Evangelium« bezeichnet selbst noch keine Gattung, sondern heißt einfach soviel wie die Gute Botschaft (von Jesus Christus). Wir können an dieser Stelle davon ausgehen, daß das Wort Evangelium von vornherein im Sinne von Botschaft über Jesus Christus verwandt wurde.

Das Wort »Evangelium« wurde im ersten Jahrhundert kaum in Sinne einer literarischen Gattung verstanden. Entsprechend haben Matthäus und Lukas ihre Berichte nicht Evangelium genannt und die Überschriften »Evangelium nach ...« sind erst in späteren Handschriften hinzugefügt worden. Erst eine Handschrift vom Ende des 2. Jahrhunderts [Papyrus 66] bezeichnet das Johannesevangelium als »Evangelium«. Komplizierter wird die ganze Angelegenheit allerdings dadurch, daß möglicherweise schon Markion (Mitte des 2. Jahrhunderts) das Wort »Mein Evangelium« bei Paulus (vgl. Röm 2,16) auf das Lukasevangelium bezogen hat. Auch in der Didache (Anfang 2. Jahrhundert) könnte das Wort Evangelium in 8,2 und 15,3ff. als Gattungsbezeichnungen verwendet worden sein. Dort heißt es: »Weist einander zurecht, nicht im Zorn, sondern im Frieden, wie ihr es im Evangelium habt ... Mit euren Gebeten, Almosen und allen Handlungen verfahrt so, wie ihr es im Evangelium unseres Herrn habt« (Übersetzung nach Klaus Wengst).
Kaum Einigkeit ist im Augenblick in der Frage zu erkennen, welcher Gattung Markus oder Lukas selbst ihre Evangelien zuordneten. An welche Gattungstradition lehnte Markus sich an? Wenn Lukas und Matthäus Jesu Leben von Geburt bis zum Tod/bis zur Auferstehung darstellen – befinden sie sich dann noch in den Spuren der Gattung, die auch Markus ohne die Kindheitsgeschichte darzustellen, aufgegriffen hat? Sind die Evangelien gattungsmäßig der hellenistischen Biographie zuzuordnen oder mit Texten alttestamentlicher Verheißung in Verbindung zu setzen? Letztgenanntes ist meines Erachtens besonders bedenkenswert: Es könnte sein, daß die judenchristliche Gemeinde von Jesus berichtete, indem sie vor allem eine alttestamentliche Art des Erzählens aufgriff. So lehnte sie sich möglicherweise an die Elia-Elisa-Geschichten an, und Markus hätte dann wie die alttestamentlichen Redaktoren umlaufende Geschichten gesammelt und in eine gewisse Ordnung gebracht.

Warum nun schreibt Markus sein Evangelium? Welches Ziel verfolgt er? Wir dürfen wohl davon ausgehen, daß es Markus nicht allein um ein Verständnis der historischen Person Jesu geht. Markus will nicht einfach nur sagen, wer dieser Jesus gewesen ist, er hat vielmehr eine Gemeinde im Blick, der er sagen will, was Jesus und seine Botschaft bedeuten. Zwar kennt Markus den historisch-biographischen Ansatz, in dem beispielsweise auch die Elia-Elisa-Geschichten erzählt werden, doch geht es ihm nicht nur um erinnernde Erzählung, sondern um Verkündigung: Markus erzählt sein Evangelium nach dem Passions- und Osterereignis. Er berichtet, indem er vom Vergangenen berichtet, von dem, der jetzt und heute wirksam ist.

Für Markus 2,1-12 folgt daraus, daß Markus das Wunder, von dem er berichtet, zwar historisch verstanden hat, sein Bericht jedoch kerygmatisch zu interpretieren ist: Jesus hat nicht nur geheilt und hat nicht nur Sünden vergeben, vielmehr: Jesus heilt und Jesus vergibt Sünden jetzt im Raum der Gemeinde, die ihm folgt und in der er anwesend ist (vgl. Mk 9,37!). Es geht Markus also nicht primär um die Erinnerung an die Taten Jesu, sondern um die Bedeutung dieser Taten und der Person für die Gegenwart der Gemeinde.

33. Die Frage nach dem Rezipienten/der Rezipientin

In Abschnitt 20 hatten wir bereits kurz einen Blick auf die Weise des Umgangs von Leserin bzw. Hörer eines Textes mit diesem getan und betrachtet, in welcher Weise Leser und Hörerin einen Text möglicherweise verstanden haben können. Einige Anregungen in dieser Hinsicht sollen nun in bezug auf unseren Text Markus 2,1-12 gegeben werden:

(1) Wir können davon ausgehen, wie wir sahen, daß unser Text seinen Ursprungsort in einer juden-christlichen Gemeinde hatte. Wie konnten Hörerinnen und Hörer ihn auffassen, wenn sie auf ihre Wirklichkeit und die Spannungen zwischen Juden und Judenchristen und Heidenchristen in ihrem unmittelbaren Umfeld blickten? Der Text zeigt der Gemeinde: Auch Jesus lebte in solchen Auseinandersetzungen, in denen traditionelle Formen der Religion und das Neue aufeinander prallten. Die Gemeinde des Markus könnte sich, was die Auseinandersetzung mit der jüdischen Gemeinde angeht, in diesem Text wiederfinden und aus dem Mut Jesu Stärkung erfahren.

(2) Wenn die persönliche Situation der Rezipientin oder des Rezipienten von Krankheit oder Sünde geprägt ist, kann dieser Text die Hoffnung auf Zuwendung des auferstandenen Jesus vermitteln, unabhängig von der Frage nach der Auseinandersetzung zwischen Juden und Judenchristen.

(3) Für eine heidenchristliche Gemeinde, beispielsweise in Rom, ist dieser eher individuelle Aspekt der Interpretation wohl der leitende, denn eine Auseinandersetzung mit den jüdischen Autoritäten findet hier ja nicht in dem Maße statt. Möglicherweise hat eine solche heidenchristliche Gemeinde die in unserem Text geschilderte Auseinandersetzung jedoch auf ihre Konflikte mit den sie verfolgenden Autoritäten bezogen.

(4) Das Jesusbild der Rezipierenden als Teil der christlichen Gruppe, die diesen Text häufiger hören, werden von diesem Text geprägt. Für sie wird der Inhalt, werden die Worte und die Taten Jesu, besonders wichtig sein. Anders Menschen, die dafür kaum ansprechbar sind, so z.B. Lucian (z.B. »Der Lügenfreund oder der Ungläubige«), der Wunderberichte als Hocuspocus ablehnt, oder Menschen wie Juvenal (»Satiren«), die Juden (also auch Jesus und Judenchristen) nur in der Satire sehen können, oder ein römischer Soldat, der den Männlichkeitsriten der Mithrasmysterien nahesteht – somit Schwachen und Kranken doch eher fernbleibt.

34. Wirkungsgeschichte

Bevor hier weitergearbeitet lesen Sie bitte noch einmal Abschnitt 21!

34.1 Überblick über die Wirkungsgeschichte von Markus 2,1-12 in den ersten Jahrhunderten

Wir haben schon gesehen, daß die Rezeption von Markus 2,1-12 durch Lukas und Matthäus der Wirkungsgeschichte dieses Textes zuzurechnen ist. In diese gehört in einem weiteren Kreis natürlich auch die Aufnahme unseres Textabschnittes in den Kanon was hier nicht weiter verfolgt werden soll.
Im folgenden Abschnitt soll nun kurz umrissen werden, wie unser Text von den christlichen Autoren in den ersten Jahrhunderten unserer Zeitrechnung aufgenommen wurde. Auf die Rezeption, die der Text in späterer Zeit erfahren hat, kann hier aus Gründen des Umfangs natürlich nicht eingegangen werden.

Melito von Sardes (gestorben vor 190) hat die Gelähmtenheilungsgeschichte in seinen Vorwurf an Israel eingeordnet: Trotz der Taten Jesu, hat das Volk Israel Jesus nicht beachtet (Paschahomilie 78).

Irenäus von Lyon (2.Jh.) verwendet Teile dieser Geschichte in seiner Auseinandersetzung mit dem Gnostiker Markion. Dieser hatte entsprechend der gnostischen Konzeption und Weltinterpretation einen Gegensatz zwischen Jesus und dem Schöpfergott postuliert. Irenäus wendet sich dagegen, indem er die Einheit Jesu mit Gott betont und dazu auch auf unsere Gelähm-

tenheilungsgeschichte zurückgreift. So formuliert er: »Wie konnte er (sc. Jesus) sich als den Menschensohn bezeichnen, wenn er nicht von einem geschaffenen Menschen geboren war; wie konnte er uns die Sünden nachlassen, durch die wir vor Gott unserem Schöpfer schuldig waren ...?« (Haer. 4,33,2; Übersetzung: Klebba [BKV 3f.]). Interessant ist, daß Irenäus glaubende Menschen allgemein mit dem Gelähmten identifizieren kann.
Auch an anderer Stelle verwendet Irenäus die Geschichte. Er schildert, daß die Menschheit sich gegen Gott, den Schöpfer, versündigt hatte und daß Jesus durch seinen Gehorsam den Ungehorsam der Menschen aufgehoben hat. Darum kann Jesus sagen: »Es werden dir deine Sünden vergeben«. Weiterhin: Jesus kann nur darum die Sünden vergeben, weil er selbst von der Sünde der Menschen gegen Gott betroffen ist. Irenäus formuliert: »Der nämlich, der im Anfang von uns beleidigt wurde, der schenkte uns am Schluß Verzeihung der Sünden.« Weil Gott selbst Mk 2,1-12 vergeben hatte, »verherrlichten auch nach der Heilung des Gichtbrüchigen *alle Völker*, die es sahen, Gott.« Und unter direkter Bezugnahme auf unseren Text sagt Irenäus weiter: »Da jedoch der eingeborene Sohn Gottes gekommen war, um die Menschen zu retten, und er den Ungläubigen durch die Zeichen, die er tat, zurief, Gott die Ehre zu geben, und diese die Ankunft seines Sohnes nicht annnahmen und daher an die Vergebung von ihm nicht glaubten, rief er den Pharisäern zu: ›Wisset, daß der Menschensohn die Macht hat, Sünden zu vergeben‹. Als er dies gesagt hatte, ließ er den gichtbrüchigen Menschen sein Bett nehmen, auf dem er lag, und in sein Haus gehen. Dadurch beschämte er die Ungläubigen und zeigte an, daß er selbst die Stimme Gottes ist, durch die der Mensch jene Gebote empfing, deren Übertretung ihn zum Sünder gemacht hatte. Denn seine Gicht war eine Folge der Sünden.« (5,17,1-3)
Dieser Text dient also – gegen die Gnosis – auch als Beleg dafür, daß Jesus und der Schöpfergott zusammengehören.

Clemens von Alexandria (gestorben vor 215) hat in seinem Werk *Paedagogus* eine ganz andere Interpretation. Jesus ist hier der gute Lehrer und Heiler, der für das Wohl des ganzen Menschen sorgt. Clemens von Alexandria schreibt: »›Denn die Heilkunst‹, sagt Demokritos, ›heilt die Krankheiten des Körpers, die Weisheit aber befreit die Seele von den Leidenschaften.‹ Aber der gute Erzieher, die Weisheit, das Wort des Vaters, er, der den Menschen erschuf, sorgt für das ganze Geschöpf, und seinen Leib und seine Seele heilt der allheilende Arzt der Menschheit. ›Stehe auf‹, sagt der Heiland zu dem Gichtbrüchigen, ›nimm das Bett, auf dem du liegst, und gehe nach Hause!‹ Und sofort wurde der Kranke gesund ... Aber auch die Seele für sich allein heilt er durch Gebote und Gnadengaben; doch hält er mit

den Anweisungen noch etwas zurück, an Gnadengaben aber reich sagt er zu uns Sündern: ›Vergeben sind dir die Sünden‹. Wir aber sind gleichzeitig mit dem Gedanken daran unschuldige Kinder geworden ...« (1,5,2f.; Übersetzung: Stählin).
Dieser Text betont, daß Jesus Menschen Gnadengaben zuteil werden läßt – damit erweist er sich als guter Pädagoge.

Tertullian (geboren um 160; gestorben nach 220) verwendet Aspekte unserer Geschichte für theologische Begründungen in ganz anderen Zusammenhängen. Zum einen nimmt er auf Markus 2,1-12 in der Auseinandersetzung um ein Taufproblem Bezug. Eine Frage in der frühen Kirche war, ob den Aposteln, von denen ja nicht erzählt wird, daß sie getauft wurden, das Seelenheil abgesprochen werden muß oder nicht. Tertullian meint dazu in seiner Abhandlung über die Taufe, daß die Erwählung durch Jesus die Taufe beinhalte. Er sagt: »Denn sie waren, dünkt mich, die Nachfolger dessen, der jedem, der bloß an ihm glaubte, schon das Heil versprach. ›Dein Glaube‹, sagte er, ›hat dich gerettet‹, und ›Dir werden die Sünden nachgelassen werden‹ zu einer Person, die glaubte, ohne getauft zu sein.« (12f.)
Ähnlich geht Tertullian in der Abhandlung »Von der Auferstehung des Fleisches« vor. Er versucht plausibel zu machen, daß die Seele allein gar nicht auferstehen kann, sondern der Leib zwingend an der Auferstehung teilhaben muß, weil Seele und Leib untrennbar zusammengehören. Dazu greift er wieder auf unsere Geschichte zurück und formuliert: »Beschäftigt sich die Seele mit irgend etwas – das menschliche Gesicht gibt davon ein Zeichen, das Antlitz ist der Spiegel der Absichten. ... Was die Seele im Herzen tut, das tut sie im Fleische, mit dem Fleische und durch das Fleisch. So macht denn der Herr auch gerade diese Art Fleisch, den Wohnsitz der Seele, beim Tadeln der Gedanken verantwortlich. ›Warum denkt ihr Böses in euern Herzen?‹ ... Also ist auch ohne Tat und ohne Verwirklichung der Gedanke eine Handlung des Leibes« (15; Übersetzung: Kellner [sprachlich wurde das Zitat an die Gegenwart angepaßt]).

Wir sehen also, daß unser Text in der Folgezeit in recht unterschiedlichen Zusammenhängen herangezogen wurde und zum Teil auch als Argument herhalten mußte in theologischen Fragen, die im Text selbst überhaupt nicht zur Debatte stehen. Wir sollten so nicht mit biblischen Texten umgehen. Auch wenn selbstverständlich eine persönliche Interpretation biblischer Perikopen in einer exegetischen Arbeit nicht fehlen darf. Zum Abschluß unseres Durchgangs darum dazu noch ein kleiner Abschnitt.

34.2 Persönliche Interpretationen

Wir haben oben schon angeschnitten, daß wir als Exegeten eines Textes selbst wieder in der Wirkungsgeschichte eines Textes eingereiht sind. Das bedeutet, daß wir mit unserem individuellen Leben hier einem Text begegnen und uns mit diesem auseinandersetzen. Dieser Aspekt hat in der historisch-kritischen Exegese bisher nur sehr wenig Raum gefunden und wenig Konsequenzen gezeitigt. Die historisch-kritische Arbeit ist eine, die sich um die Verobjektivierung von Erkenntnissen bemüht, und der es nicht so sehr daran liegt, das, was ein Text individuell mit dem Exegeten »macht«, sichtbar werden zu lassen. Der Grund dafür ist klar: Unser Leben ist nicht nach allen Seiten gleich kommunizierbar, und wenn mich ein Text in einer ganz bestimmten Weise anspricht, weil ich beispielsweise selbst krank bin und Markus 2,1-12 mir zum Hoffnungstext wird, so muß das für andere Menschen ganz und gar nicht gelten.

Man kann dieses Fehlen der individuellen Interpretation durchaus als Defizit empfinden, was in anderem Zusammenhang deutlicher wird: Die historisch-kritische Exegese hat herausgefunden, daß die Bergpredigt aus unterschiedlichen Traditionen durch Matthäus zusammengestellt wurde. Matthäus hat sie so zusammengestellt, um Jesus als Lehrer und um die jesuanische Botschaft zu profilieren: Handle so, wie es die Worte fordern. Die historisch-kritische Exegese stellt nun nicht dieses Anliegen des Matthäus ins Zentrum ihrer Rezeption, sondern die Frage nach der Stellung der Bergpredigt im ganzen Evangelium, die Frage der Abgrenzung einzelner Stücke usw.

Ähnlich in unserer Geschichte. Markus erzählt ein Wunder und ist von der Realität des Erzählten überzeugt. Wir dagegen gehen von einem literarischen Text aus. Können wir so dem Gehalt des biblischen Textes wirklich nahekommen?

35. Hermeneutik

Bevor an dieser Stelle weitergearbeitet wird, bitte Abschnitt 22 durchlesen!

35.1 Einige hermeneutische Methoden

Im Folgenden geht es nicht, wie unter Abschnitt 22 gesagt, um philosophische Hermeneutik, die dem Wesen des Verstehens nachsinnt, also nicht um Hermeneutik als Theorie der Auslegung, sondern um die praktisch-theologische Bedeutung der Hermeneutik, um die gemeindepädagogische Relevanz der Textauslegung: Wie können Texte so aufbereitet werden, daß sie den jeweils gegenwärtigen Menschen das vermitteln können, was sie zur Zeit ihrer Entstehung Menschen vermitteln wollten? Es kann hier nicht dargelegt werden, daß es die verschiedensten Versuche gibt, Verstehen zu erklären. Verstehen ist das, was für die Gattung Mensch von unschätzbarer Bedeutung ist. Nur weil wir Sprache haben, können wir Erfahrungen mitteilen. Anders als den Tieren ist es uns nicht nur möglich, instinktiv zu handeln oder durch Nachahmung handelnd zu wirken. Es ist uns möglich, durch Sprache Erfahrungen anzueignen, diese angeeigneten Erfahrungen wieder in neuen Situationen flexibel anzuwenden. Durch die Aneignung unterschiedlichster Sachverhalte durch Sprache, durch die Anwendung in neuen Situationen und durch erneutes Weitersagen, sammelt sich nicht nur ein immenses Wissen auf. Sprache, so Heidegger, ist das Haus des Seins (Gesamtausgabe I/12: Unterwegs zur Sprache 156). Sprache prägt das, was ich von der Welt und von Gott überhaupt sehen und aneignen kann.

Wie die Gemeinde seit früher Zeit erkannt hatte, geben die Texte, die heute im Neuen Testament vorliegen, Gottes Handeln neu zu verstehen. Weil Gottes Handeln in Jesus Christus neu verstanden wurde, geben sie uns auch Menschen und Welt neu zu verstehen. Weil hier für die Menschen solche (von Schicksalsängsten und Gottheitenwillkür) befreienden Aussagen gemacht werden, lohnt sich die Mühe, diese Worte verstehen zu suchen und weiterzugeben.

Auch für diesen Arbeitsschritt hat historisch-kritische Exegese korrigierende Funktion. Hermeneutik darf historisch-kritische Exegese nicht ersetzen und hermeneutische Ergebnisse dürfen auch nicht als historisch-kritische Exegese ausgegeben werden. Zum anderen sollte man als Mensch, der sein Tun reflektiert und verantwortet, auch in diesem Bereich wissen, was man tut und das auch andere wissen lassen, wenn Texte für die jeweilige Gegenwart ausgelegt werden.

35.2 Hermeneutik und die bisher dargestellten Arbeitsschritte

Zunächst muß ich mir immer wieder deutlich machen: Was sagt der Text eigentlich? Ich habe mir soviel erarbeitet – was von dieser Fülle will ich der Gegenwart vermitteln? Wichtig ist es, das weiterzuvermitteln, was mir selbst von Bedeutung geworden ist. Es ist selbstverständlich möglich, daß Texte mir bedeutungslos sein können (s.u.). Es ist aber auch möglich, daß ich mich für Texte nicht weit genug öffne, zu schnell über ihre Aussagen hinweggehe, sie nicht einzeln *er-wäge*. Auch wenn in den folgenden Abschnitten nur bestimmte Methodenschritte für den Aspekt der Hermeneutik fruchtbar gemacht werden, so sollte deutlich sein, daß jeder geschilderte Arbeitsschritt (selbst die Textkritik) aufgrund des Erkenntnisgewinns hermeneutisch relevant werden kann.

35.2.1 *Hermeneutik und Formgeschichte*

Die Formgeschichte ist auch für diese Fragestellung ein eminent wichtiger Methodenschritt. Sie ging von dem »Sitz im Leben« des Textes einer Gattung aus, das heißt: der Text bekam an einem ganz bestimmten Ort innerhalb einer Gruppe seinen besonderen Inhalt und Aufbau, seine Intention und Funktion. Die Funktion usw. änderte sich jedoch je nach »Sitz im Leben«. Und so stellt sich die Frage, ob auch Mk 2,1-12 – ein Text, an dem wechselnde »Sitze im Leben« erkennbar wurden (Mission, Auseinandersetzung, Gottesdienst) – diese alten »Sitze« behalten kann oder ob er nicht auch in neue »Sitze«, somit auch zum Teil in neue Gattungen, einfließen kann/muß.

Über Gattungen und gegenwärtigen »Sitz im Leben« kann ich mir Gedanken machen – denn die Änderung einer Überlieferung/einer Gattung ist nicht unbedingt eine unbewußte Änderung. Auch die frühen Erzähler waren keine gedankenlosen Erzähler. Sie haben überlegt, welche Tradition sie aufgreifen wollen, was sie mit dieser aufgegriffenen Tradition ihrer Gemeinde/Zeit sagen wollen und wie sie es sagen wollen.

Diese Frage ist wichtig, weil wir erkennen, daß sich die »Sitze« gegenwärtig kaum verändert haben. Wo wird heute ein Bibeltext weitererzählt, wenn nicht in der Mission, im Gottesdienst, der Lehre, in der Auseinandersetzung? Wenn es gegenwärtig keinen anderen »Sitz im Leben« gibt, kann dann die Gattung verändert werden? Selbstverständlich. Die genannten Hinweise auf den »Sitz im Leben« sind nur ganz grobe Orientierungspunkte. Es gibt: Kinder-, Jugend-, Erwachsenengottesdienste. Es gibt Weiterbildungen unterschiedlichster Art und Weise – und in all diesen ändert sich auch die Art und Weise des Weitererzählens eines Wunders. Damit soll nur angedeutet werden, daß ich mich über die Situation und über die Adressaten genau informieren muß, daß ich mir über die Art und Weise der Vermittlung innerhalb dieser veränderten »Sitze« intensive Gedanken machen muß. Je nachdem, zu welchen Schlußfolgerungen ich komme, verändert sich das Weitererzählen: Ich bleibe nahe an der Gattung Wunder oder ich lege das Wunder zugrunde, um eine »Gattung« Predigt anzuschließen, oder ich benutze (Teil-)Aussagen, damit sie im tröstenden Gespräch wirken können usw.

Wunder können erzählt werden, weil Menschen auch heute wunderhafte Erfahrungen machen. Weil Jesus Christus der Auferstandene ist, weil sein Geist auch in der Gegenwart wirkt, wie die Gemeinde bekennt, darum können Erfahrungen in der Gegenwart neu erzählt werden – auch neu erzählt werden mit Hilfe der Sprachformen, die das Neue Testament anbietet. Andersherum können die neutestamentlichen Sprachformen auch erst die Augen dafür öffnen, was der Auferstandene durch den Geist Gottes heute noch wirkt. Wenn wir die Wunder aus dem Neuen Testament nicht kennen würden – würde ich erkennen, daß der Auferstandene (an mir) Wunder tut? Die Gattung hilft, an Erfahrungen reicher zu werden. Wenn diese Gattung als veraltet abgelehnt wird, dann wird die Brille, die das Sehen ermöglicht, zerstört. Die Brille dient jedoch nicht dazu, daß sie immer wieder von allen Seiten angeschaut wird (also daß nur der neutestamenhtliche Text von allen Seiten gewälzt wird). Sie ist Hilfsmittel dafür, in der Gegenwart den Auferstandenen wirken zu sehen.

35.2.2 *Hermeneutik und Traditionsgeschichte*

Schon im Zusammenhang der Traditionsgeschichte wurde auf die Hermeneutik verwiesen.

Wenn wir den Inhalt eines Wortes, den es in der Antike gehabt hat, erarbeiten, dann kann es für die Gegenwart fruchtbar gemacht werden. Wenn wir wissen, welche Bedeutung ein Wort für die Menschen der Vergangenheit gehabt hatte, dann können wir diese auch für die Gegenwart herausfinden. An einem Beispiel dargestellt:
Das Wort »Herr« für Jesus, hatte für die frühe Gemeinde große Bedeutung. Das ist z.B. an Traditionen erkennbar, die Paulus aufgenommen hat. Warum hatte das Wort »Herr ist Jesus« große Bedeutung für die Gemeinde? Es wimmelte damals von Herren und Herrschaften. Der Sklave hatte seinen Herrn, der Arme hatte seinen Großgrundbesitzer für den er arbeitete – überall schwirrten die Herren herum und machten denen, die keine Herren waren, das Leben schwer. Wenn nun Jesus als »Herr« bekannt wird, dann muß das seine Bedeutung haben: Er war kein Sklavenhalter, er war kein Großgrundbesitzer – er war der Herr, der aus Liebe sein Leben auch für die Menschen, die nicht Herren waren, hingab (vgl. Gal 2). Die Herrschaft, die er ausübte, zügelte das Schicksal, nahm die Herrschaften zwischen Himmel und Erde an die Leine: denn die Glaubenden gehören nur ihm. Alle anderen Herren und Gewalten hatten an ihm ihren Meister gefunden – und konnten nicht mehr schaden. Daß das Thema (Be-*Herr*-schung des Schicksals usw.) nicht nur für die christliche Gemeinde

von Bedeutung war, kann an einem Gebet erkannt werden, das im Zusammenhang der Isismysterien gesprochen wurde. Apuleius schreibt in seinen Metamorphosen: »Heilige Frau und Menschheitsretterin immerdar, allzeit hilfreicher Hort der Erdenkinder, ja du erweisest süße Mutterliebe den Elenden und Geschlagenen! Nicht Tag noch Nacht oder auch nur ein kurzer Augenblick vergeht ohne deine Gnadenwirkung; keiner, da du nicht zu Meer und Land die Menschen behütest, Gewitter des Lebens verscheuchst und deine Rechte zur Hilfe reichst, sie die selbst unentwirrbar verstrickte Parzenfäden auflöst, Schicksalsstürme besänftigt und böse Sterne in ihrem Laufe hemmt. ...« (11,25; Übersetzung: Brandt/Ehlers). Also: Für die damalige Gemeinde hatte das Bekenntnis »Herr ist Jesus« wesentliche Bedeutung für das Leben. Sie empfanden Geborgenheit gegenüber allen Zufällen und Schicksalen, Sterne – die in Form der Astrologen das Leben der Menschen knechteten – verglühten. Die menschlichen Herren bekamen nun ebenfalls einen Herrn – besonders schön ist das am Brief des Paulus an Philemon zu sehen ... Durch den Glauben an diesen Herrn bekam das chaotische und unbehütete Leben Geborgenheit. Und weil der Mensch heute wie damals solchen Chaos-Erfahrungen ausgeliefert ist, sich immer noch von vermeintlichen Herren und Herrinnen (dem Schicksal usw.) abhängig weiß – die ihn somit ängsten –, darum kann heute noch das Bekenntnis »Herr ist Jesus« positive Bedeutung erlangen.

Hilfestellung bietet also die Traditionsgeschichte darin, Worte in ihrer ursprünglichen Bedeutung wieder bewußt zu machen und dadurch die mögliche Relevanz auch für die Gegenwart zu erkennen. Darüber hinaus verhilft die Traditionsgeschichte dazu, ganz normale Alltagsworte in einem neuen Licht zu erkennen.

Texte bekommen für Menschen nicht allein dann Bedeutung, wenn sie ihre Situation widerspiegeln, sondern auch dann, wenn sie eine gewisse Fremdheit beinhalten. Diese Spannung zwischen Fremdheit und Vertrautheit sollte nicht aufgehoben werden. Was vollkommen vertraut ist, scheint unwichtig. Über Vertrautes gehen Menschen leichter hinweg. Darum ist eine Prise Fremdheit in der Interpretation zu belassen. Wenn ich mich an einem Text nicht mehr reiben kann, dann wird er langweilig.

Das bedeutet z.B. für Mk 2,1-12, wenn Wunder für den Verstand keine Herausforderungen mehr bilden, was ist dann schon ein Wunder? Werden Menschen nicht erst durch solch eine Herausforderung für Wunder offener, so sie diese nicht von vorneherein für unmöglich halten?

35.2.3 Hermeneutik und Sozialgeschichte

Es geht der Sozialgeschichte – vor allem in der Rezeption durch die Theologie der Befreiung (s. L. Boff, Jesus Christus der Befreier, 19-23) – um das Verstehen Jesu aus seinem Umgang mit Menschen der untersten sozialen Stufe. Jesus wird hier aus seinem Einsatz für Arme heraus verstanden und wird Vorbild für den eigenen Einsatz gegen Ungerechtigkeit. Wichtig ist, daß Jesus selbst ein Armer war und nicht aus der Herablassung eines Reichen wirkte. Theologie der Befreiung wendet sich gegen die bürgerliche Auslegung, die die Texte aus der Distanz heraus – scheinbar neutral – zu verstehen sucht. Jesus und sein Verhalten ist aufgrund der gleichen Lebenssituation verstehbar: Weil ich arm bin wie er, darum kann ich sein Handeln verstehen. Wer reich ist, kann Jesus nicht verstehen, weil er nicht in der Situation Jesu lebt.

»Die Pharisäer waren schnell gegen Jesus eingestellt. Sie fühlten sich als ›gute Leute‹. Sie waren sehr eingebildet, weil sie die ganze Bibel auswendig kannten. Aber was geschah? Das Wichtigste hatten sie nicht kapiert: Gott ist da, um den Armen und Unterdrückten zu helfen und sie zu befreien. Die Pharisäer standen auf der Seite der Reichen und Mächtigen und führten sich gerne groß auf.« (Es folgen Texte aus Lk 16; Mk 2,23ff.; 3,4ff.) »Lied: Sie wollten von mir, ich sollte sagen,/ daß Gott ein Diktator ist;/.denn mit dem geschulterten Gewehr/ halten sie sich an der Macht wie ein Gott. // Wenn du den Armen/ zu deinem Bruder machst,/ kannst du gut verstehen,/ daß sich die Reichen/ Gott nach ihrem Bilde machen,/ aber der lebendige Gott ist ganz anders.« (Aus: E.P. de Bambamarca, Vamos Caminando. Machen wir uns auf den Weg! Glaube, Gefangenschaft und Befreiung in den peruanischen Anden, Freiburg/ Münster 1983, 215)

35.2.4 Hermeneutik und Redaktionskritik

Die Rezeption traditioneller Texte und ihre Umwandlung für die Gegenwart des jeweiligen Redaktors kann für unsere Gegenwart hermeneutisch relevant werden. Die Synoptiker haben ihre Texte nicht einfach übernommen, sondern in ihre Zeit hineingestellt. Was können wir von ihrer Vorgehensweise in der Textrezeption lernen? Hier kann die in Abschnitt 32 genannte Arbeitsweise des Markus nicht wiederholt werden, darum sei auf diesen Abschnitt verwiesen.

Wichtig sei an dieser Stelle nur, daß die Freiheit, Traditionen in neue Kontexte zu stellen, uns als Vorbild dienen kann. Texte sterben, werden nichtssagend, wenn sie immer wieder mit dem alten Sinn wiederholt werden. Im Grunde dürften sie nur wörtlich wiederholt werden, wenn sie keine andere Interpretation erfahren sollen. (Was allerdings eine Unmöglichkeit ist, weil jedes Lesen – wie gesehen – Texte wieder neu macht.) Es stellt sich an dieser Stelle die Frage nach der historischen Treue. Wir haben erkannt, daß bei den Evangelisten historische Treue und kerygmatischen Treue miteinander spielen. Was bedeutet der vorösterliche Jesus, wenn er nicht verkündigt wird? Er wäre ein Alexander der Große, dessen Größe in Geschichtsbuchblättern sein Dasein fristet. Dennoch ist historische Treue erkennbar. Und das ist ja das Interessante an der Gattung »Evangelium« (Abschnitt 32,6). Darum entbindet uns ein neutestamentlicher Redaktor nicht von der Pflicht, unsere Verkündigung an historischen Begebenheiten anzuknüpfen.

35.3 Hermeneutik und Übersetzung des Textes in die Gegenwart

35.3.1 Einleitung

Wie kann in der Übersetzung des Textes für die Gegenwart konkret vorgegangen werden? Dazu ist es wichtig, die Zielgruppe zu kennen.

- Es können bestimmte Aspekte aus dem Text isoliert werden. Nicht nur, wie in der Traditionsgeschichte gesehen, bestimmte *Worte*, sondern auch bestimmte *Inhalte*. So in Mk 2,1-12 z.B. die Bitte (sei es die intendierte Bitte oder über den Text hinausgehend die ausgesprochene Bitte); es kann das Hingehen zu Jesus ausgeschmückt und intensiviert werden.
- Es kann die *Stoßrichtung* des Textes in das Zentrum der Darstellung rücken: Jesus als Heilender, Jesus als Sündenvergebender. Darüber hinausgehend kann evtl. sogar die Gemeinde als die, die in der Nachfolge Jesu Sündenvergebung zuspricht, angesprochen werden. Diese Thematisierung ist dann möglich, wenn die Frage, ob die Gemeinde diesen Text erzählt hat, um die eigene Sündenvergebungspraxis zu legitimieren, positiv beschieden worden ist.
- Es kann das ganze Evangelium in den Blick genommen werden: Wie schildert das Evangelium Jesus Christus; wer ist er für die Gemeinde, die dieses Wunder Mk 2,1-12 weitererzählt, in der Gegenwart? Welche Bedeutung hat die Geschichte im Rahmen der Gesamterzählung? Z.B. Sündenvergebung am Beginn des Evangeliums – hat das damit zu tun, daß hier die Voraussetzung dazu geschaffen wurde, das Evangelium verstehen zu können?
- Es können Erfahrungen, die ein Text ausspricht, die gegenwärtig aber keine (große) Bedeutung mehr haben, in das Zentrum der Betrachtung gestellt werden: Warum haben wir diese Erfahrung nicht mehr? Können diese Erfahrungen neu ins Blickfeld der Gemeinde gerückt werden? Haben wir ähnliche Erfahrungen – doch nennen wir sie anders? Z.B. die Frage nach der Sünde: Sie spielt kaum mehr eine Rolle. Warum? Verdrängen wir das Sprechen davon? Schadet es, wenn wir das verdrängen? Wo schafft sich dieses Verdrängen schlimme Ventile? Gibt es noch Vergebung – oder heißt es: Aushalten? Geben wir Raum, in denen Menschen ihre Sündenerfahrungen artikulieren können, in dem sie befreit werden können? Wie gehen Menschen heute mit ihrer Krankheit um? Müssen sie sie alleine tragen? Können wir als Gemeinde tragen, vielleicht sogar überwinden helfen?
- Thema der Verkündigung ist immer Jesus Christus, das Wort und Handeln Gottes. Es ist leichter, an dieser Stelle die Gemeinde ins Zentrum zu rücken: Diakonie und ihre Heilungsbemühungen – aber ist das die Intention des Textes? Es geht Mk 2,1-12 nicht um die Institution, die heilt, sondern um die Zuwendung durch den Einzelnen. Und zwar geht es um die Zuwendung eines ganz bestimmten Einzelnen. Wie ist dieser, also Jesus Christus, im Zentrum zu lassen? Es geht darum, den

einzelnen Hörern und Hörerinnen durch Zuspruch seiner Nähe zu helfen; es geht aber auch darum, durch Wort (wie es das Wunder als Erzählung ja tut) und Tat zu ermahnen, die Erfahrung der Nähe Jesu Christi zeichenhaft anderen zu vergegenwärtigen (s. das Wort gegen die Herzensverhärtung).

35.3.2 Ein hermeneutisches Viereck

Folgende Sachverhalte müssen bei der Interpretation eines Textes berücksichtigt werden:

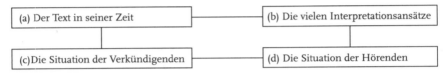

(a) Ich suche den Text mit Hilfe der in diesen Blättern vorgestellten methodischen Arbeitsschritte zu verstehen.
(b) Ich sehe an Hand von Sekundärliteratur (Kommentare, Auslegungen anderer) wie dieser Text verstanden wird/wurde.
(c) Ich suche meine Situation zu erkennen. Danach lese ich den Text erneut und lasse ihn auf meine Situation hin sprechen.
(d) Ich suche die Situation der Adressaten zu erkennen. Nach diesem Prozeß lese ich den Text erneut.

Der Schritt (c) ist wichtig, auch wenn meine Situation und die der Adressaten unterschiedlich ist. Ich merke nämlich, daß der Text sprechen kann. Er geht mich an. Wenn ich das gemerkt habe, dann möchte ich aus dieser Betroffenheit auch andere mit Hilfe des Textes Orientierung usw. geben. Wie gesehen, ist es wichtig, den Schritt (d) zu beachten. Ich kann in einem Krankenhaus – wenn ich Mk 2,1-12 zugrunde lege – schlecht von dem Verhältnis Jesu zu den Schriftgelehrten reden, sondern suche eher den Kranken angemessene Themen aus. Vor allem wird ein Predigttext ja vorgelesen. Wenn die Adressaten diesen Text hören und ich hebe Punkte des Textes hervor, die sie nicht interessieren, dann lasse ich sie mit diesem Text allein – was selbstverständlich manchmal besser wäre als eine Predigt. Die Punkte (a) und (b) sind von Bedeutung: Ich muß Texte (wie Zuhörer und Zuhörerinnen) vor mir selbst schützen. Sie ermüden, wenn sie an verschiedenen Sonn- und Feiertagen die unterschiedlichsten Predigttexte vorgelesen bekommen – doch die Predigt immer auf dasselbe Thema zuläuft. Durch Beachtung der Punkte (a)(b) bekomme ich auch Inhalte zu fassen, die mir und meinen hörenden Zeitgenossen und -genossinnen nahegehen können.

Es ist selbstverständlich nicht zu erwarten, daß jeder dieser Arbeitsschritte und der soeben genannten Ansätze, jedesmal durchzuexerzieren ist. Pfarrerinnen und Lehrer haben – um ein berühmtes Wort gegen exegetische Arbeitsschritte aufzugreifen – auch anderes zu tun, als sich die ganze Woche mit solchen Vorbereitungen für eine Predigt zu befassen. Doch sollten diese Schritte in einem gewissen Zeitraum neu eingeübt werden, dann geht vieles »automatisch«. Das Gehirn wird wacher, es springt schneller auf bestimmte Aussagen an usw. Vor allem sollte jedoch die Liebe das Ziel allen Bestrebens sein: Liebe zu Gott und Jesus Christus, Liebe zum biblischen Text, Liebe zu mir und den Adressaten und Adressatinnen der Botschaft.

35.3.3 Unterschiedliche und gemeinsame Erfahrungen

Der Text kann andere Erfahrungen mitteilen, als meine Zeitgenossen und ich machen. So z.B. die Heilung: Jesus Christus hat geheilt – und ich bleibe krank. Ich breche bei ihm die Türen und Dächer ein – aber es hilft nichts. Wie kann ich damit umgehen? Kann ich die Erfahrungen anderer Menschen im Neuen Testament zu Rate ziehen? Z.B. Paulus: Paulus konnte heilen – doch er selbst blieb krank. Er empfand darin einen großen Trost: Denn gerade dadurch, daß er krank die Botschaft weitersagte und Menschen dennoch zum Glauben gekommen sind, hat er die Kraft des Herrn in seiner Botschaft wirken sehen (2 Kor 12). Oder: Jesus gibt sich in Gethsemane ganz in den Willen Gottes – so daß die Menschen am Kreuz spotten: Er half anderen – sich selbst kann er nicht helfen ...
Doch müssen wir vorsichtig sein, vorschnell diese Wege zu gehen. Wir sollten bekanntlich versuchen, nicht gegen den Text zu predigen. Wenn wir Mk 2,1-12 vorlesen und dann sagen: »Heilung darf aber nicht erwartet werden, sondern besser ist es, sich in Gottes Willen zu begeben«, dann nehmen wir Mk 2,1-12 nicht ernst. Vielleicht ist es manchmal besser, den Stachel nicht zu ziehen. Viele Beziehungen – auch die zu Gott – sind zu erkämpfen. Und dazu gehört die Erfahrung der Enttäuschung. Als Gemeinde können wir oft nichts anderes tun, als uns gegenseitig in den Rätseln und Spannungen den Arm zu reichen, tragen zu helfen. Das ist immer besser als billige Auswege.
Unterschiede zwischen uns und dem Text können auch dazu führen, unsere Zeit zu hinterfragen. Die Texte als unangenehme Mahner stehen zu lassen. Nicht unbedingt als unangenehme Mahner gegen Buhmänner und -frauen der jeweiligen Zeit – sondern gegen unseren eigenen eingeschlagenen Weg. Es bedarf einer Empfindsamkeit gegenüber dem eigenen Leben, der eigenen Zeit. Zeitströmungen, das, worüber sich alle zu gewissen Zeiten aufregen, in den Gottesdienst und den Unterricht zu bringen, kann

sinnvoll sein – es sei jedoch Vorsicht geboten: Predigten und Schulstunden, die (mit zeitlicher Verzögerung und unablässig) nur widerkäuen, was alle sowieso schon sagen, klingen eher nach Rat- und Sprachlosigkeit. Da möchten Texte abhelfen. Und sie können es auch. Ich muß nur mit gespitzten Ohren neugierig auf sie hören.

Biblische Texte berichten nicht nur die Hinwendung Gottes zum Menschen – sie können sie auch sein. Es gilt sich in diese Bewegung Gottes zum Menschen hineinzustellen. Ich bin nicht der, der den Text beherrschen darf. Gottes Wort wird in der Geschichte und im Menschlichen ausgesprochen. Ich bin nur ein Teil dieser Geschichte. Es liegt an mir, dieser Bewegung Gottes zu den Menschen Verbindlichkeit zu verleihen. Gottes Wort (im Sinne von Abschnitt 3) ist ernstzunehmen – doch nicht mit einem Bier-Ernst. Wie Jesus Christus nicht verkrampft mit dem Wort des Alten Testamentes umgeht – so brauchen wir nicht verkrampft damit umgehen. Der Geist Gottes ist ein lebendiger Geist. Und Lebendigsein heißt auch: Überraschend sein. Es muß aber unbedingt beachtet werden!: Jede Auslegung muß historisch-kritisch verantwortbar sein, das heißt die hermeneutische Umsetzung darf sich nicht gegen die Aussagen und Intention des Textes wenden.

35.3.4 »Acht Fragestellungen«

Aufgabe

Es ist ganz hilfreich am Schluß der Arbeit – nicht allein in Bezug zur Verkündigung – zu beachten, was der Text Mk 2,1-12 zu den in Abschnitt 22 genannten Fragestellungen sagt. Mit dieser Aufgabenstellung schließt Teil III. dieses Proseminars.

Methodenblatt I (zu den Abschnitten 5-7)
Vorbereitung der Auslegung

1. Übersetzung des vorgegebenen Textes

Wir beginnen unsere Exegese stets mit der Übersetzung des Textes. Bitte beachten Sie dabei, daß die Übersetzung im Laufe der Arbeit immer wieder überprüft und den neuen Erkenntnissen angepaßt werden muß! Das Ziel der eigenen Übersetzung ist es nicht, früheren Übersetzerinnen und Übersetzern Konkurrenz zu machen, sondern ein eigenes, tieferes Verständnis des Textes zu erlangen.

Wer kein Griechisch kann, sollte bei diesem Arbeitsschritt die ihm vertraute Übersetzung mit anderen Übersetzungen vergleichen.

Hilfsmittel s. Anhang II.1.3.

2. Gliederung des Textes

Gliedern Sie Ihren Text, sei es nun ihre eigene Übersetzung oder eine, die Sie als Arbeitsgrundlage heranziehen wollen. Das Ziel einer Gliederung liegt darin, die Diskussion über bestimmte Abschnitte zu erleichtern. Allerdings ist sie immer wieder recht subjektiv. Sätze sollten in möglichst kleine sinnvolle Einheiten unterteilt werden.

1a	Καὶ εἰσελθὼν πάλιν εἰς Καφαρναοὺμ	Und wieder hineinkommend nach Kap.
1b	δι' ἡμερῶν	nach Tagen
1c	ἠκούσθη ὅτι ἐν οἴκῳ ἐστίν	wurde gehört, daß er im Haus ist.
2a	καὶ συνήχθησαν πολλοὶ	Und viele versammelten sich,
2b	ὥστε μηκέτι χωρεῖν	so daß kein Platz war
2c	μηδὲ τὰ πρὸς τὴν θύραν	auch nicht vor der Tür.
usw.		

3. Einleitungsfragen – die 7 W's

In diesem Arbeitsschritt klären wir grob und im Überblick den »Horizont« unseres Textes. Wir fragen:
(1) *Wer* ist der Autor? (Frage nach Geburtsort, Geburtsjahr, Erziehung, Bildung, Beruf, weitere Tätigkeiten usw.)
(2) *Wo* schrieb der Autor den Text?
(3) *Wann* schrieb er ihn? (Frage nach der Zeit; mit der Frage nach der Zeit kommt die Situation in den Blick: lebt er in einer Zeit der Verfolgung, der Ruhe usw.)?
(4) *Wem* schrieb er? (Wo lebten die Adressaten; in welcher Situation lebten sie: in einer Zeit der Verfolgung, der Ruhe usw.)?
(5) *Was* schrieb er? (Themen)
(6) *Wie* schrieb er? (Frage nach der Gattung: Brief, Evangelium, Roman usw.; Frage nach der Sprache: griechisch, aramäisch usw.)
(7) *Wozu/Warum* schrieb er? (Zweck der Schrift)

Hilfsmittel s. Anhang II.1.4 und 9.

Methodenblatt II (zu den Abschnitten 8 und 23)
Textkritik

Textkritik sucht hinter den vielen Textüberlieferungen den ursprünglichen Wortlaut des Textes wieder herzustellen. Sie kann sehr viel Spaß machen und wahren kreativen Eifer hervorrufen; sie kann andererseits aber auch dazu verführen kann, schon hier bei der exegetischen Arbeit in Problemen und Fragen stecken zu bleiben. Versuchen sie darum nach folgenden Kriterien und in folgender Reihenfolge vorzugehen:

1. Feststellung der äußeren Kriterien

1. *Schritt:* Die verschiedenen Varianten und die Entstehungszeit der sie bezeugenden Hanschriften in Listen aufführen z.B. zu Mk 2,3:

Variante 1:	Variante 2:	Variante 3:	Text:
$\mathfrak{P}^{84}$ 6.Jh	C* 5.Jh	W 5.Jh	$\mathfrak{P}^{88}$ 4.Jh
A 5.Jh	D 5.Jh		$\aleph$ 4.Jh
C³ 5Jh	Θ 9.Jh		B 4.Jh

2. *Schritt:* Lesarten herausarbeiten, die von besonders frühen Zeugen belegt sind, sie sind besonders zu beachten.

3. *Schritt:* Einteilung in Textfamilien bzw. Kategorien
3a) Textfamilien (nach Metzger, s. II.1.8)
    3aα) Koine-Text: Ende 3.Jh; sehr verbreitet; dogmatische Änderungen; Verknüpfungen verschiedener Handschriften; kein sehr großes Gewicht.
Evangelien: A E F G H K P S V W (in Mt und Lk 8,13-23.53); P Q (in Lk und Joh) W und die meisten Minuskeln.
Apostelgeschichte: H^a L^a P^a 049 und die meisten Minuskeln
Briefe: L^{ap} 049 und die meisten Minuskeln

    3aβ) Westlicher Text: Mitte 2.Jh; Osten + Westen; »regelloser Wildwuchs«; Gewicht nur, wenn mit alexandrinischem Text übereinstimmend. (Umstritten ist das Vorhandensein dieser Familie.)
Evangelien: D W (Mk 1,1-5,30); O171; die altlateinische Übersetzung. sy^s und sy^c (teilweise), frühe lateinische Väter, Tatians Diatessaron.
Apostelgeschichte: $\mathfrak{P}^{29}$ $\mathfrak{P}^{38}$ $\mathfrak{P}^{48}$ D E 383; 614; 1739; $sy^{h\ mg}$ frühe lateinische Väter; u.a.
Briefe: D^p E^p F^p G^p; griechische Väter bis zum Ende des 3.Jh; die altlateinische Übersetzung und frühe lateinische Väter; syrische Väter bis etwa 450

    3aγ) Caesarea-Text: Anfang 3.Jh – von Origenes benutzt; Ägypten, Kleinasien; Mischung von westlichem mit alexandrinischem Text; kein sehr großes Gewicht. (Umstritten ist das Vorhandensein dieser Familie.)
$\mathfrak{P}^{45}$ W (Mk 5,31-16,20) $f^{1.13.28}$ 565; 700; sys^c.

    3aδ) Alexandrinischer Text: Ende 2Jh – Anfang 3.Jh; Textzeugen mit dem größten Gewicht:

— Protoalexandrinisch: $\mathfrak{P}^{45}$ $\mathfrak{P}^{46}$ $\mathfrak{P}^{66}$ $\mathfrak{P}^{75}$ ℵ B sahidische Übersetzung (teilweise); Clemens Alexandrinus; Origenes (teilweise) und die meisten Papyrusfragmente mit dem Paulustext.
— Später alexandrinisch:
Evangelien: (C) L T W (in Lk 1,1-8,12 und Joh) (X) Z D (Mk) X Q (Mk; teilweise bei Lk und Joh) 33; 579; 892; 1241 und die bohairische Übersetzung;
Apostelgeschichte: $\mathfrak{P}^{50}$ A (C) Q 33; 81; 104; 326;
Paulusbriefe: A (C) H$^\text{p}$ I Q 33; 81; 104; 326; 1739;
Katholische Briefe: $\mathfrak{P}^{20}$ $\mathfrak{P}^{23}$ A (C) Q 33; 81; 104; 326; 1739.

3b) Kategorien (nach Aland/Aland, s. Anhang II.1.8)
Was oben Koine-Text heißt ist bei Aland/Aland der Kategorie V eingeordnet und wird weitgehend mit dem Zeichen 𝔐 gekennzeichnet.
Was oben »westlicher Text« heißt ist bei Aland/Aland der Kategorie IV eingeordnet
Handschriften des Caesarea-Textes erfahren eine unterschiedliche Einordnung:
$\mathfrak{P}^{45}$ = Kategorie I;
W $f^{1.13}$ 565; 700 = Kategorie III; f^{28} = Kategorie III + V;
Was oben »alexandrinischer Text« heißt, ist bei Aland/Aland der Kategorie I eingeordnet.

4. Schritt: Bewertung der oben genannten Liste anhand des Zeugenwertes
Das bedeutet für unser Beispiel Mk 2,3: Für die Variante, die als Text übernommen wurde, spricht, daß diese Handschriften dem Protoalexandrinischen Text zuzuordnen sind bzw. der Kategorie I. Die Papyri sind in dem Schema 3a) nicht aufgenommen, weil sie zur Zeit, als das Buch von Metzger erschien, noch nicht verarbeitet waren.

5. Schritt: Bewertung der o.g. Liste anhand des Kriteriums der vielfachen Bezeugung: D.h., wenn eine Textvariante in Alexandria, in Caesarea und im Westen bekannt war, dann scheint sie sehr alt zu sein.

2. Feststellung der inneren Kriterien

6. Schritt: Feststellung der kürzeren Lesart (lectio brevior)
Grundlegend für diesen Arbeitsschritt ist die Beobachtung, daß Texte im Laufe ihrer Tradierung eher erweitert als gekürzt worden sind. Die kürzere Lesart gilt darum als die ursprünglichere.

7. Schritt: Feststellung der schwierigeren Lesart (lectio difficilior)
Grundlegend für diesen Arbeitsschritt ist die Beobachtung, daß Texte im Laufe ihrer Tradierung eher vereinfacht als verkompliziert worden sind. Die schwierigere Lesart gilt darum als die ursprünlichere.

8. Schritt: Feststellung, welche Lesart aus einer anderen erklärt werden kann, welche Lesart aus welcher anderen abgeleitet werden kann. Die abgeleitete Lesart ist die jüngere. (So ist z.B. die Leseart der Handschrift 565 in MK 5,13, die auf Jesus hinweist, aus der Leseart von Θ abzuleiten.)

9. Schritt: Feststellung, welche Lesart spätere Entwicklungen des christlichen Kults, der christlichen Lehre, Dialektunterschiede usw. erkennen läßt. Lassen sich zeitgeschichtlich später anzusiedelnde Momente im Text erkennen, handelt es sich um eine jüngere Lesart. (Z.B. ist die Erweiterung des Vater-Unsers in Handschriften von Mt 6,9-13 aus dem christlichen Kult zu erklären.)

10. Schritt: Feststellung, welche Lesart mit dem Sprachgebrauch des Autors übereinstimmt. (Z.B. Matthäus spricht überwiegend vom Himmelreich statt vom Reich Gottes. Wenn an einer Stelle eine Handschrift »Reich Gottes« betet, andere jedoch »Himmelreich«, dann ist die Wahrscheinlichkeit groß, daß »Himmelreich« aufgrund matthäischen Sprachgebrauchs ursprünglicher ist.)

Hilfsmittel s. Anhang II.1.8a und besonders die Methodenlehre von Zimmermann (Übungsbeispiele!) (II.1.8h).

Methodenblatt III (zu den Abschnitten 9 und 24)
Literarkritik

Das Ziel dieses Arbeitsschrittes besteht darin, dem Text zugrunde liegende schriftliche Quellen aufzuspüren. Anhaltspunkte für unterschiedliche Quellen sind: Brüche im Text, Spannungen im Zusammenhang mit der Wortwahl, verschiedene inhaltliche Schwerpunkte usw. (Schritt 3). Bevor der Text selbst untersucht wird, muß die kleinste sinnvolle Einheit aus dem jeweiligen Kontext herausgelöst werden (Schritte 1 und 2). Hinweise auf alte Quellen kann auch der synoptische Vergleich liefern (Schritt 4).

1. *Schritt:* Abgrenzung des Textes zum vorangehenden Text
a) Veränderung der Personen
b) Veränderung des Ortes
c) Veränderung der Zeit
d) Veränderung der Gattung und des Inhalts

2. *Schritt:* Abgrenzung des Textes zum nachfolgenden Text
a)-d) wie im 1. Schritt

3. *Schritt:* Feststellung von Brüchen im Text (Satzbau) und von Spannungen (Verwendung verschiedener Worte für ein und denselben Sachverhalt, Gegenstand usw.).

4. *Schritt* bei Texten aus den synoptischen Evangelien: Der synoptische Vergleich
a) Vergleich Matthäus – Markus
b) Vergleich Lukas – Markus
c) Vergleich Matthäus – Lukas
d) Um festzustellen, welcher der Evangelisten die älteste Textvariante bei gemeinsamen Überlieferungen bietet, können noch einmal die in der Textkritik anzuwendenden Kriterien herangezogen werden:
   α) Welcher Text ist der kürzere Text?
   β) Welcher Text ist der schwierigere Text?
   γ) Welcher Text kann aus dem anderen Text erklärt werden? Aus welchem Text lassen sich die anderen herleiten?
   δ) Welcher Text läßt spätere Entwicklungen des christlichen Kults, der christlichen Lehre, erkennen?
   ε) Welcher Text stimmt mit dem Sprachgebrauch des Autors überein?

Merke: Im Vergleich des Matthäusevangeliums mit dem Lukasevangelium kann man erkennen, daß Matthäus und Lukas eine weitere Quelle als Grundlage ihrer Evangelien heranziehen. Wenn nämlich vorausgesetzt wird, daß Matthäus das Lukasevangelium nicht kannte und umgekehrt Lukas das Matthäusevangelium unbekannt war, läßt sich nur mit Hilfe der Annahme einer zweiten Quelle neben Markus erklären, warum Matthäus und Lukas Texte gleichen Wortlauts überliefern, die bei Markus nicht vorkommen. Diese zweite Quelle wird »Logienquelle Q« genannt.
Darüber hinaus lagen Matthäus und Lukas eine jeweils andere wohl zum Teil schriftliche Quelle vor, das sogenannte Sondergut des Lukas und des Matthäus. Für den synoptischen Vergleich sind also folgende Quellen zu berücksichtigen: Mk, Mt, Lk, SLk, SMt, Q.

Gesetzt den Fall, daß ein Matthäustext bearbeitet wird, dann muß mit Markus und Lukas verglichen werden. Im Rahmen dieses Vergleichs läßt sich dann Folgendes erkennen:
a) entweder hat Matthäus sich an Markus angelehnt
b) oder er hat sich an die Quelle Q angelehnt
c) oder er hat Mk und Quelle Q gemischt
d) oder er hat Markus mit Sondergut gemischt
e) oder er hat einen ganz eigenen Text verfaßt.

Gesetzt den Fall, daß ein Markustext bearbeitet wird, dann ist ein Vergleich nicht notwendig, um eine Quelle Q zu erkennen – denn, wie oben gesehen: Markus kannte sie wohl nicht. Ein Vergleich ist aber sinnvoll, weil dadurch sichtbar werden kann, daß noch eine andere Quelle den entsprechenden Text (mit Variante) überliefert haben kann und daß Markus entweder die ältere oder die jüngere Fassung überliefert.

Liegt ein Ausschnitt aus einem Paulustext vor, dann sind die oben genannten Punkte nur beschränkt anzuwenden. Das Ziel besteht ja nicht darin, die kleinste Einheit herauszuarbeiten, um die älteste erreichbare Fassung eines Textes zu erarbeiten. Bei Paulus ist es wichtig, den Kontext, d.h. den Argumentationszusammenhang zu berücksichtigen. Dazu sind bibelkundliche Kenntnisse nicht zu unterschätzen!

Hilfsmittel s. Anhang II.1.8b und 9.

Methodenblatt IV (zu den Abschnitten 10 und 25) Linguistik

1. Syntaktische Analyse

In der Syntaktischen Analyse wird nach dem grammatischen Aufbau des Textes gefragt: Welche Verknüpfungen bestehen zwischen den Worten untereinander, wie ist das Gesagte grammatisch strukturiert.

1. Schritt: Untersuchung der Wortarten
Listen Sie die Substantive, Artikel, Pronomina, Verben, Adjektive, Adverbien, Präpositionen auf. Welche Wortarten dominieren (wissenschaftliche Texte werden z.B. von Substantiven geprägt, Erzählungen von Verben usw.)? Was bedeutet das für den Text: ist der Text eher statisch oder dynamisch, narrativ oder poetisch, usw.?

2. Schritt: Untersuchung der Verben
a) Feststellung der Verbalformen: Indikativ Präsens; Perfekt; Aorist; Futur; Konjunktive; Imperative; Indikativ Imperfekt; Plusquamperfekt; historisches Präsens.
b) Feststellung der Zeitstufen: Wann geschieht eine Handlung: In der Gegenwart, Zukunft, Vergangenheit?
c) Feststellung der Modi: Indikativ (tatsächliche Wirklichkeit; vorgestellte Wirklichkeit); Konjunktiv (Begehren oder Erwartung); Imperativ (Befehl, Gebot).
Welche Verbalformen, Zeitstufen und Modi prägen den Text? (Rechtstexte werden z.B. von Imperativen geprägt; Berichte werden von Formen der Vergangenheit und Erzählungen vom Präsens geprägt usw.)

3. Schritt: Untersuchung der Verknüpfung von Wörtern und Sätzen
Gibt es unverbundene Sätze, Wiederholungen usw.?

4. Schritt: Untersuchung besonderer Stilmerkmale:
Stilfiguren s. Egger (Anhang II.1.8h), 82: Litotes (»statt einer positiven Aussage wird die Negation des Gegenteils angeführt«); Personifizierung; Ironie; Hyperbel (Übertreibung); Antithesen usw.

5. Schritt: Untersuchung des Aufbaus und der Gliederung des Textes
Feststellung von Wiederholungen, Rahmungen (a b c d a), Chiasmen (a b c b a), direkter/indirekter Rede, Themawechsel, Wechsel von Ort und Zeitangaben, Leitsätze, von Eröffnungs und Abschlußformulierungen; Einführung neuer Personen.

2. Semantische Analyse

In diesem Arbeitsschritt fragen wir nach der Beziehung, die zwischen den Worten und dem, was sie aussagen, besteht. Wie müßte das Gesagte verstanden werden?

1. Schritt: Untersuchung der Wortsemantik (beachte aber »Traditionsgeschichte: Methodenblatt VIII)
Was bedeutet das jeweilige Wort allgemein?

2. Schritt: Erstellung eines Wortfeldes auf synchroner Ebene
Wie verwendet der Autor das jeweilige Wort, in welchen Kontexten, ist es positiv, negativ, neutral verwandt worden usw.

3. Schritt: Untersuchung der Textsemantik
Wie sind in dem vorliegenden Text die Worte mit dem untersuchten Wort verbunden, wieweit interpretieren sie es, geben sie ihm einen ganz bestimmten Sinn usw. Wieweit werden für einen Sachverhalt unterschiedliche Wörter verwandt? Auf welche Weise interpretieren sie einander (z.B. Krankheit; Lähmung – Krankheit ist also kein unbestimmtes Wort mehr, sondern durch den Kontext bestimmt worden).

4. Schritt: Zusammenstellen bedeutungsverwandter Wörter
Z.B. Tisch, Stuhl, Schrank aber auch: Tisch, Besteck, Tischdecke usw. – dadurch werden Sinnlinien erkannt.

5. Schritt: Zusammenstellen von Oppositionen
Welche Gegensatzpaare treten im Text auf?

6. Schritt: Reihung von Sinnlinien
Welche Begriffe und Verben bilden einen Zusammenhang?

7. Schritt: Feststellung der Einheit des Textes
Welche Momente konstituieren die Texteinheit – inhaltlich, aufgrund der handelnden Personen, aufgrund des Ortes, der Zeit usw.

3. Pragmatische Analyse

In diesem Arbeitsschritt fragen wir danach, was der Text bewirken will und welche sprachlichen Mittel setzt er dazu ein? Wie geht der Text mit seinen Leserinnen/Hörern um? Will der Text ermahnen oder aufmuntern, oder beruhigen? Werden Abstrakta oder Konkreta verwandt? Herrscht eine eindeutige syntaktische Zuordnung? Wird der Text von Verben oder von Substantiven bestimmt? (s. Syntaktische Analyse) Welche Zeitformen dominieren (Präsens erhöht Spannung), bestimmen helle oder dunkle Vokale den Text? Da das, was in der Antike pragmatische Wirkung erzielen konnte, in einer Proseminararbeit kaum zu erheben ist, kann dieser Schritt eher allgemeine Beobachtungen wiedergeben.

Hilfsmittel s. Anhang II.1.8h besonders das Methodenbuch von Egger und Zimmermann.

Methodenblatt V (zu den Abschnitten 11 und 26)
Formgeschichte

Die formgeschichtliche Analyse untersucht, welcher Gattung ein Text angehört. Weil kein Text alle Merkmale einer Gattung besitzt, wird als Arbeitsgrundlage eine sogenannte »reine Form« zugrundegelegt und der bearbeitete Text mit dieser verglichen. Aus den Unterschieden kann das konkrete Ziel des Textes in seiner bestimmten Situation und im »Dialog« mit einer bestimmten Zielgruppe erkennbar werden.

1. *Schritt:* Frage nach dem Inhalt des Textes
Mk 2,1-12 wird z.B. von einer Heilung und davon wie Jesus Sünden vergibt berichtet.

2. *Schritt:* Frage nach dem Aufbau des Textes und den Elementen, die diesen Aufbau kennzeichnen.
Beispiel Mk 2,1-12:
(a) Jesus kommt
(b) ein Gelähmter wird gebracht
(c) der Zugang zu Jesus wird erschwert
(d) die Begegnung gelingt
(e) Machtwort: Sünden sind vergeben
(f) Streit um Sündenvergebung
(g) Machtwort Jesu: Steh auf ...
(h) Demonstration der Heilung
(i) Staunen der Zuschauer.

3. *Schritt:* Vergleich dieser Elemente mit weiteren Texten, die dieser Gattung zugeschrieben werden.
a) Feststellung der allgemeinen Gattungsmerkmale (»reine Form«):
   Die Gattung Wunder hat folgende Elemente:
   (a) Auftreten des Wundertäters
   (b) Schilderung/Nennung der Krankheit
   (c) erschwerte Begegnung zwischen Wundertäter und Kranken
   (d) Bitte der Kranken oder von Stellvertretern der Kranken
   (e) Machttat und/oder Machtwort des Wundertäters
   (f) Demonstration der Heilung
   (g) Staunen der Zuschauenden (Akklamation/Chorschluß).
   📖 Weil es in einer Proseminar-Arbeit kaum möglich ist, z.B. sämtliche Wunder (in diesem Fall Heilungswunder) selbst aufzuspüren und miteinander zu vergleichen, ist dieser Schritt an Sekundärliteratur über Wunder, Gleichnisse usw. bzw. an Kommentare gebunden. S. z.B. G. Theißen, Urchristliche Wundergeschichten. Ein Beitrag zur formgeschichtlichen Erforschung der synoptischen Evangelien, Gütersloh 1990[6] (StNT 8), besonders der erste Teil.
b) Überprüfung, inwiefern der vorliegende Text mit anderen Texten der Gattung bzw. der »reinen Form« übereinstimmt
   Mk 2,1-12 weist außer der Bitte (d) alle Merkmale der reinen Form auf, hat aber darüber hinausgehende Teile [2. e); f)].

c) Feststellung der Unterschiede zwischen dem vorliegenden Text und anderen Texten bzw. der »reinen Form«.
Es gibt zwei Möglichkeiten der Veränderung: Es können einzelne Elemente ausgelassen bzw. durch eine andere Aussage ersetzt worden sein. Mk 2,1-12 hat beispielsweise keine ausgesprochene Bitte – doch wird wohl das Herunterlassen vom Dach als Bitte verstanden werden können. Die andere Möglichkeit besteht darin, daß andere Gattungen den Text beeinflußten. Ein Text, der eine andere Gattung sich aufgenommen hat, wird »Mischgattung« genannt. Mk 2,1-12 beinhaltet eine Sündenvergebung und ein Streitgespräch, die zur eigentlichen Gattung Wunder nicht dazugehören. Mk 2,1-12 ist also als Mischgattung zu betrachten.

4. *Schritt:* Untersuchung der Funktion der Gattung
a) Festellung der allgemeinen Funktion der Gattung.
Die Funktion der Gattung Wunder könnte darin bestehen, für einen Tempel bzw. für einen Wundertäter zu werben.
b) Frage nach der Funktion dieses Textes, nach der Intention.
Im Rahmen der Literarkritik, der Linguistik sowie der Formgeschichte haben wir erkannt, daß die Wundererzählung Mk 2,1-12 erweitert worden ist. Darum wird in zwei Schritten zu fragen sein: Welche Funktion hatte diese Wundererzählung ursprünglich? Welche Funktion hatte die erweiterte Wundererzählung? Das Ziel der ursprünglichen Wundererzählung war es vermutlich, die Hörer und Hörerinnen mit einstimmen zu lassen in das Lob Gottes. Die Funktion der erweiterten Wundererzählung besteht in der Lehre, daß Jesus Sünden vergeben kann evtl. auch in der Legitimation der Gemeinde, die ihre Sündenvergebungsvollmacht von Jesus herleitet.

5. *Schritt:* Frage nach dem sogenannten »Sitz im Leben«, dem möglichen Ort in einer Gruppe, an dem der Text erzählt wurde.
Der 4. Schritt hat die Vorarbeiten geleistet. Während dieser allein die am Text gemachten Beobachtungen festhält, ordnet der 5. Schritt diese in das konkrete Zusammenleben der Gemeinde/der Gruppe ein. Zu fragen ist hier, in welchem Rahmen oder Zusammenhang es für eine christliche Gemeinde wichtig sein konnte, Mk 2,1-12 zu erzählen. Denkbar sind der Gottesdienst (Lob Gottes) oder die Missionspredigt. Die erweiterte Fassung könnte im Rahmen innergemeindlicher Auseinandersetzungen um die Sündenvergebung bzw. in der Auseinandersetzung mit Kritik von jüdischer Seite wichtig gewesen sein. Auf letzteren Zusammenhang deutet insbesondere der Hinweis auf die Schriftgelehrten hin.

Für Paulustexte gelten einige Besonderheiten: Wenn Paulus keine traditionellen Texte (Hymnen, Bekenntnisse, Formeln usw.) aufgenommen hat, dann können Gattungen bestimmter Abschnitte kaum bestimmt werden. An die Stelle der Formgeschichte treten dann meistens Beobachtungen zur Rhetorik. Liegt z.B. Diatribenstil vor (d.h. läßt Paulus einen fiktiven Menschen sprechen und beantwortet dann dessen Frage; Röm 3,1ff.)? Oder liegen Einst-Jetzt-Schema (1 Kor 6,9ff.), Apologien (2 Kor 11f.), Tugend-, Lasterkataloge (Gal 5,19ff.); Peristasenkataloge (Aufzählung der Leiden; 2 Kor 6,4ff.) vor? (📖 weitere Beispiele s. Berger Anhang II.1.5).

Hilfsmittel s. Anhang II.1.8c.

Methodenblatt VI (zu den Abschnitten 12 und 27)
Überlieferungsgeschichte

Die Überlieferungsgeschichte fragt nach unterschiedlichen Stadien der mündlichen Überlieferung, die im Text ihren Niederschlag gefunden haben. Schon die Formkritik ist nicht allein auf die schriftlich fixierte Überlieferung zu beschränken, sondern beachtet auch die mündliche Tradierung des Textes als Teil einer Gattung. In der Überlieferungsgeschichte geht es jedoch weniger um die Gattungsfrage. Es geht darum, genauer zu erforschen: Gibt es Hinweise dafür, daß
a) der Text überhaupt eine mündliche Vorgeschichte hat und
b) der Text im Rahmen mündlicher Überlieferung Entwicklungsstufen durchlaufen hat?
c) Wieweit lassen Hinweise auf den ursprünglichen Text zurückschließen ?

Zu a): Hinweise auf eine mündliche Vorstufe können sein
Erzählsprache unterscheidet sich von Schriftsprache: Texte, die erzählt werden, haben kürzere Sätze, einen weniger komplizierten Satzbau, Adjektive dominieren, es werden bildhafte Worte herangezogen, es werden Voraussetzungen gemacht, die nur die Adressaten sofort aufschlüsseln können, es können Satzbrüche vorherrschen oder unlogische Sachverhalte können ohne Spannung nebeneinander existieren. Es wird z.B. an Mk 2,1-12 im Vergleich zur Parallele bei Mt deutlich, daß die bildhafte Sprache, die lebendige Sprache verlassen wurde. Immer wieder wird im Vergleich zwischen Mt/Lk und Markus deutlich, daß sprachliche Brüche geglättet wurden, daß erzählerische Spannungselemente herausgenommen worden sind (z.B. in Mk 2,1-12 wird der plötzliche Hinweis: »und dort saßen einige Schriftgelehrte« durch Lukas dadurch gemildert, daß er auf die Gegner Jesu schon zu Beginn hinweist). Auf mündliche Erzählspannung weist m.E. auch der Aspekt hin: »Sie deckten das Dach ab und durchbrachen es« (im Sinne von: »... sie deckten das Dach ab, Leute, sie durchbrachen wirklich das Dach!«). Weil Markus ja schriftlich fixiertes Evangelium ist, zeigen bestimmte Merkmale, daß er an der Schnittstelle zwischen mündlicher und schriftlicher Überlieferung steht.

Zu b): Feststellung von Entwicklungsstufen
Es bleibt zu beachten, daß die Frage nach mündlichen Entwicklungsstufen in der neutestamentlichen Exegese schwerer zu beantworten ist als in der alttestamentlichen. Das liegt mit daran, daß der Überlieferungszeitraum recht kurz ist. Weiterhin ist diese Frage schwierig zu beantworten, weil die Frage nach einer mündlichen Entwicklung von der Formgeschichte aufgesogen worden ist. Deswegen wird dieser Arbeitsschritt in anderen Methodenbüchern nicht eigens behandelt.
Ein Hinweis könnte immer auf eine Entwicklung schließen lassen: Wieweit weisen Aussagen über Jesus auf eine vorösterliche oder nachösterliche Situation hin? Wieweit sind unterschiedliche vorösterliche Erweiterungen erkennbar bzw. wieweit werden nachösterliche Gemeindesituationen angelagert?

Zu c) Die Frage nach dem ursprünglichen Text
Diese Frage ist immer nur sehr subjektiv zu beantworten. Ist der Hinweis auf das »Haus«, der Jesu Haus intendiert, die Bemerkung, daß vor dem Haus kein Platz war,

die Schilderung des Dachaufbrechens aus einer konkreten Situation heraus entstanden oder handelt es sich allein um erzählerische Momente? Eindeutig ist diese Frage allerdings mit negativem Ergebnis nur zu beantworten, wenn andere Traditionen überliefert worden sind, die Entsprechendes aussagen, allerdings mit anderen Protagonisten.

Methodenblatt VII (zu den Abschnitten 13 und 28)
Die Frage nach dem »Historischen Jesus«

In diesem Arbeitsschritt geht es darum, herauszuarbeiten, ob die geschilderte Tat oder das berichtete Wort tatsächlich im Leben Jesu verankert werden kann. Dieser Arbeitsschritt wird in 7 unterschiedliche Kriterien unterteilt, die gleich besprochen werden sollen. Es bleibt zu bedenken, daß die einzelnen Kriterien unzulänglich sind. Dennoch können sie, gemeinsam angewendet, Erkenntnisfortschritt bringen. Auf jeden Fall verhelfen sie zu einem tieferen Eindringen in den Text und der Zeit Jesu bzw. der Zeit der Gemeinde.

1. Das Kriterium der Sprache
Ist ein aramäisches Original, eine aramäische Grundlage nachzuweisen? Hierfür können a) einzelne Worte und b) einzelne Stilmittel untersucht werden. Dieser Arbeitsschritt ist nur mit Hilfe von Kommentaren (s. Anhang II.1.9) zu bewerkstelligen. Für Lukas beispielsweise kann auch ein Blick in: J. Jeremias, Die Sprache des Lukasevangeliums. Redaktion und Tradition im Nicht-Markus-Stoff des dritten Evangeliums, Göttingen 1980 hilfreich sein.

2. Das Kriterium der Kohärenz und Konvergenz
Wenn eine Tat oder ein Wort oder die Intention beider Jesus zugeschrieben wird: Wieweit paßt es in Jesu Gesamtverhalten bzw. zu anderen Aussagen Jesu? Jesus werden beispielsweise in den Evangelien einige Wunder zugeschrieben – also wird er Wunder getan haben; oder: Es gibt viele unterschiedliche Überlieferungen zu Jesu Hinwendung zu Sündern: Gleichnisse, Berichte aus seinem Leben usw. – also wird er sich Sündern zugewandt haben. Dieses Kriterium kann jeder und jede, die etwas Bibelkenntnisse hat, sich selbst erarbeiten. Ansonsten helfen Konkordanzen und Wörterbücher (s. Anhang II.1.3), Kommentare (s. Anhang II.1.9).

3. Das Kriterium der Differenz und das Plausibilitätskriterium
Wieweit unterscheidet sich die jeweilige Tat, das jeweilige Wort von anderen überlieferten Taten oder Worten Jesu? Wieweit unterscheiden sie sich von urchristlichen Gemeindeinteressen? Dieses Kriterium soll nicht heißen, daß Jesus nur das gesagt oder getan hat, was sich von anderen unterscheidet. Das Kriterium hat seine Berechtigung darin, daß überraschende Aussagen, überraschende Taten sich leichter einprägen und auch eher überliefert werden als Alltäglichkeiten. Diesem Kriterium wird oft vorgeworfen, daß es Jesus aus dem Judentum herauslöst, weil es von Jesus eben nur das hervorhebt, was ihn von seinen Zeitgenossen unterscheidet. Aber: Vorsichtig gehandhabt, kann es wichtige Rückschlüsse liefern. Die Fragestellungen dieses Kriteriums sind nur mit Hilfe von Sekundärliteratur (Kommentaren [s. Anhang II.1.9]) zu lösen. Entsprechend das Plausibilitätskriterium. Dieses besagt, wieweit eine Aussage für die Zeit Jesu plausibel zu machen ist (s. Anhang II.1.6. und 8e/f).

4. Kriterium der vielfachen Bezeugung
Dieses Kriterium untersucht, ob ein Wort Jesu oder eine von ihm berichtete Begebenheit in voneinander unabhängigen Quellen vorkommt. Wird es z.B. von Markus und Q, vom Sondergut und Johannes, vom Thomasevangelium überliefert? (Diese Unter-

scheidungen sind möglich, wenn die jeweils überlieferten Fassungen voneinander sehr stark differieren.) Dieses Kriterium läßt sich zum Teil ohne Hilfe von Sekundärliteratur erheben. Es ist nur eine Synopse notwendig, die auch außerneutestamentliche Parallelen bietet (s. Anhang II.1.3).

5. Kriterium des Wachstums

Dieses Kriterium untersucht, wieweit das jeweilige Wort, die jeweilige Geschichte unterschiedliche Erweiterungen bekommen hat. Je mehr Schichten herausgearbeitet werden können, desto älter ist die Überlieferung. Das Wunder Mk 2,1-5.11-12 ist älter, wenn es durch 6-10 ergänzt worden ist. Ähnlich Mk 2,18-22. Dort sagt Jesus:»Wie können die Hochzeitsgäste fasten, wenn der Bräutigam bei ihnen ist?« Nach Ostern wurde dieses Wort erweitert:»Es wird aber die Zeit kommen, daß der Bräutigam von ihnen genommen wird; dann werden sie fasten«. Also: Jesu Ablehnung des Fastens wird nach Ostern von der Gemeinde nicht aufgenommen. Dieses Kriterium ist durch aufmerksames Beobachten des Textes selbst zu erheben. Kommentare (s. Anhang II.1.9) können weiterhelfen.

6. Kriterium der geschichtlichen Wirkung/Kriterium der Traditionskontinuität

Dieses Kriterium untersucht, wieweit Worte und Taten Jesu sich auf die nachösterliche Gemeinde auswirkten. Jesus hat geheilt: Die Gemeinde heilt (bis hin zu gegenwärtigen christlichen Krankenhäusern bzw. ärztlicher Versorgung von Menschen in den armen Ländern dieser Erde). Jesus hat betont mit anderen gegessen: Die Gemeinde ißt miteinander (bis hin zum gegenwärtigen Abendmahl). Jesus hat Ausgestoßene der Gesellschaft nicht gemieden: Die Gemeinde meidet Ausgestoßene ebenfalls nicht usw. Es gibt aber auch Aspekte, die der Gemeinde wichtig wurden, z.B. die Taufe, und die ist von Jesus wohl nicht geübt worden. Oder es gab Aspekte, die für Jesus wesentlich waren, z.B. das Nicht-Fasten, und die Gemeinde hat dieses wieder rückgängig gemacht. Dieses Kriterium ist für die, die sich im Neuen Testament auskennen, selbst zu erarbeiten. Wer sich nicht auskennt sei verwiesen auf: Conzelmann/ Lindemann, §§ 58ff. (s. Anhang II.1.4), Conzelmann und Fischer (s. Anhang II 1.8e).

7. Kriterium: Lerntheoretische Aspekte

Dieses Kriterium berücksichtigt, daß auch Jesus bestimmte Methoden verwandt hat, um seinen Zuhörern und Zuhörerinnen bestimmte Aussagen einzuprägen. Weil Jesus diese verwandt hatte, sind viele Worte auf Jesus zurückzuführen. Allerdings ist auch die Gemeinde ähnlich verfahren, so daß sehr genau geprüft werden muß, wem eine bestimmte lehrende Aussage zugeschrieben werden kann. Als Hilfsmittel hierfür ist: R. Riesner, Jesus als Lehrer. Eine Untersuchung zum Ursprung der Evangelien-Überlieferung, Tübingen 1993[4] zu nennen.

Methodenblatt VIII (zu den Abschnitten 14 und 29)
Traditionsgeschichte

Die traditionsgeschichtliche Analyse geht den vom Text aufgenommenen Traditionen nach. Sie untersucht:
a) einzelne Worte
b) einzelne Begriffskombinationen
c) einzelne Formeln und
d) einzelne Gattungen.
Im Rahmen der Semantischen Analyse wurden schon einzelne Worte untersucht – allerdings auf der synchronen Ebene, d.h. es wurde untersucht, wie Markus das Wort verstanden hat. Bei der traditionsgeschichtlichen Analyse wird auf der diachronen Ebene gearbeitet, d.h. es geht um das Verständnis der Worte, Begriffskombinationen, der Formeln und Gattung in der Umwelt. Es geht letztendlich um die Fragen
a) wie konnte der Text damals verstanden werden und
b) unterscheidet sich das Verständnis der christlichen Gruppe/des Autors von dem der Umwelt?
Es ist nicht die Aufgabe einer Proseminar-Arbeit, sämtliche Worte zu untersuchen. Es geht um die Darlegung einer kleinen Auswahl von Schlüsselbegriffen.

Im folgenden wird eine Reihenfolge in der Verwendung von Hilfsmitteln angegeben. Es ist allerdings nicht notwendig, für jedes Wort jeden dieser Schritte durchzuführen.
📖 Manchen Untersuchungen genügt der Blick in das Wörterbuch von Bauer/Aland und die Überprüfung der gewonnenen Ergebnisse mit Hilfe einzelner Konkordanzen, andere wiederum sind nur mit Wörterbüchern oder Kommentare zu bewältigen.

1. Schritt: Kommentare (s. Anhang II.1.9)
Zur allgemeinen Einführungen sollte der ein oder andere Kommentar herangezogen werden. Hier bekommen Sie Hilfestellungen für die Auswahl der zu bearbeitenden Worte.

2. Schritt: Das Wörterbuch von Bauer/Aland (s. Anhang II.1.3)
Es bietet neben Übersetzungsmöglichkeiten auch Hinweise auf Quellen an. Diese Quellen sind – soweit sie als sinnvoll erscheinen – heranzuziehen und in Textausgaben zu überprüfen (s. Anhang II.1.8e). Sinnvoll sind für eine Proseminar-Arbeit aber nur die Hinweise, die auch in zeitlicher Nähe zum Neuen Testament einzuordnen sind.

3. Schritt: Konkordanzen (s. Anhang II.1.3)
Eine Konkordanzarbeit kann wichtig sein, weil das Wörterbuch selbstverständlich nur eine Auswahl von Worten anführt – darüber hinaus nur wenig jüdische Autoren.

4. Schritt: Sekundärliteratur
Die gewonnenen Ergebnisse können mit Hilfe von Bibeltheologischen Lexika (s. Anhang II.1.2) vertieft werden.

5. Schritt: Zeitgeschichtlichen Hintergrund bestimmen
Über einzelne Schlüsselbegriffe hinaus ist es auch sinnvoll, die Zeit insgesamt besser zu verstehen. Dazu s. Anhang II.1.8e.

Methodenblatt IX (zu den Abschnitten 15 und 30)
Religionsgeschichte

Die traditionsgeschichtliche Analyse überprüfte einzelne Worte, Wortverbindungen, Formeln und Gattungen mit dem Ziel, herauszuarbeiten, aus welcher Tradition sie kommen, wie der Autor und dessen Zeitgenossen einen Text verstanden haben konnten. In der religionsgeschichtlichen Analyse geht es mit Hilfe der herausgearbeiteten Ergebnisse um die Frage, welche religiöse Gruppe den Text beeinflußt haben könnte. Gefragt wird also nach der religionsgeschichtlichen Tradition hinter dem Text.

Die Ergebnisse der Schritte 1-5, die in der traditionsgeschichtlichen Analyse dargestellt wurden, sind auf ihre Verbindung mit anderen Religionen und religiösen Strömungen hin zu untersuchen. Dieser Arbeitsschritt ist nicht leicht – je gründlicher traditionsgeschichtliche Aspekte erarbeitet wurden, desto leichter fällt dieser Schritt. Sie sollten folgende Fragen stellen: Wieweit könnten die einzelnen traditionsgeschichtlich relevanten Sachverhalte religiösen Gruppen zugeordnet werden?

Dazu einige Literaturhinweise:
- *Mysterienreligionen:*
   Burkert, W., Antike Mysterien. Funktionen und Gehalt, München 1990
   Giebel, M., Das Geheimnis der Mysterien. Antike Kulte in Griechenland und Rom, München 1993
- *Zur Stoa, Magie, Philo, Josephus:*
   siehe die Artikel im Kleinen Pauly (Anhang II.1e)
- *Qumran:*
   Fitzmyer, J.A., Qumran: Die Antwort. 101 Fragen zu den Schriften vom Toten Meer, Stuttgart 1993
   Stegemann, H., Die Essener, Qumran, Johannes der Täufer und Jesus, Freiburg u.a. 1993
- *Zur rabbinischen Tradition*
   Stemberger, G., Einleitung in Talmud und Midrasch, München 1992^{8}

Verzetteln Sie sich bei diesem Arbeitsschritt nicht. Beschränken Sie sich auf Behauptungen, die sie belegen oder mindestens begründet vermuten können. Weitgehend werden Sie auf Kommentare angewiesen sein – und folgen Sie nicht der Spekualtionswut mancher Bestseller, die Jesus mit allen nur möglichen religiösen Strömungen in Verbindung sehen. Folgende kritischen Fragen können Sie davor bewahren, solchen Machwerken auf den Leim zu gehen:
1. Handelt es sich mit der behaupteten Parallele wirklich um eine solche oder um eine Annäherung?
2. Handelt es sich um eine zufällige Parallele oder um Abhängigkeit?
3. Handelt es sich um eine direkte Abhängigkeit oder rührt die Parallele daher, daß beide Texte eine gemeinsame gesellschaftliche Grundlage haben?
4. Ist eine direkte Abhängigkeit möglich?
5. Ist eine direkte Abhängigkeit nachweisbar?
6. Wer hat wen beeinflußt?

Methodenblatt X (zu dem Abschnitt 16)
Zeitgeschichte

Wenn der jeweilige Text zu den folgenden Sachverhalten eine Aussage trifft, sollte diesem Sachverhalt mit Hilfe von Sekundärliteratur weiter nachgegangen werden.
- *Politische Hintergründe*
  Reicke, B., Neutestamentliche Zeitgeschichte. Die biblische Welt von 500 v. Chr. Bis 100 n. Chr., Berlin; New York 1982³
  Metzger, M., Grundriß der Geschichte Israels, Neukirchen-Vluyn 1990⁸, Kap. 10
- *Städtebau, Architektur*
  Stambaugh, J.E./Balch, D.L. **(=S/B)**, Das soziale Umfeld des Neuen Testaments, Göttingen 1992 (Grundriß z.NT Erg. R. 9): Kap. 5
- *Münzen*
  F.W. Madden, History of Jewish Coinage and of Money in the Old and New Testament, New York 1967
  Y. Meshorer, Jewish Coins of the Second Temple Period, Chicago 1967
- *Wirtschaft*
  S/B: Kap. 3
- *Handwerk*
  Großes Bibellexikon, Art. Handwerk (s. Anhang II.1.2)
- *Geräte, Gefäße*
  Archäologische Handbücher, aber s. auch J. Finegan, The Archeology of the New Testament. The Life of Jesus and the Beginning of the Early Church, Princeton 1969
- *Flora, Fauna*
  Großes Bibellexikon zu den jeweiligen Themen (s. Anhang II.1.2)
- *Infrastruktur und Transportmittel*
  Vgl. A. Ben David, Jerusalem und Tyros. Ein Beitrag zur palästinischen Münz und Wirtschaftsgeschichte (126 a.C.-57 p.C.), Basel/Tübingen 1969
  Großes Bibellexikon, Art. Reisen/Handel und Verkehr (s. Anhang II.1.2); S/B Kap. 4.
- *Katastrophen (Hunger, Beben usw.)*
  Verschiedene Art. in den Lexika, z.B.: A. Hermann, Art. Erdbeben in: RAC 5, 1962, 1104 (s. Anhang II.1.8e)
- *Rechtsprechung*
  Großes Bibellexikon, Art. Recht (s. Anhang II.1.2)
- *Bildungsmöglichkeiten*
  Riesner, R., Jesus als Lehrer, Tübingen 1993⁴, Kap. 2 (WUNT 7); S/B Kap. 5
- *Gesundheitsversorgung*
  Großes Bibellexikon, Art. Krankheit/Heilung (s. Anhang II.1.2)
- *Kunst*
  Vgl. die jeweiligen Artikel zu Vasen, Mosaiken, Malerei, Plastik im Kleinen Pauly (s. Anhang II.1.8e)
  Schefold, K., Die Bedeutung der griechischen Kunst für das Verständnis des Evangeliums, Mainz 1983 (Kulturgeschichte der Antiken Welt 16)
- *Riten zu bestimmten Festen*
  S/B Kap. 5
- *Überblicke*
  dtv- Geschichte der Antike (Hg.v. O. Murray)
  Bösen, W., Galiläa als Lebensraum und Wirkungsfeld Jesu, Freiburg 1998³
  Freyne, S., Galilee from Alexander the Great to Hadrian (323 B.C.E. to 135 C.E.). A Study of Second Temple Judaism, Notre Dame 1980

Methodenblatt XI (zu den Abschnitten 17 und 31) Soziologie/Sozialgeschichte

1. *Soziologie/Sozialgeschichte*

Die Worte »Sozialgeschichte« und »Soziologie« sind kaum mehr zu trennen. Dennoch wird folgende Definition angegeben: Sozialgeschichte bemüht sich um die Feststellung des typischen zwischenmenschlichen Verhaltens, die Soziologie bemüht sich um die Deutung seiner überindividuellen Bedingungen und Funktionen. Der Aufgabenbereich besteht
(a) in der Beschreibung sozialer Fakten und in der Einordnung in den sozialen Kontext;
(b) in der Konstruktion einer Sozialgeschichte;
(c) in der Erhebung sozialer Kräfte und sozialer Institutionen;
(d) in der Erhebung des Weltbildes, der Konstruktion der sozialen Welt und der Strukturen, die das Leben der Gruppe in der Welt ermöglichen.

Die Vorgehensweise einer Proseminar-Arbeit ist begrenzt. Darum sollte überprüft werden, ob der Text zu den unten zu nennenden Sachverhalten eine Aussage macht. Diese Aussagen sollten
(a) festgehalten werden und
(b) soweit möglich, mit Hilfe der vorhandenen Literatur in die Zeit, in der der Text spielte, überliefert wurde usw., eingeordnet werden.

Folgende Sachverhalte sollten überprüft werden:
(1) Läßt der Text etwas über das Verhältnis von Gruppen zu Individuen erkennen? Ist es ein gespanntes, freies oder anders zu charakterisierendes Verhältnis?
(2) Läßt der Text etwas über fixierte Normen/Gruppenzwang erkennen – und den Umgang damit?
(3) Läßt der Text etwas über das Verhältnis von Land- und Stadtbewohnern erkennen?
(4) Was läßt sich für das Textverständnis aus der geographischen Lage der Stadt erheben? Handelt es sich um eine reiche Stadt, Durchgangsstadt (Grenzstadt), Stadt mit unterschiedlichen Bevölkerungsschichten, -stämmen usw.?
(5) Was läßt der Text zum Verhältnis von Mann und Frau, aber auch zu Kindern erkennen? Wie werden Männer/Frauen, ihre Aufgaben usw. charakterisiert?
(6) Was läßt der Text über das Verhältnis von Alten und Jungen bzw. insgesamt unterschiedlichen Altersstufen erkennen? Ist das Verhältnis durch Unter- und Überordnung oder durch Rebellion gekennzeichnet?
(7) Was sagt der Text über das Verhältnis von Institutionen/Nicht-Institutionen?
(8) Was wird zum Verhältnis des Menschen zu seiner Familie, zu seiner Außenwelt gesagt? Wird die Familie akzeptiert? Wendet sich die Person von der Familie ab?
(9) Was wird zum Verhältnis zwischen Freunden und Gegnern gesagt? Wie gehen die Menschen insgesamt miteinander um?
(10) Was wird zum Verhältnis zwischen Reich und Arm gesagt?
(11) Was wird über Sklaven und Freie gesagt?
(12) Was wird über Hierarchien gesagt?
(13) Was wird über Beruf und Bildung gesagt?
(14) Was wird über Kranke/Behinderte/Gesunde gesagt?

2. Soziolinguistik

Gesellschaftsschichten, unterschiedliche Geschlechter, Altersstufen usw. besitzen ihre eigene Sprache. Das trifft auch auf besondere Gruppen innerhalb der jeweiligen Gesellschaft zu.
Weil hierzu – soweit ich sehe – überhaupt noch kaum gearbeitet worden ist, kann in einer Proseminar-Arbeit nur die Frage gestellt werden: Läßt sich im Text eine besondere Gruppensprache erkennen? Sind Worte verwandt worden, die typisch christlich zu verstehen sind? In diesem Arbeitsschritt kann also auf die Traditionsgeschichte zurückgegriffen werden.

3. Literatursoziologie

Auch dieser Arbeitsschritt soll nur kurz bedacht werden: Läßt sich aus den folgenden Hinweisen ein Aspekt des Textes etwas genauer verstehen?
Welche Gruppe konnte ein Interesse daran haben, die vorliegende Geschichte zu überliefern? Läßt sich anhand der verwandten Sprache erkennen, ob die Gruppe fest umrissen ist oder ob der Text versucht, Gruppen unterschiedlichster Art zusammenzufassen? Wird intensiv gruppeneigene Sprache verwandt, dann kann davon ausgegangen werden, daß die Adressaten umgrenzt sind. Aber auch Gruppen können aus unterschiedlichen Strömungen bestehen. Je allgemeiner gesprochen wird, desto mehr Teile der Gruppe sollen sich in dem Text wiederfinden.

Hilfsmittel s. Anhang II.1.8f.

Methodenblatt XII (zu den Abschnitten 19 und 32)
Redaktionskritik/Kompositionskritik

Im Rahmen der Redaktionskritik wird der vorliegende Text als Einheit betrachtet und seine redaktionelle Stellung in einer Gesamtkomposition untersucht. In diesem Methodenschritt werden verschiedene Arbeitsgänge durchgeführt:

1. Schritt: Kontextanalyse
Welche Sachverhalte des vorliegenden Textes – hier Mk 2,1-12 – sind erst aus dem Kontext heraus verstehbar? Welche Folgen ergeben sich durch den Kontext für die Interpretation des Textes? Hierzu werden die Ausarbeitungen der Literarkritik (Abgrenzungen vom Kontext usw.) herangezogen.

2. Schritt: Redaktionelle Eingriffe
Vorausgesetzt, der vorliegende Text ist vom Redaktor/von den Redaktoren aus der Tradition übernommen worden: Welche Eingriffe durch den Redaktor/die Redaktoren sind im Text erkennbar? Hat er gekürzt, erweitert, umschreibt er usw.? Warum hat er eingegriffen? Im Zusammenhang dieses Arbeitsschrittes ist es nicht selten notwendig herauszufinden, wie der Redaktor überhaupt vorgegangen ist: Hat er auch in andere Überlieferungen eingegriffen? Wie hat er eingegriffen? Sind »Lieblingsworte« oder ist sein individueller Stil zu erkennen? Dieser Arbeitsschritt ist durch Eigenarbeit nur zum Teil selbst zu bewerkstelligen. Hilfestellungen bieten Kommentare (s. Anhang II.1.9), aber auch: Morgenthaler, R., Statistik des neutestamentlichen Wortschatzes, Zürich 1973.

3. Schritt: Pragmatisches Interesse der Redaktoren
Die Evangelisten – die Redaktoren – haben die einzelnen Texte, manchmal auch Textzusammenstellungen, der Tradition entnommen. Warum haben sie den vorliegenden Text/die Textsammlung gerade da eingeordnet wo er/sie steht? Welches pragmatische Interesse steckt dahinter? Auch hier ist es notwendig, die Arbeitsweise des Redaktors insgesamt in den Blick zu bekommen. Die Arbeitsweise des Redaktors kann mit Hilfe von Kommentaren erarbeitet werden.

4. Schritt: Analyse der Großgattung
Welche Struktur hat die Großgattung insgesamt? Durchziehen rote Fäden die Großgattung? Welche Funktion hat der Text innerhalb dieser Struktur? Ist in ihm einer der roten Fäden eingewoben? An dieser Stelle ist eine intensive Einarbeitung in den Aufbau des gesamten Evangeliums wesentlich. Dieser Arbeitsschritt läßt sich am besten mit Bibelkunden (s. Anhang II.1.5) bewerkstelligen. Die Einleitung eines Kommentares bzw. eine Theologie des Neuen Testaments (s. Anhang II.1.6) helfen, die roten Fäden zu erkennen.

5. Schritt: Gattungsbestimmung; Großgattung
Wie ist die Gattung der vorliegenden »Großgattung« zu bestimmen? Für die Arbeit am Neuen Testament ist an dieser Stelle einmal darauf hinzuweisen, ob der Text in einem Brief, in der Apokalypse, in einem Evangelium oder in der Apostelgeschichte zu finden ist; zum anderen soll der Einfluß der Großgattung auf den Text bzw. der des

Textes auf die Großgattung bedacht werden. Die Frage, wieweit die Evangelien oder die Apostelgeschichte einer Gattung zugehören, läßt sich im Rahmen einer Proseminar-Arbeit nicht lösen. Es empfiehlt sich auch nicht, an dieser Stelle zu viel Zeit zu investieren.

6. *Schritt:* Das theologische Profil des Redaktors
Das Ziel der Untersuchung besteht darin, den historischen und theologischen Standort des Redaktors zu ermitteln. Welche Strömungen der frühen Gemeinden spiegelt er wider? Wenn keine Eingriffe ersichtlich sind, wird der Redaktor als Rezipient traditioneller Überlieferung sichtbar? Manchmal lassen Eingriffe in einzelne Perikopen auf eine – gegenüber der Vorlage – veränderten historischen Situation schließen. (Wenn z.B. Paulus in Gal 2 sagt, daß das Apostelkonzil Heiden keine Bedingungen stellt, wenn sie zum christlichen Glauben kommen, dagegen Lukas in Apg 15 sagt, das Apostelkonzil habe beschlossen, daß Heiden sich an bestimmte kultische Regeln zu halten hätten, und Handschriften bestimmte ethische Regeln hinzufügen, dann lassen all diese Veränderungen auf eine veränderte Gemeindesituation schließen. Oder: Wenn Matthäus den Ausdruck »Reich/Herrschaft Gottes« vermeidet und statt dessen von »Himmelreich« spricht, dann läßt das auf eine theologische Intention rückschließen.)

Warum hat der Autor überhaupt diese Gattung aufgegriffen? Lassen sich hieran seine theologische und andere Intentionen erkennen? Warum hat Paulus kein Evangelium geschrieben? Warum schreibt Markus keine Briefe? Die Antwort läßt sich ansatzweise geben, wenn die Intention der jeweiligen Gattung erkannt ist. Evangelien haben z.B. ein kerygmatisches und historisch/biographisches Interesse, darüber hinaus Gemeindebelehrung, Korrektur alter theologischer Überlieferungen und Sichtweisen usw.

Bei Paulustexten empfiehlt es sich, zwischen Redaktion und Komposition zu unterscheiden. Die Unterscheidung ist für den Einbezug paulinischer Briefe notwendig. Der Unterschied zwischen Redaktion und Komposition besteht darin, daß Redaktion die Veränderung einer traditionellen Vorlage meint und Komposition die Zusammenstellung von Texten, die ein Evangelist aus der Tradition übernommen hat. In den Briefen des Paulus wird unter diesem Arbeitsschritt die Argumentationsstruktur untersucht. Grob gesagt: Der Komposition liegt die Großgattung als Arbeitsfeld zugrunde, der Redaktion der einzelne Text und seine Veränderungen (dazu gehört auch die Untersuchung der Interpretationsverschiebung durch den neuen Kontext).

Methodenblatt XIII (zu den Abschnitten 20, 21 und 33, 34)
Rezipient/Rezipientin und Wirkungsgeschichte

1. Rezipienten und Rezipientinnen

An dieser Stelle kann gefragt werden, wie ein konkreter Zeitgenosse den jeweiligen Text verstanden haben mag. Dazu werden Ergebnisse der pragmatischen Analyse, der traditionsgeschichtlichen und der zeitgeschichtlichen Analyse aufgegriffen sowie Ergebnisse anderer Methodenschritte. Der Unterschied zur traditionsgeschichtlichen Analyse besteht darin, daß nicht die Bedeutung einzelner Worte im Mittelpunkt steht – auch wenn die Ergebnisse einfließen –, sondern die Frage, wie ein Text aufgenommen werden konnte, und das unter besonderer Berücksichtigung der Pragmatischen Analyse.

Die Fragen im einzelnen sind:
1. Wie hat ein konkretes Gemeindeglied den neutestamentlichen Text verstehen können? (Wie versteht ein Kranker ein Wunder, wie ein Sklave die Aussage des Paulus, daß Glaubende frei sind usw.)
2. Wieweit trägt die Erwartungshaltung – der Wunsch, das Evangelium, den Brief in der Gemeinde zu hören – zur Interpretation bei?
3. Wie können Leerstellen gefüllt werden? Was kann mit bestimmten Worten assoziiert werden?

2. Wirkungsgeschichte

Die Analyse der Wirkungsgeschichte untersucht, wie der vorliegende Text im Laufe der Kirchengeschichte verstanden worden ist, welche Auswirkung er auf theologische Aussagen usw. hatte bzw. in welcher Wirkungsgeschichte ich als Exeget oder Exegetin stehe. Für die Proseminar-Arbeit ist dieser Schritt sehr schwer zu gehen, weil in der Sekundärliteratur bisher kaum Vorarbeiten dazu geleistet worden sind.
Ansätze dazu gibt es im Evangelisch-Katholischen-Kommentar (EKK).
Wer sich intensiver damit befassen möchte, sei zumindest für die ersten Jahrhunderte auf folgende Literatur verwiesen:
– Biblia Patristica
    In diesem Werk werden biblische Stellen, die von Kirchenvätern der ersten Jahrhunderte genannt werden, zusammengestellt und mit Texthinweisen versehen.
– Sieben, H.J., Voces. Eine Bibliographie zu Wörtern und Begriffen aus der Patristik (1918-1978), Berlin/New York 1980 (Bibliographia Patristica Suppl. 1)
    Anders als im zuvor genannten Werk werden die Hinweise nicht nach biblischen Stellen geordnet, sondern nach Stichworten. Weiterhin werden keine Hinweise auf Kirchenväter usw. gegeben, sondern es wird auf Literatur verwiesen, die zu den Kirchenvätern usw. weiterführt.
    Interpretationsmöglichkeiten neuerer Zeit werden in Kommentaren aufgegriffen und diskutiert. Alle weiteren Texte – also von 400-1800 – sind, soweit ich sehe, nur über einzelne Indizes zu erfassen. So z.B. in einem Index zu Luthers Werken.

Methodenblatt XIV (zu den Abschnitten 22 und 35) Hermeneutik

Hermeneutik befaßt sich mit den Fragen:
- wie Verstehen überhaupt möglich ist;
- wie das Verstehen von Texten möglich ist;
- wie Texte aus der Vergangenheit in der Gegenwart zu vermitteln sind.

1. Klärung des Vorverständnisses

Wichtig ist für die Proseminararbeit, daß wir uns über unser Vorverständnis im Klaren werden, wenn wir einen Text bearbeiten. Habe ich schon von vornherein ein Vorverständnis, das ich im Text wiederzufinden suche, oder bin ich offen für das, was der Text sagen will? Die Arbeit mit einem Text sollte dazu führen, immer wieder innezuhalten, diese Frage zu überlegen, damit ich dem Text nichts aufzwinge, was er eigentlich gar nicht beinhaltet. Häufig ist es so, daß aufgrund meines Vorverständnisses mir nicht genau deutlich wird, ob der Text dieses oder jenes sagt, oder ob ich es hineininterpretiere. Redliches Arbeiten nennt die Unsicherheit!

2. Hermeneutik als Zusammenfassung der Ergebnisse der Methodenschritte

An dieser Stelle können die Entwicklungsstufen eines Textes berücksichtigt werden. So ist z.B. möglich, die Ergebnisse von Mk 2,1-5.11f. und 6-10, gesondert aufzunehmen. Diese Vorgehensweise empfiehlt sich, weil dadurch die Arbeit umfassender und detaillierter in den Blick kommt. Allerdings ist diese Vorgehensweise nicht notwendig, so daß es genügt, den vorliegenden Text als ganzen darzulegen.

2a) Dieser hermeneutische Schritt dient auch dazu, die bisher in den einzelnen Methodenschritten erarbeiteten Ergebnisse zusammenzufassen. Die Methodenschritte sind ja kein Selbstzweck, sondern dienen dazu, den Text besser zu verstehen. Aus diesem Grund sollten noch einmal sämtliche Ausarbeitungen daraufhin befragt werden: Was habe ich herausgefunden? Was ist für das Verstehen des Textes von Bedeutung?
Es gibt acht theologische Fragestellungen, mit deren Hilfe ich die theologischen Aussagen des Textes konzentriert zu erfassen suche. Einzelne dieser Fragestellungen sind nicht unbedingt für jeden Text relevant . Darum sollte nicht krampfhaft versucht werden, nun jede Frage auch im Text beantwortet zu sehen. Zum anderen ist es immer wieder schwierig zu erkennen, ob der Text Antworten intendiert oder wirklich ausspricht. Intendierte Antworten sollten auch als solche gekennzeichnet werden.
(a) Theologische Fragestellung: Was sagt der Text über Gott?
(b) Christologische Fragestellung: Was sagt der Text a) über Jesus; b) über den auferstandenen Jesus Christus?
(c) Soteriologische Fragestellung: Was sagt der Text über das Heilshandeln Jesu?
(d) Pneumatologische Fragestellung: Was sagt der Text über den Heiligen Geist?
(e) Ekklesiologische Fragestellung: Was sagt der Text über die Kirche?

(f) Eschatologische Fragestellung: Was sagt der Text über die letzte Zeit?
(g) Anthropologische Fragestellung: Was sagt der Text über den Menschen ?
(h) Ethische Fragestellung: Was sagt der Text über tatsächliches und erstrebtes Verhalten des Menschen?

2b) Dieser hermeneutische Arbeitsschritt dient dazu, zu überlegen, welche der vielen ausgearbeiteten Aspekte ich vermitteln möchte. Dazu befrage ich die einzelnen Methodenschritte, ob ich irgendetwas für so wichtig halte, daß ich es in der Gegenwart weitersagen möchte. In der Proseminar-Arbeit sollten wirklich nur ganz ausgewählte Sachverhalte erneut aufgenommen und essayartig auf einer Seite zusammengefaßt werden.

Die Formgeschichte hatte ja schon gezeigt, daß der vorliegende Text Mk 2,1-12 Ergebnis solcher Versuche war, die theologischen Aussagen der Gemeinde zu vermitteln. Können wir daraus etwas lernen? Wieweit ist der Sitz im Leben unserer Zeit zu beachten?

Die Traditionsgeschichte hatte die Bedeutung einzelner Worte herausgearbeitet: Sagen uns diese Worte noch etwas? Sagen sie uns nichts mehr, weil wir die alte Bedeutung nicht mehr kennen?

Die Psychologie und Soziologie hatte Wege gewiesen, Aspekte des Textes für die Gegenwart fruchtbar zu machen.

Die Redaktionskritik zeigte uns, wie Markus selbst hermeneutisch gearbeitet hat usw.

3. Vermittlung des Erarbeiteten

Dieser Arbeitsschritt dient dazu, sich darüber klar zu werden, wie ich das Erarbeitete anderen vermitteln möchte. Dieser Schritt ist für die Predigt, den Religionsunterricht usw. von Bedeutung. Das braucht in der Proseminar-Arbeit nicht geleistet zu werden.

Anhang

I. Wie verfasse ich eine Proseminar- oder eine Seminararbeit?

1. Einleitung

In einer Proseminararbeit (ProA) sollten die in diesem Buch vorgestellten Methodenschritte an einem Text durchgearbeitet werden. Allerdings wurde im Zusammenhang der Darstellung der jeweiligen Methodenschritte deutlich, daß die Methodenschritte unterschiedlich gewichtet werden können und daß nicht jeder Schritt für jeden Text in Anschlag gebracht werden kann. Nicht verzichten sollten sie auf folgende Schritte:
Übersetzung bzw. Abschreiben, Gliederung, Einleitungsfragen, Textkritik, Literarkritik, Formgeschichte, Traditionsgeschichte, Redaktionskritik.
Hilfreich sind darüberhinaus:
Linguistik, Frage nach dem historischen Jesus, Überlieferungsgeschichte, Religionsgeschichte, Zeitgeschichte, Soziologie, Psychologie, Wirkungsgeschichte, Hermeneutik.
Sie sollten allerdings dabei berücksichtigen, daß manche dieser hilfreichen Schritte an bestimmten Texten auch sehr wichtig werden können und auf keinen Fall ausgelassen werden sollten.
Darüber hinaus wurde hier und da bereits auf Unterschiede zwischen der Bearbeitung von Evangelien-Texten und Paulus-Texten hingewiesen. Diese gilt es im Auge zu behalten im Blick auf die literarkritische Bearbeitung, auf die formgeschichtliche Analyse und auf die redaktionskritische Analyse. Näheres dazu haben Sie auf den Methodenblättern zu den jeweiligen Methodenschritten gelesen.
Das Vorgehen in einer Seminararbeit (SemA) ist etwas anders: Während eine ProA dazu dienen soll, Methoden der historisch-kritischen Exegese zu vertiefen, bearbeiten Sie in der SemA ein Thema, für das Sie mit Hilfe der historisch-kritischen Exegese Vorarbeiten leisten. Nur die Ergebnisse, die sich für das jeweilige Thema als besonders wichtig entpuppt haben, fließen letztendlich in die Arbeit selbst ein. Demnach wer-

den alle Arbeitsschritte dem Thema untergeordnet. In der Vorarbeit werden jedoch alle für das Thema relevanten Texte diesen Methodenschritten unterworfen.

> ✎ Beispiel: Sie haben das Thema Abendmahl, ausgehend von 1 Kor 11,23ff. Nun führen sie die Methodenschritte am Text durch. Weil wir aber im Neuen Testament noch weitere Abendmahlsüberlieferungen haben (Mk 14,22ff.; Mt 26,26ff.; Lk 22,19f.), müssen Sie auch diese Texte mit Hilfe der oben genannten Methodenschritte bearbeiten. Übrigens ist an dieser Stelle eine religionsgeschichtliche Analyse nicht allein »hilfreich«, sondern wichtig! Die Ausarbeitungen zu den Paralleltexten gehen jedoch nicht im Detail in die SemA ein, sondern nur soweit sie für die konkrete Themenstellung relevant sind.

In den folgenden Abschnitten wird auf Hilfsmittel (z.B. Kommentare) nur in der Kurzform hingewiesen. Die ausführlichen Literaturangaben finden Sie im Abschnitt »Literatur und Hilfsmittel« in diesem Anhang. Allgemeine Hinweise zum wissenschaftlichen Arbeiten werden im folgenden nur wenige gegeben. Eine ausführliche Darstellung der dafür notwendigen Kenntnisse und Hilfsmittel finden sie in: A. Raffelt, Proseminar Theologie. Einführung in das wissenschaftliche Arbeiten und die theologische Bücherkunde, Freiburg u.a. 1992⁵.

1.1 Allgemeine Hinweise

Eine handgeschriebene Arbeit kann vom Dozenten und der Dozentin nicht angenommen werden. Die abgegebene Version der Arbeit muß also mit der *Schreibmaschine* oder dem *Computer* geschrieben worden sein.

Ästhetische Gesichtspunkte sollten nicht vernachlässigt werden. »Kleider machen Leute« – auch hier. Wenn jemand ein schludriges Outfit vorlegt, entsteht beim Korrektor – ob er will oder nicht – der Eindruck: Diese Person hat auch wissenschaftlich schludrig gearbeitet.
Der Text ist auf Din-A4-Blättern zu schreiben. Die Seite soll einseitig in einem anderthalbzeiligen Abstand beschrieben werden. Eine Zeile sollte nicht mehr als 64 Buchstaben beinhalten.
Der *Korrekturrand* links sollte mindestens 5cm breit sein, der Rand von Kopf- und Fußbereich sollte 2 cm breit sein. Die Seiten sind zu paginieren, d.h. mit Seitenzahlen zu versehen, und zwar am Kopf oder im Fußbereich der Seiten rechts oder zentriert, auf jeden Fall aber einheitlich.

Überschriften sollten klar erkennbar sein. Sie sind also mit Leerzeilen oberhalb und unterhalb der Überschrift vom übrigen Text (Korpus) zu trennen.

Absatzeinrückungen sind empfehlenswert. Unterstreichungen oder sonstige Hervorhebungen sollten dagegen nicht im Übermaß verwendet werden.

Wörtliche Zitate sind in doppelten Anführungsstrichen wiederzugeben. Fehler im zitierten Text sind durch ein (sic!) oder durch ein Ausrufezeichen (!) zu kennzeichnen.

    ☞ »Auf du (sic!) Dach sitzt ein Vogel«

Hervorhebungen des Autors sind zu übernehmen – andernfalls müssen Sie eigens darauf hinweisen, daß Sie sie nicht übernommen haben. Wenn Sie selbst Stellen im zitierten Text hervorheben wollen, so ist auch das nach der Seitenangabe deutlich auszusprechen.

    ☞ »abcdefgh *mnopq* rstuvw« (12; Hervorhebungen vom Verf!)

Zitat im Zitat: Wird in dem jeweiligen Zitat wiederum vom Autor selbst ein anderer Autor zitiert, dann ist dieses Zitat mit einfachen Anführungszeichen zu übernehmen; dabei ist in der Zitatangabe darauf hinzuweisen, wen der Autor zitiert.

    ☞ »abcdefgh ›mnopq‹ rstuvw« (12; mit Hinweis auf XY)

Wird ein *Zitat nicht vollständig übernommen*, so kann das mit »...« bzw. mit »(...)« deutlich gemacht werden. Auch hier gilt: Wenn in mehreren Zitaten das Problem auftaucht, sollte man sich für eine einheitliche Lösung entscheiden.

    ☞ »abc ... gh« oder: »abc (...) gh«

Wird ein *Zitat nur teilweise übernommen*, dann ist es möglich, daß Hinweise im Zitat undeutlich sind bzw. daß der Kasus sich verändert. Der veränderte Kasus bzw. die Bezüge sind in Klammern mit einem sc. (= scilicet; dt: nämlich) beizufügen.

    ☞ Originaltext: »Hans ging im Wald spazieren, und er sah ein Reh.« Wird nur der zweite Teil aufgenommen, dann heißt es: »er (sc. Hans) sah ein Reh.«

Im Augenblick sieht es so aus, als würde es sich einbürgern, daß der *Schlußpunkt eines Zitates* mit aufgenommen wird. Allerdings werden dadurch die eigenen Sätze unvollständig. Ich denke, an dieser Stelle mag jeder und jede verfahren wie er oder sie möchte – nur einheitlich sollte es sein.

    ☞ Wie der Autor sagt: »auf einmal sah er (sc. Hans) ein Reh.« (Werkverzeichnis, 20) Das ist ...

Wenn ein Zitat aufgenommen wird, dann muß die Intention des Autors beachtet werden. Es geht nicht an, ein Zitat aus dem Kontext zu reißen und dann die Intention des Autors zu verfehlen. Die Intention muß nicht beachtet werden, wenn der Autor eine ganz besonders schöne Formulierung gefunden hat, die Sie gerne aufnehmen möchten. Dann muß der Autor genannt werden und es muß hinzugefügt werden, daß das Wort aus dem Kontext gelöst wurde.

Die Verfasser der Zitate können an unterschiedlichen Orten angegeben werden: Entweder kann es heißen »XY sagt ...« oder es kann erst zitiert werden und dann in Klammern der Verfasser mit Seitenangabe hinzugefügt werden. Werden in der Arbeit weitere Werke des Verfassers verarbeitet, dann muß ein Kurztitel oder eine Jahresangabe eingefügt werden (s.u. Anmerkungen). Wird die Meinung oder Äußerung eines Autor sinngemäß wiedergegeben, dann muß das mit einem »s.« (siehe) deutlich gemacht werden. Wird allgemein etwas ausgesprochen, was zufällig der eine oder andere Autor so ähnlich gesagt hat, dann wird das mit einem »vgl.« (vergleiche) angegeben.

Es ist nicht richtig, einen Autor nach Aussage eines anderen zu zitieren, sondern es sollte – soweit irgend möglich – das Original zitiert werden. Das ist auch wichtig, was die antiken Quellen betrifft.

> Nicht(!) »Gnilka sagt, daß Kertelge sagt ...«, sondern: »Kertelge sagt ...«. Diese Aussage ist selbstverständlich erst nach Einsichtnahme in das Originalwerk auszusprechen!

Wenn Sie ein Werk nicht selbst einsehen konnten, dennoch mit Hilfe der Aussagen eines anderen Werkes die Hinweise für so wichtig halten, daß Sie sie übernehmen müssen, dann merken Sie es mit »zit. nach XY« an.

> Bultmann schreibt in seiner Theologie: »abcdefgh« (20; zit. nach XY).

Insgesamt sollte so wenig wie möglich zitiert werden. Nur prägnante Aussagen, die die eigene Meinung unterstützen oder der eigenen Meinung widersprechen, sollten zitiert werden. Eine Arbeit, in der nur Zitate aneinandergereiht werden, zeugt nicht unbedingt davon, daß ihr Autor oder ihre Autorin den Sachverhalt verstanden und durchdrungen hat.

Klammern sollten sparsam verwandt werden. Schwierig wird es, wenn in eingeklammerten Aussagen wieder Aussagen eingeklammert und weitere Aussagen noch einmal eingeklammert werden. In solchen Fällen müssen unterschiedliche Klammern herangezogen werden.

> Nicht(!) so: (abc (def (ghi) jkl) mno) – sondern so: (abc [def <ghi> jkl] mno).

Griechische Wörter sind im Nominativ anzuführen. Verben können entweder in der ersten Person Singular oder im Infinitiv wiedergegeben werden – es sei denn, es kommt in der weiteren Diskussion auf die Zeitform usw. an. Der Artikel ist an das griechische Wort anzupassen, besonders dann, wenn ein griechischer Begriff im Zusammenhang eines deutschen Satzes verwendet wird.

> Also: »der Geist Gottes weht« wird (wenn es denn unbedingt sein muß) zu »das πνεῦμα [pneuma] weht«.

Griechische Wörter sollten mit korrektem Akzent aufgenommen werden.

Es ist nicht notwendig, das Original der Arbeit abzugeben. Doch sollten die Kopien vollständig sein. Es macht keine Freude, am Rand abgeschnittene Worte mühsam zu entziffern. Ebenso sollten die Kopien noch einmal kontrolliert werden: Sind alle Seiten wirklich vorhanden und der Reihenfolge nach geordnet?

Es ist sinnvoll, sich an die Abgabetermine zu halten (je nach Dozent oder Dozentin handelt es sich mit den Abgabeterminen um unverrückbare Termine oder nicht. Darum ist es sinnvoll, sich rechtzeitig zu erkundigen, wie der jeweilige Dozent oder die Dozentin die Angelegenheit handhabt). Vor allem ist es bei einer ProA nicht unbedingt notwendig, sich über die Maßen in unterschiedliche Themen einzuarbeiten. Das, was mit der ProA gelernt werden soll, ist auch, mit wenig Aufwand möglichst viel zu erreichen, ist auch, seine Zeit einteilen zu lernen. Je länger die Sache hinausgezögert wird, desto mühsamer kann das Ganze werden.

1.2 Spezielle Tips

Und hier noch einige besondere Hinweise, die im Verlauf der gesamten Arbeit beachtet werden sollten!

- Wählen Sie sich ein schönes, auffälliges kleines Heft, das Sie immer mit sich herumtragen können – verlieren Sie es nicht. U-Bahnen und Busse fressen solche Hefte besonders gern. In dieses Heft schreiben Sie sich sofort (!!!) die genauen bibliographischen Angaben von Büchern und Aufsätzen usw., die Sie für Ihre Arbeit heranziehen, hinein! Sobald Sie ein Buch in die Hand nehmen, sollten Sie – soweit es für Sie relevant ist – die bibliographischen Angaben sorgfältigst aufnehmen. Es ist mühsam, am Ende der Arbeit noch einmal sämtliche Bücher und Aufsätze zu suchen, um dann die Angaben zu vervollständigen. Auf genaue Angaben sollten Sie auch nicht verzichten: Ein schlechtes Literaturverzeichnis bringt immer Minuspunkte!

- Wenn Sie schon Lust verspüren, etwas zu formulieren, dann tun Sie es während der folgenden Schritte. Seien Sie nur nicht traurig, wenn das Formulierte schneller veraltet, als Sie sich denken. Dennoch sind solche Formulierungen wichtig, weil Sie langsam ein Gefühl für die Sprache bekommen, die für Ihr Thema angemessen ist. Wenn Sie erst am Schluß formulieren, dann können Sie leicht in Schwierigkeiten geraten. Achten Sie aber an dieser Stelle noch nicht auf sprachlich schöne Form, korrekte Sätze usw. Das kostet nur viel Zeit.
- Während sämtlicher Schritte sollten Sie schon innerlich mit einem möglichen Aufbau der Arbeit beschäftigt sein. Stellen Sie zunächst ein Inhaltsverzeichnis auf. Wie alles andere ist auch dieses Inhaltsverzeichnis nur vorläufig. Es dient jedoch dazu, einen möglichen roten Faden zu haben, um sich nicht zu verzetteln. Korrigieren Sie dieses Inhaltsverzeichnis je nach Erkenntnisfortschritt. In einer ProA ist das Inhaltsverzeichnis weitgehend durch die Reihenfolge der Methodenschritte vorgegeben.
- Entscheiden Sie sich schon früh für eine Gliederungsform. Es gibt drei wesentliche Möglichkeiten:

Numerische Gliederung	Alpha-numerische Gliederung	Mischform
1 (Kapitel)	A (Kapitel)	§ 1 (Kapitel)
1.2 (Unterkapitel)	A I (Unterkapitel)	weiter mit
1.2.3 (Abschnitt)	A I 1 (Abschnitt)	einem der
1.2.3.1 (Unterabschnitt)	A I 1 a (Unterabschnitt)	beiden anderen
1.2.3.1.1 usw.	A I 1 a α (Weiterer Unterschnitte)	Vorschläge

Es empfiehlt sich, die Gliederung nicht allzu fein zu gestalten: Eine zu feine Gliederung stört den Textfluß und erschwert das Verstehen.
- Begründen Sie ihre Aussagen! Auch wenn richtige Aussagen einfach als Behauptungen in den Raum gestellt werden, macht es einen schlechten Eindruck. Wissenschaftliches Arbeiten lebt vom Begründen.
- Verfahren Sie mit allem, was Sie tun, einheitlich. Seien es Literaturangaben, Inhaltsverzeichnisse, Titel, gewählte Zeichensätze usw. Darum bedenken Sie vorher, wie Sie vorgehen wollen.

2. Die Proseminararbeit

2.1 Methodenschritte und Sekundärliteratur

Erstellen Sie sich ein vorläufiges Inhaltsverzeichnis mit Hilfe der in diesem Buch dargelegten Methodenschritte. Beachten Sie auch die auf diesen Blättern genannten Hinweise, um sich zeitlich nicht in Bedrängnis führen zu lassen.

Wollen Sie die ProA nutzen, um tiefer in die Entstehung der Methoden Einblick zu nehmen – z.b. wie kam es zur Formgeschichte (Bultmann, Dibelius usw.)? –, dann nehmen Sie eine der Methodenlehren, auf die im folgenden Literaturverzeichnis hingewiesen wird, zur Hand (besonders Lührmann). Die dort angegebenen Hinweise können helfen, den Sinn bestimmter Methoden tiefer zu durchdringen. Insgesamt werden Sie selbst merken, in welchen der Methodenschritte Sie etwas tiefer mit Hilfe von weiterführender Literatur eindringen wollen. Abhängig ist das immer auch vom jeweiligen Text – der eine Text empfiehlt stärker die religionsgeschichtliche Arbeit, der andere stärker eine sozialgeschichtliche Analyse. Wichtig ist nur, daß Sie sich nicht im Rahmen einer ProA zu sehr bei einem Schritt aufhalten und daß Sie alle wichtigen und für Ihren Text hilfreichen Schritte bearbeiten, so daß eine ausgewogene Arbeit entsteht, die nicht nur aus der Heranziehung eines einzigen Schrittes besteht.

2.2 Das Schreiben der Proseminararbeit

Siehe dazu im folgenden Punkt 3.2.

3. Die Seminararbeit

3.1 Vorarbeiten und Lesen

Für das Gelingen einer SemA sind besonders die Vorarbeiten von Bedeutung. Sie müssen sich erst langsam an den Text/an das Thema heranarbeiten. Zu diesem Heranarbeiten gehört es nicht, eine Fülle an Sekundärliteratur zu verschlingen, vielmehr ist es wichtig, mit Hilfe der oben genannten Methodenschritte zunächst selbst den Text zu erkunden und auf ihn zu hören. Was sagt er?

In einem zweiten Schritt ist es ganz sinnvoll, den ein oder anderen wichtigen Lexikon-Artikel zum Thema des Textes/der Texte und Ihrer Arbeit anzuschauen und mit Ihren bisherigen Ergebnissen zu vergleichen. Auf diese Weise erhalten sie Zugang zu der aktuellen Diskussion. Notieren Sie sich Interpretationsabweichungen und Gemeinsamkeiten.

In einem dritten Schritt schauen Sie nun in Kommentare. Wie übersetzen sie, wie grenzen sie die Texte ab, welche Hinweise geben sie, die Sie sich nicht selbst erarbeiten konnten, z.B. religionsgeschichtliche Fragestellungen usw. Welche Sekundärliteratur wird immer wieder zustimmend oder ablehnend zitiert?

Mit Hilfe des Lexikon-Artikels und der Kommentare können Sie auf weitere Sekundärliteratur stoßen. Allerdings bieten die meisten eine Fülle an Literatur an, die erst einmal erschlagend wirkt. Es wurde jedoch schon darauf hingewiesen, daß bestimmte Namen immer wieder genannt werden. Diese Titel sind zunächst aufzunehmen und in Aufsätze und Monographien zu trennen.

Ordnen Sie die aufgenommenen Aufsätze und Monographien nach ihrem Alter. Die neuesten werden als erste weiterbearbeitet, es sei denn, Sie möchten z.B. die Interpretationsgeschichte der Neuzeit in den Blick bekommen – dann gehen Sie in der anderen Reihenfolge vor. Es ist zu beachten, daß bei Monographien immer die neueste Auflage zu berücksichtigen ist!

Durch Ihre bisherige Arbeit wissen Sie schon ein wenig, worauf Sie besonders achten müssen. Darum schauen Sie sich die Inhaltsverzeichnisse der Monographien besonders an – und wählen aus, welche für die Weiterarbeit relevant sind. Nicht jede Monographie, jeder Aufsatz geht speziell auf Ihre Fragestellung ein. Sinnvoll ist es, nicht gleich mit einer Monographie zu beginnen, sondern den ein oder anderen Aufsatz heranzuziehen. Der Grund dafür liegt darin, daß Sie erst einmal weitere Kriterien entwickeln müssen.

Bei der Lektüre sollten Sie so vorgehen, daß Sie zunächst lesen und das Gelesene sofort zu Notizen verarbeiten. Ganze Exzerpte sollten nur angefertigt werden, wenn sie für das Thema wirklich von Bedeutung sind. Sonst genügt es, in das bisher Erarbeitete Notizen einzufügen; dazu gehören auch kurze Texte, die Sie möglicherweise zitieren möchten und deshalb mit genauen Quellenangaben notieren. Hilfestellung zur Bewältigung von Literatur bietet im einzelnen J. Ernst/K. Backhaus, Studium Neues Testament, Paderborn 1986,3.2.

3.2 Das Schreiben der Seminararbeit

Sie haben schon einiges geschrieben. Sie haben ein Inhaltsverzeichnis. Sie haben die Methodenschritte durchgeführt. Sie haben vorläufig ausgewählt, welche dieser Methodenschritte mit ihren Ergebnissen Eingang in die Arbeit bekommen sollen. Sie haben Exzerpte und Notizen eingearbeitet. Sie haben auch schon die ein oder andere Sache ausformuliert. Nun geht es darum, ganz konkret und gezielt zu formulieren.

Bevor Sie aber mit der Formulierung beginnen, nehmen Sie sich Ihr Inhaltsverzeichnis vor. Es sollte jetzt schon so gut wie die letzte Gestalt bekommen, so daß es Ihnen während Ihrer Schreibarbeit als Kompaß dienen kann und Sie am Ende eine »runde Sache« abgeben können. Diese ist leichter herzustellen, wenn Sie in diesem Stadium der Arbeit selbst schon von vornherein wissen, was Sie wollen.

Nehmen Sie sich die von Ihnen vorformulierten Texte vor, formulieren Sie diese genauer, vor allem knapper und sprachlich, so gut Sie können. Sie merken jetzt, daß es schwer ist, in dem vorgeschriebenen Seitenrahmen (ProA mindestens 15, höchstens 25 Seiten; SemA 25-30 bzw. je nach Absprache mit dem Dozenten oder der Dozentin) zu bleiben. Je knapper Sie von voneherein formulieren, desto mehr können Sie sich bei den wesentlichen Kapiteln, die sich meistens am Schluß der Arbeit konzentrieren, Raum lassen.

Beachten Sie, daß Ihre SemA einen roten Faden haben muß! Es geht nicht darum, nur Informationen lose aneinanderzureihen, sondern es geht darum, diese gezielt und auf ein Thema hin fokussiert weiterzuvermitteln. Eine ProA braucht sich nicht unbedingt um einen roten Faden bemühen. In ihr geht es allein um den Nachweis, daß die Methodenschritte eigenständig an einem konkreten Text nachvollzogen werden können.

Auch diese Formulierung ist noch nicht unbedingt der Weisheit letzter Schluß, weil Ihnen – während Sie das dritte Kapitel bearbeiten – noch dies und jenes für das erste Kapitel einfallen kann. Das gilt auch für die ProA. Ihr eigener Text ist wie ein Stoff. Es wird hin- und hergewebt, bis etwas Vollständiges herauskommt. Darum: Achten Sie auf Einheitlichkeit der Abkürzungen, vermeiden Sie wörtliche Wiederholungen, lassen Sie Ihre Arbeit von anderen durchlesen – andere merken Fehler, die sich eingeschlichen haben, immer besser als man selbst.

Nun haben Sie es geschafft. Es folgt noch die Einleitung, wenn Sie denn eine für wichtig halten. Es empfiehlt sich, eine zu schreiben, weil Leser und Leserinnen durch Hinweise in der Einleitung leichter durch die Arbeit finden können.

Wenn Sie die Anmerkungen nicht am unteren Rand der Seite anbringen, dann vergessen Sie nicht, sie am Schluß unterzubringen!

Anmerkungen sollten weitgehend Literatur- und Quellenhinweise enthalten. Es genügen Name und Seitenangabe. Wenn Sie vom Verfasser oder von der Verfasserin mehr als einen Titel verarbeitet haben, dann kann entweder ein Kurztitel oder das Jahr, in dem das Buch/der Aufsatz erschienen ist, angegeben werden. Allerdings ist darauf zu achten, daß in dem einen Fall im Literaturverzeichnis die Titel alphabetisch und im anderen Fall zeitlich geordnet aufgeführt werden. Aus dem Literaturverzeichnis muß jedenfalls klar hervorgehen, welches Werk wie zitiert wird.

📖 Entweder: Berger, Formgeschichte S. 20; Berger, Exegese 29; oder: Berger 1984², 29.

Hier und da ist es möglich, in Anmerkungen auch kleine Exkurse einzubauen, soweit sie im Text störend wirken. Aber: Solche Exkurse sind wirklich nur sehr sparsam anzubringen. Sparsame Verwendung solcher Exkurse ersparen allen Beteiligten viel Ärger. Der Ärger entzündet sich daran, daß die Anmerkungen in kleinerer Schrift geschrieben werden können. Sie können also, wenn Ihre Arbeit den vorgegebenen Rahmen sprengt, all das, was darüber hinausgeht, in die Anmerkungen packen. Und das wird nicht gern gesehen. Es kann passieren, daß Sie die Arbeit zurückbekommen mit der Vorgabe, sie noch einmal zu überarbeiten!

Es gibt zwei Möglichkeiten, Anmerkungen zu kennzeichnen: Sie können auf jeder Seite neu mit der »1« beginnen oder sie durchlaufend numerieren. Die durchlaufende Numerierung ist üblich, und mit ihr ist es leichter, eindeutig auf bestimmte Anmerkungen bezugzunehmen; außerdem ist diese Art der Fußnotenverwaltung mit jedem halbwegs aktuellen Computerprogramm einfach zu bewerkstelligen. Anmerkungen beginnen mit einem Großbuchstaben und enden mit einem Satzzeichen (i.d.R. einem Punkt).

In exegetischen Arbeiten sollten hochgestellte Fußnoten verwandt werden. Es ist vor allem bei Quellenangaben übersichtlicher, wenn es heißt: Röm 5,2³ statt Röm 5,2 (3). Das zweite Beispiel könnte auch bedeuten, daß hier vorsichtig auf Röm 5, Vers 3 verwiesen wird.

Ein Abkürzungsverzeichnis ist zu erstellen, soweit Sie sich nicht an die Vorgaben, z.B. das Abkürzungsverzeichnis der TRE, halten. Welches Abkürzungsverzeichnis Sie auch benutzen: Nennen Sie es. Sinnvoll ist es vor den Literaturangaben angebracht.

Zuletzt kommt das Literaturverzeichnis. Je sorgfältiger Sie von Anfang an gearbeitet haben, desto weniger Mühe macht dieses Verzeichnis.

In das Literaturverzeichnis sollen nur die Werke (Namen in alphabetischer Reihenfolge!) aufgenommen werden, in die Sie auch intensiver hineingeschaut und die eine Auswirkung auf Ihre Arbeit gehabt haben. Ein Literatur-

verzeichnis dient nicht dazu, sämtliche Werke zu einem Thema anzuführen. Das Literaturverzeichnis kann untergliedert werden in: Quellen (AT; NT; andere religionsgeschichtlich relevante Texte); Hilfsmittel (Wörterbücher; ob Sie die Synopse hier oder unter Quellen einordnen, bleibt Ihnen überlassen); Kommentare, Aufsätze und Artikel; weitere Sekundärliteratur. Es empfiehlt sich, nur die Unterscheidung Quellen und Sekundärliteratur aufzunehmen. Das erleichtert Lesern wie Verfasser/innen die Arbeit.
Es ist nicht statthaft, die gesamten Aufsatzsammlungen anzugeben oder das gesamte Lexikon, sondern nur den gelesenen Aufsatz bzw. Artikel.

&⌒ Nicht(!): EWNT, Stuttgart 1980-1983 – sondern: G. Schneider, Art. μαζαναθα, in: EWNT 2, 1981, 947-948.

Auch wenn die folgenden Hinweise nicht übernommen werden – die bibliographischen Angaben müssen vollständig und einheitlich sein. Es ist folgendermaßen zu verfahren:

– *Monographien:*
Verfasser (Name, Vorname [abgekürzt oder ausgeschrieben. Ausgeschriebene Vornamen erleichtern die Suche vor allem bei »Maier« o.ä. seltenen Nachnamen.])
Titel (mit Doppelpunkt oder Komma vom Namen abzutrennen)
Untertitel (mit Punkt vom Titel zu trennen)
(*Verlag* [dieser Hinweis ist möglich, aber nicht nötig])
Ortsangabe (durch Komma vom Untertitel bzw. Titel zu trennen)
Erscheinungsjahr
Auflage (wenn es nicht die Erstauflage ist – entweder in Hochzahl nach oder vor dem Erscheinungsjahr oder ausgeschrieben vor dem Jahr; handelt es sich um ein Buch, das schon vor Jahrzehnten eine erste Auflage erfahren hat, dann ist es sinnvoll das Jahr der Erstauflage in Klammern anzugeben. Ebenso muß angegeben werden, ob es sich um eine neue Auflage handelt oder um einen Nachdruck.)
Reihe (in Klammern anzugeben, die Reihe kann auch vor der Ortsangabe eingefügt werden)

&⌒ Deichgräber, Reinhard, Gotteshymnus und Christushymnus in der frühen Christenheit. Untersuchungen zu Form, Sprache und Stil der frühchristlichen Hymnen, Göttingen 1967 (StUNT 5).

– *Aufsätze aus Zeitschriften:*
Verfasser/Titel/Untertitel (s. Monographien)
in: (das »in« kann durch Komma oder Punkt – dann jedoch groß geschrieben – vom Titel/Untertitel abgetrennt werden)

Zeitschrift (kann abgekürzt wiedergegeben werden)
Jahrgang
Erscheinungsjahr (kann durch Komma oder Klammern vom Jahrgang abgetrennt werden)
Seite (ist durch Komma vom Jahr zu trennen)

☞ Dietzfelbinger, Christian, Die Frömmigkeitsregeln von Mt 6,1-18 als Zeugnisse frühchristlicher Geschichte, in: ZNW 75, 1984, 184-201 bzw.: ZNW 75 (1984) 184-201.

– *Handelt es sich um einen Aufsatz aus einem Buch:*
Name bis »in:« (s. Aufsätze aus Zeitschriften. Nach dem »in:« folgt:)
Name des Herausgebers
Herausgeber (durch Abkürzung in Klammern wiedergegeben: Hg.)
Titel des Werkes –
alle weitere Angaben s. Monographien.
An das Erscheinungsjahr werden die Seiten des Aufsatzes durch Komma angefügt.

☞ Delling, Gerhard, Geprägte paulinische Gottesaussagen in der urchristlichen Verkündigung, in: Ders., Studien zum Neuen Testament und zum hellenistischen Judentum. Gesammelte Aufsätze 1950-1968, Göttingen 1970, 401-416; bzw.: Kuhn, Heinz-Wolfgang, Das Liebesgebot Jesu als Tora und als Evangelium. Zur Feindesliebe und zur christlichen und jüdischen Auslegung der Bergpredigt, in: Hubert Frankemölle/Karl Kertelge (Hg.), Vom Urchristentum zu Jesus, Festschrift J. Gnilka, Freiburg u.a. 1989, 194-230.

– *Lexikonartikel:*
Name, Vorname (wie Monographien)
Art. (Artikel)
Titel des Artikels
in: (s. weiter Aufsätze aus Zeitschriften.)

☞ : Delling, Gerhard, Art. Abendmahl II. Urchristliches Mahlverständnis, in: TRE 1, 1977, 47-58.

– Am Schluß der Mühe steht, was im Grunde keine Arbeit mehr bereitet, sondern eher mit Freude erfüllt: Das *Titelblatt*. Die Titelseiten sollten die folgenden Informationen enthalten:
Universität – Fakultät – Institut
Art der Veranstaltung (Seminar/Proseminar)
Thema der Veranstaltung
Dozentin oder Dozent
Semester, in dem die Veranstaltung stattgefunden hat
(Bibeltext und) *Titel*

Name des Verfassers oder der Verfasserin
Semesterzahl
Adresse mit Telefonnummer
Datum der Abgabe

> Ludwig-Maximilians-Universität München
> Evangelisch-Theologische Fakultät
> Neutestamentliches Institut
>
> Seminar: Glaube in den Evangelien
> Prof. Dr. N.N.
> Sommersemester 1999
>
> Thema der Seminararbeit:
> Glaube im Markusevangelium
>
> Vorgelegt von: N.N.
> 7. Semester
> Seminarstr. 10
> 80799 München
> Tel.: 000/000000
>
> Datum der Abgabe: 9.9.1999

II. Literatur in Auswahl und Hilfsmittel

1. Literatur in Auswahl

Literatur, die für die eigene Bibliothek (ohne Griechischkenntnisse vorauszusetzen) empfehlenswert ist, wird mit einem # gekennzeichnet. Die Auswahl ist subjektiv und diesem Arbeitsbuch angepaßt. Abkürzungen: s. Siegfried M. Schwertner, Internationales Abkürzungsverzeichnis für Theologie und Grenzgebiete, Berlin/New York 1992. Weitere Literatur siehe die jeweiligen Abschnitte und zu speziellen Fragestellungen auch auf den Methodenblättern.

1.1 Allgemeine Lexika, die man kennen und ggf. konsultieren sollte:

Evangelisches Kirchenlexikon, Bde. 1-5, Göttingen 1986-1997³ (EKL).
Lexikon für Theologie und Kirche, Bde. 1-11, Freiburg 1957-1966² (LThK) (Neubear.: noch nicht vollständig, 1993ff.³).
Die Religion in Geschichte und Gegenwart, Bde. 1-7, Tübingen 1957-1965³ (RGG) (Neubearb.: Bd. 1, 1998⁴).
Theologische Realenzyklopädie (noch nicht vollständig), Berlin u.a. 1977ff. (TRE).

1.2 Bibeltheologische Lexika (NT):

The Anchor Bible Dictionary, Bde. 1-6, New York u.a. 1992.
\# Calwer Bibellexikon. In fünfter Bearbeitung hg.v. K. Gutbrod u.a., Stuttgart 1989⁶.
Exegetisches Wörterbuch zum Neuen Testament, hg.v. H. Balz/G. Schneider, Bde. 1-3, Stuttgart 1992² (EWNT).
\# Das Große Bibellexikon, hg.v. H. Burkhard u.a., Bde. 1-3, Wuppertal/Gießen 1987-1989.
\# Theologisches Begriffslexikon zum Neuen Testament, hg.v. L. Coenen u.a., Bde. 1-2, Wuppertal 1983⁶ (TBLNT) (Neubearbeitung: hg.v. L. Coenen/ K. Haacker, Bd. 1, Wuppertal 1997).
Theologisches Wörterbuch zum Neuen Testament, hg.v. G. Friedrich, Bde. 1-10, Stuttgart 1933-1979 (ThWNT).

1.3 Quellen, Synopsen, Wörterbücher, Grammatik, Konkordanzen, Übersetzungsschlüssel

Nestle, E./Aland, K., Novum Testamentum Graece, Stuttgart 1993^{rev.27}.
Aland, K., Synopsis Quattuor Evangeliorum, Stuttgart 1996^{rev.15}.
\# Peisker, C.H., Evangelien-Synopse (gibt es sowohl zur Lutherbibel als auch zur Zürcher Bibel und zur Einheitsübersetzung – und wird ständig neu aufgelegt).

Bauer, W./Aland, K./Aland, B., Griechisch-deutsches Wörterbuch zu den Schriften des Neuen Testaments und der frühchristlichen Literatur, Berlin u.a. 1988^{rev.6}.

Preuschen, E., Griechisch-deutsches Taschenwörterbuch zum Neuen Testament, Berlin 1996[7].
Rehkopf, F., Griechisch-deutsches Wörterbuch zum Neuen Testament, Göttingen 1992.
Blass, F./Debrunner, A./Rehkopf, F., Grammatik des neutestamentlichen Griechisch, Göttingen 1990[rev.17].
Aland, K., Vollständige Konkordanz zum griechischen Neuen Testament. Unter Zugrundelegung aller modernen kritischen Textausgaben und des textus receptus, Bde. 1f., Berlin u.a. 1978/1983.
Schmoller, A., Handkonkordanz zum Griechischen Neuen Testament, Stuttgart 1994[rev.].
Große Konkordanz zur Lutherbibel, Stuttgart 1993[3]; oder:
Konkordanz zur Einheitsübersetzung der Bibel. Erarbeitet v. F.J. Schierse, Düsseldorf/Stuttgart 1996[rev.].
Das Neue Testament. Interlinearübersetzung. Griechisch-Deutsch. Griechischer Text nach Ausgabe von Nestle-Aland (26.Auflage). Übersetzt v. E. Dietzfelbinger, Neuhausen-Stuttgart 1989[3].
Rienecker, F., Sprachlicher Schlüssel zum griechischen Neuen Testament, Gießen u.a. 1992[19].

1.4 Einführungen und Einleitungen:

#Broer, I., Einleitung in das Neue Testament, Bd. 1, Würzburg 1998 (NEB.NT. Ergänzungsheft 2,1).
Conzelmann, H./Lindemann, A., Arbeitsbuch zum Neuen Testament, Tübingen 1998[rev.12] (UTB 52).
Köster, H., Einführung in das Neue Testament im Rahmen der Religionsgeschichte und Kulturgeschichte der hellenistischen und römischen Zeit, Berlin u.a. 1980 (Neufassung: Introduction to the New Testament, Bd. 1: History, Culture and Religion of the Hellenistic Age, Berlin/New York 1995[2], Bd. 2: History and Literature of Early Christianity [erscheint 1999[2]]).
#Kirchschläger, W., Einführung in das Neue Testament, Stuttgart 1994.
Kümmel, W.G., Einleitung in das Neue Testament, Heidelberg 1983[rev.21].
Lohse, E., Die Entstehung des Neuen Testaments, Stuttgart u.a. 1991[rev.5].
Roloff, J., Einführung in das Neue Testament, Stuttgart 1995 (Universal Bibliothek 9413).
Schnelle, U., Einleitung in das Neue Testament, Göttingen 1996[2] (UTB 1830).
Vielhauer, P., Geschichte der urchristlichen Literatur. Einleitung in das Neue Testament, die Apokryphen und die Apostolischen Väter, Berlin u.a. 1985[rev.4].

1.5 Bibelkunden

#Preuß, H.D./Berger, K., Bibelkunde des Alten und Neuen Testaments, NT: Bd. 2, Heidelberg 1997[5] (UTB 972).
#Bull, K.M., Bibelkunde des Neuen Testaments. Die kanonischen Schriften und die Apostolischen Väter. Überblicke – Themakapitel – Glossar, Neukirchen-Vluyn 1997.
#Merkel, H., Bibelkunde des Neuen Testaments, Gütersloh 1992[4].

1.6 Theologien

Bultmann, R., Theologie des Neuen Testaments, 9. Auflage durchgesehen und ergänzt von O. Merk, Tübingen 1984 (UTB 630).

Conzelmann, H., Grundriß der Theologie des Neuen Testaments, 5. Auflage bearbeitet von A. Lindemann, München 1997[6] (UTB 1446).
Gnilka, J., Theologie des Neuen Testaments, Freiburg u.a. 1999[2] (HThK Suppl. 5).
Goppelt, L., Theologie des Neuen Testaments, hg.v. J. Roloff, Göttingen 1991[repr.3] (UTB 850).
Hübner, H., Biblische Theologie des Neuen Testaments, Bd. 3: Hebräerbrief, Evangelien und Offenbarung. Epilegomena, Göttingen 1995.
Lohse, E., Grundriß der neutestamentlichen Theologie, Stuttgart u.a. 1989[rev.4] (ThW 5,1).
#Porsch, F., Kleine Theologie des Neuen Testaments, Stuttgart 1995.
Schweizer, E., Theologische Einleitung in das Neue Testament, Göttingen 1989 (NTD Erg.R. 2).
Strecker, G., Theologie des Neuen Testaments. Bearbeitet, ergänzt und hg.v. F.W. Horn, Berlin/New York 1996.
Stuhlmacher, P., Biblische Theologie des Neuen Testaments, Bd. 1: Grundlegung. Von Jesus zu Paulus, Göttingen 1992.
#Weiser, A., Theologie des Neuen Testaments II. Die Theologie der Evangelien, Stuttgart u.a. 1993 (KStTh 8).

1.7 Bibliographien:

Elenchus Bibliographicus Biblicus, Rom seit 1920 (EBB bzw. EB).
Internationale Zeitschriftenschau für Bibelwissenschaft und Grenzgebiete, Düsseldorf seit 1951 (IZBG).
New Testament Abstracts, Cambridge, Mass. seit 1956 (NTAb).

1.8 Zu den Methoden/Arbeitsweisen:

(Hier werden nur Werke genannt, die nicht im Anschluß an die jeweiligen Paragraphen dieses Proseminarwerkes angeführt wurden bzw. nur unvollständig genannt wurden. Der Abschnitt hat also ergänzende Funktion.)

a) Textkritik (Kapitel 8 und 23)
Aland, K./Aland, B., Der Text des Neuen Testaments. Einführung in die wissenschaftlichen Ausgaben sowie in Theorie und Praxis der modernen Textkritik, Stuttgart 1989[2].
Metzger, B.M., Der Text des Neuen Testaments. Eine Einführung in die neutestamentliche Textkritik, Stuttgart u.a. 1966.

b) Literarkritik und Linguistik (Kapitel 9; 10 und 24; 25)
Arnold, H.L./Sinemus, V. (Hg.), Grundzüge der Literatur und Sprachwissenschaft, Bd. 1, München 1980[6].
Polag, A., Fragmenta Q. Textheft zur Logienquelle, Neukirchen-Vluyn 1979.
Schröter, J., Erinnerung an Jesu Worte. Studien zur Rezeption der Logienüberlieferung in Markus, Q und Thomas, Neukirchen-Vluyn 1997 (WMANT 76).
Tuckett, C.M., Q and the History of Early Christianity, Studies in Q, Edinburgh 1996.
Beaugrande, R.-A. de/Dressler, W.U., Einführung in die Textlinguistik, Tübingen 1981.

c) Formgeschichte (Kapitel 11 und 26)
Berger, K., Formgeschichte des Neuen Testaments, Heidelberg 1984.
Berger, K., Einführung in die Formgeschichte, Tübingen 1987 (UTB 1444).
Köster, H., Art. Formgeschichte/Formkritik, in: TRE 11, 1983, 286-299.
Strecker, G., Literaturgeschichte des Neuen Testaments, Göttingen 1992 (UTB 1682).

d) Frage nach dem historischen Jesus (Kapitel 13 und 28)
Theißen, G./Winter, D., Die Kriterienfrage in der Jesusforschung. Vom Differenzkriterium zum Plausibilitätskriterium, Freiburg/Göttingen 1997 (NTOA 34).
Meier, J.P., A Marginal Jew. Rethinking the Historical Jesus, Bd. 1, New York u.a. 1991, Kap. 6.
Schweitzer, A., Geschichte der Leben-Jesu-Forschung (Nachdr. d. 7. Aufl.), 9. Aufl. Tübingen 1984 (UTB 1302).

e) Traditions-, Religions- und Zeitgeschichte (Kapitel 14-16 und 29-30)
Barrett, C.K., Texte zur Umwelt des Neuen Testaments, dt. Ausgabe erweitert und hg.v. C.-J. Thornton, Tübingen 1991^7 (UTB 1591).
Berger, K./Colpe, C. (Hg.), Religionsgeschichtliches Textbuch zum Neuen Testament, Neukirchen-Vluyn 1987 (NTD Erg.R. 1).
Conzelmann, H., Geschichte des Urchristentums, Göttingen 1983^5 (GNT Erg. R. 5).
Fischer, K.M., Das Urchristentum, Berlin 1991^2 (KGE 1,1).
Klauck, H.-J., Die religiöse Umwelt des Urchristentums, Bde. 1-2, Stuttgart u.a. 1995/1996 (Studienbücher Theologie 9,1f.).
Lohse, E., Die Umwelt des Neuen Testaments, Göttingen 1994^9.
Maier, J., Zwischen den Testamenten. Geschichte und Religion in der Zeit des zweiten Tempels, Würzburg 1990 (NEB. AT Ergänzungsband 3).
Safrai, S./Stern, M. (Hg.), The Jewish People in the First Century. Historical Geography, Political History, Social, Cultural and Religious Life and Institutions, Bde. 1-2, Assen 1974/1976 (CRI 1).
Schneemelcher, W., Das Urchristentum, Stuttgart u.a. 1981 (Urban Tb 336).
Schürer, E./Vermes, G./Millar, F., The History of the Jewish People in the Age of Jesus Christ (175 B.C.-A.D. 135), Bde. 1-3, Edinburgh 1973-1987$^{rev.}$
Strecker, G./Maier, J., Neues Testament – Antikes Judentum, Stuttgart u.a. 1989 (Urban-Taschenbücher; Grundkurs Theologie 2).

Vouga, F., Geschichte des frühen Christentums, Tübingen 1994 (UTB 1733).
dtv-Geschichte der Antike. Hg.v. O. Murray, München 1982ff.
Der Kleine Pauly. Lexikon der Antike. Auf der Grundlage von Paulys Realencyclopädie der Classischen Altertumswissenschaft, Bde. 1-5, Stuttgart 1964-1975 (KP).
Der Neue Pauly. Enzyklopädie der Antike (DNP). Bisher erschienen Bdd 1-5, Stuttgart/Weimar 1996-1998.
Lexikon der Alten Welt. Hg.v. C. Andresen, K. Bartels u.a., Zürich 1965 (LAW).
Reallexikon für Antike und Christentum (noch nicht vollständig), Münster 1950ff. (RAC).

f) Soziologie (Kapitel 17 und 31)
Kee, H.C., Das frühe Christentum in soziologischer Sicht. Methoden und Anstöße, Göttingen 1982 (UTB 1219).
Meeks, W.A., Urchristentum und Stadtkultur. Die soziale Welt der paulinischen Gemeinden, Gütersloh 1993.
Stambaugh, J.E./Balch, D.L., Das soziale Umfeld des Neuen Testaments, Göttingen 1992 (Grundrisse zum Neuen Testament; NTD Erg.R. 9).
Stegemann, E.W./Stegemann, W., Urchristliche Sozialgeschichte. Die Anfänge im Judentum und die Christusgemeinden in der mediterranen Welt, Stuttgart u.a. 1995.
Theißen, G., Studien zur Soziologie des Urchristentums, Tübingen 1989$^{erw.3}$.

g) Redaktionskritik (Kapitel 19 und 32)

Merk, O., Art. Redaktionsgeschichte/Redaktionskritik II Neues Testament, in: TRE 28, 1997, 378-384.

h) Methodenlehren

Alkier, S./Brucker, R. (Hg.), Exegese und Methodendiskussion, Tübingen 1998 (TANZ 23).
\# Berger, K., Exegese des Neuen Testaments. Neue Wege zur Auslegung, Heidelberg 1991³ (UTB 658).
Egger, W., Methodenlehre zum Neuen Testament. Einführung in linguistische und historisch-kritische Methoden, Freiburg u.a. 1996⁴.
Haacker, K., Neutestamentliche Wissenschaft. Eine Einführung in Fragestellungen und Methoden, Wuppertal 1985².
\# Heine, S., Biblische Fachdidaktik – Neues Testament – Eine didaktische Theorie biblischer Inhalte. Die Methoden biblischer Interpretation, Wien u.a. 1976.
Lührmann, D., Auslegung des Neuen Testaments, Zürich 1987² (ZGB).
Maier, G., Biblische Hermeneutik, Wuppertal/Zürich 1991².
Söding, T., Wege der Schriftauslegung. Methodenbuch zum Neuen Testament, Freiburg u.a. 1998.
Strecker, G./Schnelle, U., Einführung in die neutestamentliche Exegese, Göttingen 1994⁴ (UTB 1253).
\# Wilcke, H.-A., Das Arbeiten mit neutestamentlichen Texten. Eine Einführung in die exegetischen Methoden, Essen 1993 (ABC des Neuen Testaments 2).
Zimmermann, H., Neutestamentliche Methodenlehre. Darstellung der historisch-kritischen Methode. Neu bearbeitet von K. Kliesch, Stuttgart 1982⁷.

1.9 Kommentarreihen:

Evangelisch-Katholischer Kommentar (EKK); \# Neues Testament Deutsch (NTD); Herders Theologischer Kommentar (HThK); \# Die Neue Echter Bibel (NEB); \# Ökumenischer Taschenkommentar (ÖTK); Regensburger Neues Testament (RNT); Theologischer Handkommentar zum Neuen Testament (ThHK); \# Zürcher Bibelkommentare (ZBK).

1.10 Zeitschriften:

Biblica (Bib.); Biblische Zeitschrift. Neue Folge (BZ.NF); New Testament Studies (NTS); Theologische Zeitschrift (ThZ); Theologische Literaturzeitung (ThLZ); Theologische Revue (ThRv); Zeitschrift für die Neutestamentliche Wissenschaft (ZNW); Zeitschrift für Neues Testament (ZNT).

1.11 Landkarten:

\# Kleiner Historischer Bibelatlas, Stuttgart 1978⁶.
\# Herders Großer Bibelatlas, Freiburg u.a. 1994³.

1.12 Archäologie:

Finegan, J., The Archeology of the New Testament, Princeton 1992².
Kenyon, K.M., Die Bibel im Licht der Archäologie (Die Bibel und das Zeugnis der Archäologie), Düsseldorf 1980.
McRay, J., Archeology in the New Testament, Grand Rapids 1991.
Negev, A., Archäologisches Lexikon zur Bibel, München u.a 1972.

2. Hilfsmittel

Am Anfang scheinen die hier vorgestellten Bücher recht kompliziert zu sein. Doch die Arbeit mit ihnen ist einfach, sobald das Prinzip, nach denen sie jeweils funktionieren, durchschaut worden ist. Damit das leichter bewerkstelligt werden kann, sollten die jeweiligen Werke zur Hand genommen werden und den Beispielen sollte eigenständig nachgegangen werden. Wenn keine genaueren bibliographischen Angaben mitgeteilt werden, siehe Anhang II.1.

Die mit * gekennzeichneten Werke verlangen Griechischkenntnisse. Vollständige Literaturangaben siehe Anhang II.1.

2.1 Hilfsmittel, die Texte entschlüsseln helfen

Synopsen (Literaturangaben s. Anhang II.1.3)

Das Wort Synopse kommt von συνοράω (Syn-horao) und bedeutet: »zusammensehen«, »überblicken« usw. Synopsen stellen die sog. Synoptischen Evangelien (Mt; Mk; Lk) nebeneinander dar, so daß auf einen Blick zu sehen ist, wieweit sie sich voneinander unterscheiden, wieweit sie übereinstimmen. Da das Johannesevangelium sehr stark von den genannten Evangelien abweicht, z.B. überwiegend aus Texten besteht, die in den anderen Evangelien nicht vorkommen, wird es nicht zu den Synoptischen Evangelien gerechnet – wird jedoch in Synopsen mehr oder weniger aufgenommen. Die in der Exegese in Deutschland am meisten gebrauchte griechische Synopse ist die »Synopsis Quattuor Evangeliorum« von K. Aland (s.u.). Eine andere griechische Synopse wurde herausgegeben von A. Huck/H. Greeven (Synopse der drei ersten Evangelien, Tübingen 1981[13]). Diese Synopse hat gegenüber der Alandschen Synopse eine Menge Nachteile. Sie ist unübersichtlicher und die Handschriften sind unvollständiger. Das Positive an dieser Synopse liegt darin, daß sie sich manchmal für eine andere Lesart entscheidet als Aland – darum als Korrektiv vor leichtfertigen Entscheidungen dienen kann.

Hier eine kurze Einführung in den Aufbau der Synopse von Aland (deutsche Synopsen sind ähnlich aufgebaut):
a) *Schlagen Sie bitte Seite 1 auf.*
   – Dort sehen Sie eine Kopfleiste mit fett gedruckten Stellenangaben: Mt 1,1 – Mk 1,1 – Lk 1,1-4 – Joh. 1,1-18 – Darunter finden Sie den Hinweis:

I. Eingang
- Darunter die Perikopennummer mit Überschrift der Perikope:
1. Einleitung
- Darunter sehen Sie die vier Textspalten. Auf den ersten Blick ist sichtbar, daß Lukas einen längeren Einleitungstext bietet als Mt und Mk, Joh wiederum einen längeren als Lk. Darüber hinaus sehen Sie auf einen Blick, daß der Text von Mt und Mk usw. variiert.
- Darunter sehen Sie eine Fußleiste mit den Handschriften.
- Darunter sehen sie eine Fußleiste mit Angaben zu Parallelstellen im Alten und Neuen Testament.

b) *Schlagen Sie bitte Seite 3 auf.*
- In der Kopfleiste sehen Sie wieder die Stellenangaben, allerdings nur Lukas im Fettdruck. Warum das? Weil – wie Sie in den Textspalten sehen – nur Lukas abgedruckt wurde. Mt, Mk, Joh haben zu dieser Stelle keine Parallele. Die Stellenangaben bei Mt, Mk, Joh bieten die in vorangegangenen Perikopen letztgenannte Stelle.

c) *Schlagen Sie bitte Seite 4 auf.*
- Hier können Sie erkennen, daß die vier Textspalten unterbrochen werden durch Verweise auf ähnliche bzw. parallele Texte, die nicht im Neuen Testament zu finden sind. Das bedeutet, daß diese Synopse nicht allein ntl. Texte nennt, sondern auch andere frühchristliche Schriften bzw. Schriften aus späteren Jahrhunderten (die Übersetzungen finden Sie weitgehend in [Hennecke] Schneemelcher, W., Neutestamentliche Apokryphen, Bd. 1).

d) *Schlagen Sie bitte Seite 7 auf.*
Hier können Sie erkennen, daß in der Kopfleiste Mt 1,2-17 im Fettdruck genannt wird – und daß dieser Text tatsächlich auch unter der Perikope Nr. 6. zitiert wird. Anders steht es mit Lukas. In der Kopfleiste wird Lk 1,57-80 genannt – und das nicht im Fettdruck. Das bedeutet, daß auf dieser Seite Lukas auch nicht zitiert wird. Wenn Sie aber die Textspalte unter 6. ansehen, in der ein Lukastext abgedruckt wird, dann sehen Sie, daß hier Lk 3,23-38 abgedruckt wurde – also ein Text, der in der textlichen Reihenfolge des Lukasevangeliums an anderer Stelle steht. Der Text in der Reihenfolge wäre Lk 2,1-7. Warum wird also nicht Lk 2,1-7 abgedruckt? Weil Lukas die Perikope: »6. Stammbaum Jesu« in seinem Werk an anderer Stelle plazierte als Matthäus. Da aber die Synopse die Aufgabe hat, Parallelen der Texte abzudrucken, muß sie dies unabhängig von der Reihenfolge tun. Dennoch behält sie eine gewisse Reihenfolge bei. Der Text

der Perikope: »6. Stammbaum Jesu« wird einmal – wie hier sichtbar – in der Reihenfolge des Matthäus abgedruckt, und dann noch einmal in der Reihenfolge des Lukas. Und diese zweite Reihenfolge wird angezeigt durch das Kleingedruckte in der Klammer unter Lk 3,23-38. Dort heißt es (nr.19, p.28). Das heißt: Die Reihenfolge des Lukas wurde unter der Perikopennummer 19 auf der Seite 28 berücksichtigt. Wenn Sie nun die Perikope Nr. 19 aufschlagen, erkennen Sie: »19. Stammbaum Jesu« – und folgerichtig Lk 3,23-38 im Fettdruck und Mt 1,1-17 im Normaldruck, weil hier eben die Reihenfolge des Matthäus verlassen wurde.

e) *Schlagen Sie Seite 18 auf.*
– Hier können Sie unter Mk 1,9-11 den Verweis »9,7« sehen. Das bedeutet, daß dort eine thematisch ähnliche Stelle zu finden ist.

Wörterbücher (Literaturangaben s. Anhang II.1.3)

*a) Das für die Arbeit am Neuen Testament am besten geeignete Wörterbuch ist das von *Bauer/Aland*. Walter Bauer hat ein Wörterbuch herausgegeben, das von Kurt Aland u.a. neubearbeitet wurde. Dieses Wörterbuch hilft, Texte zu übersetzen. Neutestamentliche Texte unterscheiden sich im Griechischen von klassischen Texten. Darum ist ein Wörterbuch, das neutestamentliche Texte zum Hauptgegenstand hat, wesentlich. Da Bauer/Aland oft alle neutestamentlichen Belegstellen für ein Wort anführt (gekennzeichnet mit **; s. Bauer/Aland, S. XII), ist es auch fast ein Index.

*b) Ein Wörterbuch, das nur die knappsten Übersetzungsmöglichkeiten wiedergibt, dafür aber auch unregelmäßige Verben leichter finden läßt, ist von Preuschen herausgegeben worden.

*c) Das Wörterbuch von *Rehkopf* bietet für die Arbeit am Neuen Testament nur die wichtigsten Übersetzungsmöglichkeiten: So heißt es zum Stichwort πνεῦμα: »1. der Wind: J(o)h 3,8; 2. der Atem, der Lebensgeist: Mt 27,50; 3. der Geist, bes. der heilige Geist: Mt 1,18; 4. das Geistwesen: Mt 10,1«. Der Vorteil dieses Bändchens liegt gewiß darin, daß es kein Wälzer ist.

*d) Weitere Wörterbücher für das klassische Griechisch: H. Menge, Langenscheidts Großwörterbuch griechisch-deutsch. Unter Berücksichtigung der Etymologie, Berlin 1987^{26}.

Grammatiken (Literaturangaben s. Anhang II.1.3)

Die für die Arbeit am Neuen Testament wesentliche Grammatik ist die von *Blass/Debrunner/Rehkopf*. Diese ist zwar zum Erlernen der griechischen Sprache kaum verwendbar, dafür erleichtert sie die Arbeit am Neuen Testament durch einen sehr guten Index.

Übersetzungsschlüssel (Literaturangaben s. Anhang II.1.3)

Wer mit der griechischen Sprache nicht ganz so vertraut ist, kann als Hilfsmittel das kleine Büchlein von Rienecker heranziehen, das zu jedem neutestamentlichen Text die griechische Grammatik aufschlüsselt. Die Interlinearübersetzung von E. Dietzfelbinger bietet sowohl den griechischen Text als auch parallel zu den einzelnen griechischen Sätzen die entsprechende Übersetzung.

Konkordanzen (Literaturangaben s. Anhang II.1.3)

Konkordanzen gibt es über die in II.1.3 genannten hinaus auch zu anderen Übersetzungen – viele davon auf CD-ROM!

Eine Bibelkonkordanz listet Wörter auf, die in der Bibel vorkommen, eine neutestamentliche Konkordanz die Wörter, die im Neuen Testament vorkommen. So kann z.B. auf einen Blick gesehen werden, daß das Wort »Katze« in der Bibel (außer im apokryphen Buch Baruch) nicht genannt wird, oder das Wort »Hund« weitgehend negativ besetzt ist. Der zweite Hinweis, daß das Wort »Hund« weitgehend negativ besetzt ist, läßt schon erkennen, daß in einer Konkordanz nicht nur Bibelstellen genannt werden: Es wird auch der das Wort umgebende Kontext zitiert. Aus diesen Kurzzitaten können bestimmte Schlußfolgerungen auf Anhieb gezogen werden. Dennoch ist die Konkordanz kein Ersatz für Bibellektüre – auch soll sie nicht ein Nachschlagen der Stellen ersetzen. Dieser Kontext soll das Auffinden einer gesuchten Stelle erleichtern. Wenn ich weiß, daß es die Aussage gibt: »Ich bin das Licht der Welt«, nur nicht genau weiß, wo sie steht, dann suche ich unter dem Stichwort »Licht« die vielen Hinweise durch, bis ich das gesuchte Zitat gefunden habe – ohne jede Stelle nachschlagen zu müssen. Um jedoch die Stelle zu verstehen, genügt die Konkordanz nicht. Da muß schon der Kontext in der Bibel selbst gelesen werden.
Aber Vorsicht: Manchmal nennt eine Konkordanz nicht alle Stellen, an denen ein bestimmtes Wort/eine bestimmte Formulierung vorkommt,

wobei noch einmal Altes Testament und Neues Testament unterschieden werden können. Z.B. heißt es bei Jes 9,1 »das Volk ... sieht ein großes Licht« – daran angeschlossen wird ein Hinweis auf Mt 4,16, weil dieser Satz des Jesaja von Matthäus zitiert wird. In diesem Fall wird bei Mt 4,16 der Satz erneut genannt, weil Stellen des Neuen Testaments häufig unabhängig davon, ob sie im Alten Testament schon einmal aufgeführt worden sind oder nicht, genannt werden. Anders sieht es dann im Neuen Testament aus, besonders bei Texten, die in mehreren der synoptischen Evangelien vorkommen. Wenn im Anschluß an das Wort Mt 10,27 »was ich euch sage in der Finsternis, das redet im Licht« auf Lk 12,3 hingewiesen wird, dann wird es Lk 12,3 nicht noch einmal genannt.

Zur Arbeit mit dem griechischen Text gibt es drei relativ vollständige Konkordanzen:

*a) Für die »Heimarbeit« genügt die Handkonkordanz von Schmoller. Die anderen Konkordanzen sind auch kaum erschwinglich.

*b) Die »Computer-Konkordanz zum Novum Testamentum Graece« (Concordance to the Novum Testamentum Graece of Nestle-Aland, 26th edition, and to the Greek New Testament, 3rd edition, 1987^3) muß in der Arbeit mit neutestamentlichen Texten aufgrund ihrer Vollständigkeit herangezogen werden.

*c) Die »Vollständige Konkordanz zum griechischen Neuen Testament« braucht für die normale Arbeit am Neuen Testament nicht herangezogen werden. Sie nennt auch die Worte, die im textkritischen Apparat zu finden sind.

Bibelkunden (Literaturangaben s. Anhang II.1.5)

Bibelkunden bieten Übersichten über die Argumentationsstruktur eines neutestamentlichen Werkes, über Aufbau usw. Das Werk von Preuß/Berger bietet darüber hinaus noch Hinweise auf Gattungen und andere interessante Dinge. So wird z.B. im Anschluß an der Darstellung des Matthäus-Evangeliums unter dem Abschnitt »Textsorten« über Antithesen, Kindheitserzählungen, Visionsberichte und unter dem Abschnitt »Themen« über Davidssohn, Mission, Abendmahl usw. kurz Wissenswertes zusammengefaßt. Auch die Bibelkunde von Merkel zeigt selbstverständlich den Aufbau z.B. des Markusevangeliums. Das Gute an diesem Buch ist, daß es zur Eigenarbeit auffordert. Bevor der Autor den Aufbau des Evangeliums darstellt, heißt es: Bestimmen Sie den Aufbau des Markusevangeliums. Dann folgen thematische Abschnitte z.B. »1. Welche ›biographischen‹ Angaben über Jesus macht Markus?«; »5. Die Gleichnisse Jesu bei Markus«; »9. Analysieren Sie die Rede über die Endereignisse«. Diesen Abschnitten werden Literaturangaben zur Weiterarbeit angefügt. Die Bibelkunde von Bull hebt sich vor allem darin von anderen ab, daß sie auch Apostolische Väter berücksichtigt.

Kommentare (Literaturangaben s. Anhang II.1.9)

Kommentare beginnen mit einer Einführung in die jeweilige Schrift, in der sie die Autoren der Schrift vorstellen, die Adressaten zu erheben suchen, Zeit und Ort des Entstehens ansprechen sowie in knappen Zügen die Forschungsgeschichte zu diesen Aspekten der Einleitungsfragen umreißen. Ihr Schwergewicht liegt aber auf der intensiven Interpretation der Texte. Sie haben darum meist folgenden *Aufbau*: Sie übersetzen einen Text und kommentieren diesen Text dann auf verschiedenen Ebenen. Zuerst allgemeiner, d.h. es werden Traditionen oder grammatische Besonderheiten genannt, dann wird der Text Vers für Vers ausgelegt, kommentiert. Viele Kommentare verarbeiten die Ergebnisse jahrzehntelanger Textinterpretation, um das Verstehen eines Textes zu ermöglichen.

Wesentliche Kommentare werden vor allem in Kommentarreihen veröffentlicht. Die wichtigsten Reihen sind oben angegeben.

2.2 Hilfsmittel, die in die Zeit neutestamentlicher Autoren einführen

Wörterbücher und Lexika (Literaturangaben s. Anhang II.1.2)

*a) Das umfangreichste Wörterbuch ist das »Theologische Wörterbuch zum Neuen Testament« (ThWNT). Dieses Werk, das in 10 Bänden seit 1933 erschienen ist, bietet die Möglichkeit, Wörter zu interpretieren. Es wurde das Beispiel »Geist« genannt. Unter dem Stichwort πνεῦμα [pneuma] wird z.B. so vorgegangen, daß die Verwendung des Wortes im heidnischen Bereich untersucht wird, dann im jüdischen, zuletzt im Bereich neutestamentlicher Schriften. Wie hat z.B. Sophokles das Wort verstanden, wie die Septuaginta (LXX), die griechische Übersetzung der hebräischen Bibel, wie Lukas, wie Paulus? Wörter sind nicht allein lebendig, wenn sie von einer Person gesprochen eine andere Person erreichen, sondern sie haben auch eine Geschichte. Im Laufe dieser Geschichte können sie unterschiedliche Bedeutung erlangen. Was bedeutet z.B. im deutschen Sprachraum nicht alles das Wort »Geist«: Verstand, Gespenst, Gottesgeist usw. So auch in der Antike: Es bedeutete Wind, Seele, Leben usw. Diese Bedeutungen herauszuarbeiten, die Bedeutungsnuancen bei einzelnen neutestamentlichen Autoren zu erheben, das ist Ziel dieses Wörterbuches.

b) Ein thematisch orientiertes Pendant bietet das »Theologische Begriffslexikon zum Neuen Testament«, von dem allerdings erst der erste Band der Neuausgabe erschienen ist. Hier werden nur wichtige neutestamentliche Schlüsselbegriffe dargelegt. Der Aufbau ist ähnlich dem des ThWNT. Allerdings wird noch ein Abschnitt »Zur Verkündigung« angeschlossen, der eine Verstehenshilfe eigener Art bieten möchte.

*c) Ein Pendant in der Darstellung möglichst vieler Wörter bietet das »Exegetische Wörterbuch zum Neuen Testament«. Es legt Gewicht auf Kürze und auf das Neue Testament. Aufgrund der Kritik am Werk, das in a) genannt wurde, daß es zu wenig den unmittelbaren Kontext des jeweiligen Autors beachtet, sondern globaler der Entwicklung der Wörter nachspürt, versucht dieses Wörterbuch intensiver, die Nuancen, das jeweilige Wort bei dem einzelnen Autor hat, zu erheben.

*d) Ein thematisch orientiertes Werk, das aber nicht allein neutestamentlicher Arbeit dient, ist das »Reallexikon für Antike und Christentum« (RAC). Wie im Theologischen Wörterbuch sind die Artikel sehr umfassend angelegt, dienen aber nicht allein dem Wortverständnis, sondern, wie gesagt, einer thematischen Orientierung.

e) Wer sich über Menschen der Antike unterrichten will, über Städte, Götter und Göttinnen, Religionen und Themen wie z.B. Bienen/Bienenzucht, Architektur und alles, was es so gibt, der oder die greife zu den fünf Bänden »Der Kleine Pauly«. Dieses Werk ist eine Zusammenfassung und Neufassung bestimmter Artikel aus »Pauly's Realencyclopädie der classischen Altertumswissenschaft«, das aus ca. 80 Bänden besteht – und neu herausgegeben wird: »Der Neue Pauly. Enzyklopädie der Antike«, 1996ff.

f) Kurzüberblick über neutestamentliche Schriften und Fragestellungen bieten auch folgende Lexika: RGG; TRE; LThK. Allerdings liegt ihr Schwergewicht auf der kirchengeschichtlichen und dogmatischen Entwicklung von Themen, die auch im Neuen Testament relevant sind. Nicht zu vergessen: das EKL.

g) Das »Große Bibellexikon« (1996 erschienen, 6 Bände) bietet weitgehend allgemeinverständliche Artikel, z.B. zu Orten der Bibel, sowie Zeichnungen und Tabellen.

2.3 Einführungen und Einleitungen (Literaturangaben s. Anhang II.1.4)

Einführungen, wie z.B. die von Köster, stellen vor allem die historischen Aspekte der ntl. Schriften dar: Zeitgeschichtliche Themen werden hier genauso behandelt wie biographische Angaben zu ntl. Personen. Ein*leitungen* – fast schon klassisch ist die »Geschichte der urchristlichen Literatur« von Vielhauer, die auch andere frühchristliche Schriften umfaßt – untersuchen die ntl. Schriften vor allem literarisch: Was kann aus den frühchristlichen Schriften für das Verstehen der Entwicklung christlichen Glaubens gewonnen werden? Wie vollzieht sich – im Rahmen dieser literarisch beobachtbaren Entwicklung – der Übergang des christlichen Glaubens von Israel hinüber zum griechisch-römischen Kulturraum? Kurz und knapp dargestellt sind diese und ähnliche Aspekte in dem »*Arbeitsbuch* zum Neuen Testament« von Conzelmann/Lindemann.

2.4 Theologien (Literaturangaben s. Anhang II.1.6)

Wie das Wort schon sagt, stellen Theologien eben die Theologie des jeweiligen neutestamantlichen Autors vor: Was sagt er über Gott – Christus – Geist usw., in welchem Verhältnis stehen die verschiedenen Autoren mit ihren Aussagen zueinander, was sagen sie zur Ekklesiologie und Eschatologie usw.? Die Fülle der angesprochenen Themen kann hier nur angedeutet werden. Während Einführungen, Einleitungen und Arbeitsbücher weitgehend an der theologischen Oberfläche bleiben, führen Theologien in die Tiefe der Glaubensaussagen neutestamentlicher Autoren ein.

2.5 Landkarten (Literaturangaben s. Anhang II.1.11)

Was nützen die schönsten Bücher zur Zeitgeschichte des Neuen Testaments, was die historische Einordnung neutestamentlicher Autoren, wenn wir nicht wissen, wo die genannten Städte, Provinzen usw. liegen? Gängig ist immer noch: »Kleiner Historischer Bibelatlas«, Calwer Verlag 1978; größer, bunter, schöner, vielfältiger – und teurer – ist »Herders großer Bibelatlas« (3. Auflage 1994). Neben Kartenmaterial enthält er Graphiken (z.B. Rekonstruktionen von Synagogen, Bauten Herodes' des Großen), Photographien von Landschaften und archäologischen Ausgrabungen. Darüber hinaus eine Menge Informationen zur Zeit biblischer Schriften, Zeittafeln usw. Inzwischen gibt es natürlich auch einen Bibelatlas auf CD-ROM (Brockhaus).

2.6 Hilfsmittel, die Literatur nennen

Bibliographien (Literaturangaben s. Anhang II.1.7)

Bibliographien, die regelmäßig erscheinen, dienen dazu, neuere Aufsätze und Monographien vorzustellen. Dadurch können der Leser und die Leserin weitgehend auf dem neuesten Stand der Forschung bleiben. Im wesentlichen sind sie so aufgebaut, daß die Titel eines Jahrganges durchnumeriert werden. Im Anschluß an die Nummer wird der Verfasser mit dem Aufsatz genannt, die Zeitschrift und das Erscheinungsjahr sowie die Seiten. Die Bibliographien »New Testament Abstracts« (NTAb) und die »Internationale Zeitschriftenschau für Bibelwissenschaft und Grenzgebiete« (IZBG) geben den Inhalt des Aufsatzes ganz knapp wieder. Ein Index am Ende eines Jahrganges schlüsselt die aufgeführten Artikel noch einmal nach Stichwörtern und anderen Aspekten auf und erleichtert so die Suche. Eine weitere Bibliographie, die nicht nur Aufsätze (oder Sammelbände) bietet, ist der Elenchus Biblicus (EB; früher: Elenchus bibliographicus biblicus [EBB]). Der Nachteil dieser monumentalen Zeitschrift liegt darin, daß die Herausgeber einige Jahre hinter dem aktuellen Stand hinterherhinken – aber dafür ausführlicher sind. Alle drei Bibliographien ordnen die Aufsätze thematisch bzw. nach Bibelstellen.

Zeitschriften und Rezensionen (Literaturangaben s. Anhang II.1.10)

Wesentliche deutschsprachige Zeitschriften für die neutestamentliche Forschung sind: »Zeitschrift für die neutestamentliche Wissenschaft (ZNW); »Biblische Zeitschrift« (BZ); »Theologische Zeitschrift« (ThZ); »Theologische Literaturzeitung« (ThLZ); Theologische Rundschau (ThR). Deutschsprachige Aufsätze finden sich auch in »New Testament Studies« (NTS), »Novum Testamentum« (NT); »Revue Biblique« (RB), »Biblica« (Bib.). Fast alle genannten Zeitschriften bieten Rezensionen, Kurzdarstellungen und Kritiken von Büchern. Auf Rezensionen legen die ThLZ und die Theologische Revue (ThRv) ihr Schwergewicht. Interessant ist ein Blick in diese Zeitschriften immer, nicht nur, weil sie Aspekte gegenwärtiger Forschung wiedergeben, sondern auch, weil sie zeigen, wie sich theologische Schwerpunkte im Laufe der Zeit verlagern. Eine Fülle von Rezensionen bieten auch die Studien zum Neuen Testament und seiner Umwelt, hg. v. A. Fuchs, Linz (SNTU).

Abkürzungsverzeichnis

Wie im vorangegangenen Abschnitt zu sehen war, gibt es eine Fülle an Abkürzungen. Zum Glück haben wir auch ein Abkürzungsverzeichnis, das im Zusammenhang der TRE entstanden ist: S.M. Schwertner, Internationales Abkürzungsverzeichnis für Theologie und Grenzgebiete (IATG), Berlin 1992². Selbstverständlich hilft das Werk nicht allein, Abkürzungen zu entschlüsseln, sondern auch Literaturangaben, v.a. aus Zeitschriften, abzukürzen.

2.7 Griechische Ausgaben des Neuen Testaments und Bibelübersetzungen

Griechische Ausgaben des Neuen Testaments (Literaturangaben s. Anhang II.1.3)

Das griechische Neue Testament Novum testamentum Graece (Nestle/Aland), das von Aland herausgegeben wurde, hat eine gute Einführung (Gebrauchsanweisung), so daß an dieser Stelle kaum etwas dazu gesagt werden muß, außer daß es das Standardwerk für Theologiestudenten und Theologiestudentinnen in Deutschland ist. Vor allem wird erstrebt, im sog. Apparat die Handschriften so vollständig wie möglich anzuführen, damit jeder und jede, die oder der Griechischkenntnisse besitzt, die Entscheidungen für den neutestamentlichen Text nachvollziehen bzw. überprüfen kann. Bei uns weniger gebräuchlich, dafür aber leichter zu lesen wegen seiner anderen Schrifttypen, ist das »Greek New Testament«; in seinen neueren Auflagen stimmt es in der Textauswahl mit dem NTG von Nestle/Aland überein, führt aber weniger Textvarianten auf als dieses und ist deshalb für die ausführliche Textkritik nicht so gut geeignet.

Übersetzungen (Literaturangaben s. Anhang II.1.3)

Es gibt die verschiedensten Übersetzungen. Es soll an dieser Stelle nur wiederholt werden, daß einige Übersetzungen genauer sind (so Zürcher; Luther; Einheitsübersetzung; Wilckens; Münchener) und andere weniger genau sind, dafür aber Wert darauf legen, in der Gegenwart verständlich zu sein (Gute Nachricht; Zink). Entsprechend ist auch ihr Einsatz: Wer eine genaue Bibelübersetzung sucht, der nehme nicht die Übersetzung von Zink. Wer eine allgemeinverständliche sucht, weil bibelferne Menschen vor einem sitzen, nehme eine mit einer eingängigeren Übersetzung.

III. Beispieltexte zu Abschnitt II.

1. Süddeutsche Zeitung (2.11.1991)
ZACHARY BROWN, Rock- und Reggae-Fan, muß sich zwei Stunden mit leichterer Kost zufriedengeben. Weil er seine Anlage nachts zu laut dröhnen ließ, verurteilte ein Richter in Florida ihn zu der für ihn denkbar schärfsten Strafe: Er muß innerhalb der nächsten 30 Tage eine Musikhandlung aufsuchen und sich dort seichte Popmusik anhören. Vor seinem in Key West gefällten Urteil versuchte Bezirksrichter Wayne Miller zu ermitteln, welche Art von Musik der Angeklagte am wenigsten mag. Zunächst nannte der Richter eine Reihe von Country-Sängern, erhielt aber nur zur Antwort, diese habe er früher ganz gern gehört. Zu Jimi Hendrix bekannte Brown gar: »Jimi ist wie mein geistiger Bruder.« Schließlich wählte der Richter die Big Band »101 Strings« heraus, die sich in den USA mit Instrumentalfassungen von leichtverdaulicher Popmusik und Schlagern einen Namen gemacht hat. Für das Delikt der nächtlichen Ruhestörung hätte Brown auch zu einer 60tägigen Haftstrafe und einer Geldbuße von 400 Dollar verurteilt werden können.

2. Süddeutsche Zeitung (2.11.1991 und 13.5.1994)
ZACHARY BROWN, Rock- und Reggae-Fan, muß sich zwei Stunden mit leichterer Kost zufriedengeben. Weil er seine Anlage nachts zu laut dröhnen ließ, verurteilte ein Richter in Florida ihn zu der für ihn denkbar schärfsten Strafe: Er muß innerhalb der nächsten 30 Tage eine Musikhandlung aufsuchen und sich dort seichte Popmusik anhören. Vor seinem in Key West gefällten Urteil versuchte Bezirksrichter Wayne Miller zu ermitteln, welche Art von Musik der Angeklagte am wenigsten mag. Zunächst nannte der denn Barbara Streisand hatte am Dienstag in Washington ihr erstes Konzert seit 28 Jahren gegeben, mit dem sie eine Tournee durch die Vereinigten Staaten begann. Die Sängerin ist mit dem Präsidentenehepaar befreundet. Sie war vor den Präsidentschaftswahlen in einer Benefizveranstaltung aufgetreten, Richter eine Reihe von Country-Sängern, erhielt aber nur zur Antwort, diese habe er früher ganz gern gehört. Zu Jimi Hendrix bekannte Brown gar: »Jimi ist wie mein geistiger Bruder.« Schließlich wählte der Richter die Big Band »101 Strings« heraus, die sich in den USA mit Instrumentalfassungen von leichtverdaulicher Popmusik und Schlagern einen Namen gemacht hat. Für das Delikt der nächtlichen Ruhestörung hätte Brown auch zu einer 60tägigen Haftstrafe und einer Geldbuße von 400 Dollar verurteilt werden können.

3. Bildzeitung (2.11.1991)
Geigenmusik als Strafe für Reggae-Fan Miami – *Musikalische Strafe für Lärmsünder Zachary Brown aus Key West (Florida), der ständig seine Nachbarn mit dröhnenden Reggae-Rhythmen um den Schlaf brachte. In der örtlichen Bibliothek muß er 30 Stunden lang Geigenmusik hören – die er nicht ausstehen kann.*

4. Abendzeitung, München (2.11.1991)
US-Richter: Ruhestörer zu 30 Tagen Musikhören verurteilt Um originelle Einfälle sind Amerikas Richter nicht verlegen. Weil Rockfan Zachary Brown seine Anlage nachts zu laut dröhnen ließ, ist er von einem Richter in Florida dazu verurteilt worden, sich 30 Tage lang täglich zwei Stunden seichte Pop-Musik anzuhören. Damit kam der Angeklagte glimpflich davon. Für das Delikt der nächtlichen Ruhestörung hätte er auch zu einer 60tägigen Haftstrafe und einer Geldbuße von 400 Dollar verdonnert werden können.

5. Stern Nr. 42 (10.10.1991)
KAROTTENSALAT MIT NÜSSEN
Zutaten für 4 Personen:
100 g Haselnußkerne, 600 g junge Möhren, 1 EL Zitronensaft, 200 ccm Schlagsahne, 1 EL Haselnuß- oder Sonnenblumenöl, Salz, weißer Pfeffer, 1 Prise Zucker.
1 Die Haselnüsse mit kochendem Wasser übergießen, dann schälen und auf Küchenpapier trocknen lassen.
2 Die Möhren schälen, in feine Streifen schneiden oder raffeln. Sofort mit dem Zitronensaft vermischen. Sahne, Öl, wenig Salz, Pfeffer und Zucker verrühren. Die Hälfte der Nüsse blättrig schneiden, die restlichen Nüsse grob hacken.
3 Unmittelbar vor dem Servieren Möhren, Sauce und gehackte Haselnüsse mischen.
4 Die blättrig geschnittenen Haselnüsse in einer trockenen Bratpfanne leicht rösten. Den Salat damit garnieren.

6. Handschrift A: Geigemusik als Strafe für Reggae-Fan. Miami – Musikalische Strafe für Zahavy Brown.
Handschrift B: Geigenmusik als Strafe für den großen Reggae-Fan. Miami – Musikalische Strafe für Lärmsünder Zahavy Brown aus Key West.
Handschrift C: Geigenmusik als Strafe für Raggae-Fan. Miami – Musikalische Strafe für Lärmsünder Zahyvy Brown.

WISSENSCHAFT Praktische Theologie

Ein Arbeitsbuch für Studium und Praxis

Michael Meyer-Blanck
Birgit Weyel

Arbeitsbuch Praktische Theologie

Ein Begleitbuch zu Studium und Examen in 25 Einheiten

⌐Ein didaktisch überzeugendes Arbeitsbuch – unentbehrlich für angehende und praktizierende Theologen

Michael Meyer-Blanck und Birgit Weyel
Arbeitsbuch Praktische Theologie
Ein Begleitbuch zu Studium und Examen in 25 Einheiten. 240 Seiten. Kt.
[3-579-00412-3]

*P*raxisbezogen und unter methodischer Anleitung bietet dieses Arbeitsbuch in 25 Einheiten das Einführungswissen zum gesamten Spektrum der Praktischen Theologie. Das Arbeitsbuch eignet sich sowohl für die Einzelarbeit als auch für die Arbeit in der Gruppe und ist in einem überschau- und planbaren Zeitraum – beispielsweise während der Examensvorbereitung – durchzuarbeiten.

Tel. 0 52 41 / 74 05 - 41
Fax 0 52 41 / 74 05 - 48
Internet: http://www.guetersloher-vh.de
e-mail: info@guetersloher-vh.de

Chr. Kaiser
Gütersloher Verlagshaus

WISSENSCHAFT Systematische Theologie

Studien- und Arbeitsbuch

Joachim Zehner
**Arbeitsbuch
Systematische Theologie**
Eine Methodenhilfe für Studium
und Praxis.
192 Seiten. Kt.
[3-579-00400-X]

Das Begleitbuch für angehende und praktizierende TheologInnen. Joachim Zehner entwickelt Arbeitsstrategien für methodisch-theologisches Arbeiten, Problempräzisierung, Formulierung des eigenen Urteils, Fallbeispiele und Hinweise zur Arbeit mit dem Internet. Für Pro- und Hauptseminararbeiten, Examens- und Diplomarbeiten oder als Gliederungshilfe in einer Examensklausur. Zur Vorbereitung von Unterricht und Gemeindeveranstaltungen.

Tel. 0 52 41 / 74 05 - 41
Fax 0 52 41 / 74 05 - 48
Internet: http://www.guetersloher-vh.de
e-mail: info@guetersloher-vh.de